KOCHEN IST DIE BESTE MEDIZIN

Rezepte von Su Vössing

Texte und ökotrophologische Beratung von Bettina Snowdon

Foodfotografie von Hubertus Schüler

Porträts von Justyna Krzyżanowska

KOCHEN IST DIE BESTE MEDIZIN

Rundum gesund mit leckeren Rezepten

BECKER
JOEST
VOLK
VERLAG

Inhalt

Wer kochen kann, kann heilen

Ich stelle mir Folgendes vor: Beim Arztbesuch erhalte ich nach einer Diagnose ein Arzneimittelrezept und ein auf meine Diagnose abgestimmtes Kochbuch, das mir ganz praktisch dabei helfen soll, meine Selbstheilungskräfte wieder zu beleben. Eine Utopie?

Bisher gibt es bestenfalls eine mehr oder weniger vollständige Liste von Lebensmitteln mit auf den Weg, die ich vermeiden sollte. Aber was genau soll ich kochen aus „keine Hülsenfrüchte", „kein rotes Fleisch", „keine Rohmilch", „wenig Salz" und „kein Zucker"?

Zu einer Mahlzeit gehört eben sehr viel mehr als nur Verbote. Der Mensch ist ein „Stoffwechsler" und alles, was er als Nahrung mit einer Mahlzeit aufnimmt, wird sich „verkörpern". Da es zwar chronische Krankheiten gibt, aber leider keine chronische Gesundheit, muss ich mich darauf einstellen, dass der Körper, weil er eben nicht chronisch unverwüstlich ist, auf alles reagieren wird, was ich diesem Körper zuführe. So kann Nahrung aber auch zum segensreichen Heil- und Hilfsmittel werden, wenn sie zuführt, was fehlt.

Was brauche ich nun, um mit Nahrung gesund werden zu können? Zunächst eine gute Diagnose, die das Symptom, unter dem ich leide, richtig zuordnen kann. Dann die Entscheidung, selbst die Initiative zu ergreifen, meine Selbstheilungskräfte zu fördern. Im Folgenden muss ich mich schlaumachen, was mich stärkt und was mich schwächt. Und last, not least benötige ich dann natürlich noch Rezepte, die das alles berücksichtigen und dabei so lecker sind, dass ich sie gern gegen weniger gesunde Speisen tausche.

Ich bin der Meinung, dass das Wort „Lebensmittel" viel zu leichtfertig verwendet wird. Vieles aus dem großen Angebot der Rohstoffe und vorgefertigten Speisen haben dieses gute Wort nicht verdient.

Hierzu fällt mir eine Begebenheit ein, die sich in der Küche des 3-Sterne-Kochs Alain Senderens zu meiner Zeit dort ereignet hat: Monsieur Senderens hatte die Angewohnheit, täglich die Mülleimer zu kontrollieren, und an besagtem Tag fand er darin einige Hummer und ein halb gerupftes Bund Petersilie. Der Hummer war ihm egal, denn es passiert sehr häufig, dass die bestellten Rohstoffe nicht verbraucht werden und nicht mehr verwendet werden können. Aber bei dem kerngesunden Petersilienrest verlor er die Fassung und stellte den „Grünzeugmörder" vor der versammelten Mannschaft zur Rede. Ich habe erlebt, dass die großen Köchinnen und Köche der Welt eines gemeinsam haben: Sie sind besessen von frischen und vitalen Rohstoffen, weil ein gesundes Petersilienblatt viel mehr zu einem guten Essen beitragen kann als ein teurer Hummer. Der unausgesprochene Ehrenkodex guter Köche lautet: Fraîcheur vivante! Frische lebt!

Die Zubereitung guter Speisen beginnt nicht erst bei der marktfrischen Auswahl, sondern weit davor bei der verantwortungsvollen Ackerkultur und der artgerechten Aufzucht. Hier entscheidet sich noch lange vor dem Kochtopf, ob ein Rohstoff zum Lebensmittel oder zum Problem werden kann.

„Erst richtig leckere Alternativen helfen, nicht mehr in alte, schädliche Muster zu verfallen.“

Genauso wichtig ist allerdings auch die eigene Einstellung zum Essen. Meine Großmutter zum Beispiel war von Diabetes betroffen und ist dabei sehr pragmatisch mit den Segnungen der Medizin umgegangen. Täglich drei ordentliche Stück Kuchen, dazu Kaffee und Schlagsahne und zum Nachschlag eine extragroße Handvoll Tabletten. Sie war alles andere als einfältig oder ungebildet, sie war einfach von der großen Lebensqualität, welche die heißgeliebte Speise und das tägliche Zeremoniell der „Freiheit“ zu bieten hatten, viel mehr überzeugt als von den Drohungen des Mediziners. Ich kann mir gut vorstellen, dass viele Menschen, die durch eine notwendige Diät gezwungen sind, sich im Schlaraffenland einzuschränken, einen empfindlichen Verlust ihrer Freiheit erleben. Manche Zutaten sind mit bedeutenden Gefühlen verbunden – und auf diese zu verzichten, ist ein herber Einschnitt in der Biografie.

Hier reiche ich Ihnen die Hand und möchte Sie mit diesem Buch davon überzeugen, dass Sie mit einfachen Mitteln sehr wohlschmeckende Speisen zubereiten können, die keinen Mangel in ihrer Gourmetseele erzeugen, die darüber hinaus ein viel bedeutenderes Gefühl als alle Neigungen zu bieten haben: das große Gefühl, sich selbst zu gehören, sich selbst zu beschützen.

Herzlich, Ihre Su Vössing

Essen als Medizin

„Rezepte" mit Wirkung – aber ohne Nebenwirkungen

Essen als Medizin

ALLES ANDERE ALS BITTER: ESSEN ALS MEDIZIN

Glückwunsch, Sie haben den ersten Schritt bereits getan! Was wir meinen? Ganz einfach: Sie zeigen mit Ihrem Griff zu diesem Buch, dass Sie Ihre Genesung ab jetzt selbst in die Hand nehmen wollen, indem Sie Ihren Körper mit allem versorgen, was er braucht, und ihm alles ersparen, was er nicht verträgt. Das klingt einfach – und das ist es auch.

Die Arzneimittelstatistiken geben Ihrer Entscheidung recht, denn was wir darin sehen, ist wirklich erschütternd: Da stehen unter anderem unter den meistverordneten Medikamenten Bluthochdruckmittel und Mittel gegen Sodbrennen, Cholesterinsenker und Diabetesmedikamente – alles Mittel gegen typische Zivilisationskrankheiten, die durch eine ungesunde Lebensweise ausgelöst und fortan mitgeschleppt werden.

Diese Medikamente werden jährlich millionenfach verschrieben. Sobald die Diagnose gestellt ist, hat man bereits ein Rezept in der Hand und viele weitere werden folgen, oft ein Leben lang. Als Patienten erfahren wir nicht selten viel zu wenig über den Hintergrund unserer Beschwerde oder Erkrankung und auch nichts darüber, wie wir uns in Eigeninitiative selbst helfen können.

Meistens bekommen wir noch ein paar allgemeine gute Ratschläge mit auf den Weg – mit dem Rauchen aufhören, weniger Alkohol trinken, sich mehr bewegen und gesünder essen. Damit und mit dem heilsversprechenden Zettelchen in der Hand werden wir wieder entlassen, die nächste Apotheke ist praktischerweise gleich nebenan und das Leben kann weitergehen wie bisher. Denn für viele Patienten ist dieser Zettel zunächst der Freifahrschein dafür, mit der krankmachenden Lebensweise weiterzumachen. Schließlich wird es die Medizin schon richten.

Nur: Wer seine alten Gewohnheiten beibehält, sitzt vielleicht bald schon wieder im Wartezimmer. Denn was nicht geheilt wird, wird irgendwann schlimmer. Deshalb muss der Zettel, so klein er auch ist, für Sie vielmehr ein deutlicher Warnhinweis sein, Grundsätzliches im Leben zum Besseren zu wenden.

GEHEN SIE IHREN EIGENEN WEG

Sie müssen Ihrem Körper bessere Bedingungen bieten als bisher. Sie müssen ihn mit allen Nährstoffen versorgen, die er braucht, und zwar in den richtigen Mengen, und ihn möglichst mit regelmäßiger Bewegung kräftigen. Gleichzeitig müssen Sie das konsequent weglassen, was Ihnen nicht gut tut. Was erst wie eine Last wirkt, ist tatsächlich eine Befreiung, denn Sie werden sehr schnell mit einem besseren Körpergefühl, mehr Gesundheit und mehr Lebensqualität belohnt. Schon über den Zeitraum von wenigen Wochen kann gutes Essen dafür sorgen, dass Sie keine Medikamente mehr brauchen; bei manchen Menschen sind es sogar nur wenige Tage.

Manchmal sind es nur kleine Dinge, die wir ändern müssen. In der Seefahrt vergangener Tage machte man irgendwann die aus heutiger Sicht simple Entdeckung, dass Sauerkraut auf den wochenlangen Fahrten vor der Vitamin-C-Mangelerkrankung Skorbut schützte. Als die Seefahrer in der Folge weder Zahnausfall und Gelenkschmerzen noch andere Symptome zu beklagen hatten, war das damals fast wie ein Wunder. Genauso mangelt es Ihnen vielleicht auch nur an einem wichtigen Nährstoff oder Sie übertreiben es mit einem anderen. Bluthochdruck zum Beispiel hängt oft mit einem zu hohen Salzkonsum zusammen – doch ganz ohne Salz fehlt uns ein wichtiger Stoff und der Körper reagiert mit Mangelerscheinungen. Die Dosis macht schließlich das Gift.

Es könnte sein, dass Ihnen bestimmte Nahrungsmittel nicht bekommen oder Ihr Körper negativ darauf reagiert. Von der Augenfarbe bis zur Blutgruppe – jeder Mensch ist ein Individuum. Was der eine gut verträgt, das macht den anderen krank, was als essenziell für den Körper gilt, das tut manchem trotzdem nicht gut. Vollkorngetreide zum Beispiel gilt als gesund – wenn wir es vertragen. Wer aber unter Gicht leidet, ist mit Brot aus weißem Mehl besser beraten, denn es enthält weniger harnsäureproduzierende Purine. Eine allgemeingültige Formel, die auf jeden von uns zutrifft, gibt es nicht. Wenn der Arzt also von „gesünder essen“ spricht, meint er vermutlich eine individuelle, an unsere körperlichen Voraussetzungen, Schwachpunkte und Beschwerden angepasste Ernährung.

FANGEN SIE JETZT AN

Fangen Sie also sofort damit an, wieder beschwerdefrei zu werden. Schon innerhalb von sechs Wochen werden Sie eine Verbesserung Ihres Wohlbefindens bemerken, wenn Sie sich an Ihre individuellen neuen Regeln halten.

Wie das aussieht, ist schnell umrissen. Zunächst ein paar Regeln, die für alle gelten – unabhängig von den Beschwerden: Fertiggerichte sind ab jetzt tabu. Lassen Sie konsequent alles weg, von dem Sie nicht genau wissen, was drin ist. Nur so erfahren Sie, wie es Ihnen ohne schädliche Zusatzstoffe geht. Essen Sie wenig Fleisch, dafür mehr frische, natürliche und möglichst unverarbeitete Nahrungsmittel wie Obst, Gemüse, Salat, Getreide, Nüsse, Samen und Hülsenfrüchte. Meiden Sie in Fett Ertränktes und mit viel Zucker Gesüßtes. Und essen Sie nur, wenn Sie Hunger haben, nicht aus Frust oder Langeweile. Dazu machen Sie regelmäßige Bewegung zu einem Teil Ihres besseren Lebens, am besten jeden Tag eine halbe Stunde leichte Bewegung – gehen Sie zum Beispiel spazieren.

Freuen Sie sich darauf, sich schon bald besser zu fühlen. Fokussieren Sie Ihren Blick immer auf das, was es jetzt zu entdecken gibt, statt alten Gewohnheiten nachzutrauern. Wenn Sie nicht von Anfang an alle Regeln durchhalten können, nehmen Sie sich vor, täglich besser zu werden. Gehen Sie Ihr Ziel schrittweise an, behalten Sie es dabei aber immer vor Augen: gesund werden und bleiben. So schaffen Sie es – und wir versprechen, dass Sie die alten Gewohnheiten nicht mehr vermissen werden. Eine neue Welt aus wundervollen Genüssen erwartet Sie mit den Rezepten der Sterneköchin Su Vössing, die es wie keine Zweite versteht, sozusagen im Handumdrehen herrliche Gerichte zu zaubern.

KLEINE GEBRAUCHSANWEISUNG

Das Wissen über gute Ernährung möchten wir Ihnen in diesem Buch vermitteln, ob Sie nun gesund sind oder unter körperlichen Beschwerden oder Krankheiten leiden. Wir möchten Sie dafür sensibilisieren, die positiven und die negativen Auswirkungen von Nahrungs- und Lebensmitteln auf Ihre Gesundheit zu erkennen. Wir möchten, dass Ihnen Ihr Essen schmeckt und gut tut. Wir möchten, dass Ihr Essen Sie gesund macht.

Wir haben zunächst die Beschwerdebilder gesammelt, die sich mit richtiger Ernährung wirksam behandeln lassen. Zu jedem Beschwerdebild erfahren Sie aber auch, wie es dazu kommt und inwieweit sich die Beschwerde oder Erkrankung durch eine gezielte Ernährungsumstellung behandeln lässt. Sie dürfen aus einer Vielzahl an Vorschlägen für Frühstück, Zwischenmahlzeiten, Mittag- und Abendessen wählen und sich Ihre täglichen Mahlzeiten daraus zusammenstellen. Und nicht zuletzt bekommen Sie eine große Auswahl köstlicher und einfach umzusetzender Rezepte an die Hand, die Sie unbeschwert genießen dürfen und die Ihnen zeigen, wie hervorragend solche Medizin schmecken kann.

Su Vössing nutzt ihr umfangreiches Wissen als ehemals jüngste deutsche Sterneköchin seit vielen Jahren ganz gezielt auch für die Entwicklung von leckeren Spezialrezepten für verschiedene Krankheits- und Beschwerdebilder. Sie versteht es, in den alltagstauglichen Rezepten besonders segensreiche Zutaten zu verwenden und nachteilige zu vermeiden. Die Ergebnisse sind wahre Köstlichkeiten, die ganz sicher auch unter Menschen ohne Beschwerden schnell viele Fans finden werden.

Jedes Rezept basiert auf den Grundsätzen, die für eine gesunde Ernährung gelten, so wie sie auch nach heutigem Erkenntnisstand von Ernährungsfachgesellschaften empfohlen werden.

In nur wenigen Wochen kann sich Ihr Körper so bei vollem Genuss von den Strapazen der vergangenen Jahre erholen – und mit etwas Glück und Geduld stellt sich bald, abhängig vom Beschwerdebild, eine Balance ein, die Sie dauerhaft beschwerdefrei sein lässt.

Richtig essen

Was Sie über Ihr Essen wissen sollten

Richtig essen

WAS ERNÄHRUNG KANN

Wie das Atmen gehören Essen und Trinken zu den Grundbedürfnissen unseres Körpers – und wie mit dem Atmen ist es auch mit Essen und Trinken: Das Leben ist über kurz oder lang vorbei, wenn eines dieser Bedürfnisse nicht erfüllt wird. Wir atmen automatisch, doch beim Essen und Trinken steuern wir bewusst, was wir unserem Körper geben – und auch, was wir ihm vorenthalten. Doch halt, es stimmt nicht ganz: Wir müssen manchmal den archaischen Bedürfnissen unseres Körpers Einhalt gebieten, der trotz der komfortablen Ausgangssituation, in der wir uns befinden, immer noch auf Überlebenskampf eingestellt ist. Obwohl wir heute aus einer riesigen Vielfalt auswählen können, will uns unser Körper für Notsituationen gerüstet wissen und feuert uns an, uns mit Kohlenhydraten und Fett zu versorgen.

Je mehr wir über die Wirkung unserer Nahrung wissen, desto besser können wir diese Bedürfnisse unseres Körpers einschätzen. Denn es ist möglich, über die Versorgung unseres Körpers mit Nahrung zu unserem eigenen Wohlbefinden beizutragen, aber auch, es zu gefährden. Eine gute und vor allem auch zu uns passende Ernährungsweise stellt uns nicht nur alle Nährstoffe zur Verfügung, die wir für das reibungslose Funktionieren unseres Körpers brauchen, sondern kann noch viel mehr: Sie kann Körper und Seele stärken und dazu befähigen, sich gegen Angriffe von krankmachenden Einflüssen zu wehren. Sie kann sogar dazu beitragen, schon bestehende Krankheiten zu bekämpfen und vielleicht sogar zu heilen. Gute Ernährung kann den Arzt ersetzen. Und wir haben es in der Hand.

Um diese Eigenschaften möglichst gut für uns nutzen zu können, sollten wir natürlich ein paar Grundzüge der gesunden Ernährung kennen, zum anderen aber auch mit den Reaktionen unseres Körpers auf Nahrungsmittel vertraut sein und die Schwachstellen kennen. Wer weiß, welche Lebensmittel ihm nicht gut tun, kann sie weglassen. Das ist einfach. Wer nach dem Trinken von Milch Bauchgrimmen bekommt, verträgt vielleicht Laktose nicht, wer beim Genuss von Brot solche Symptome bemerkt, könnte eine Gluten-Unverträglichkeit haben. Mithilfe speziell geschulter Ernährungstherapeuten lassen sich ziemlich schnell Zusammenhänge erkennen. Und wer unter bestimmten Erkrankungen leidet, weiß vielleicht schon, was in seinem besonderen Fall gut oder schlecht ist – aus Erfahrung oder weil es der Arzt gesagt hat.

Aber wer kennt schon die Nahrungsmittel, die für einen selbst und für die eigene Konstitution besonders wohltuend sind? Im Gegensatz zu Unverträglichkeiten oder Allergien, bei denen sich die verursachenden Lebensmittel ganz gut aufspüren lassen, kennen wir unsere persönlichen Wohltäter meistens nicht. Denn nicht immer zeigt sich über eine körperliche Reaktion direkt, wie unsere individuelle Konstitution darauf reagiert.

Wer die Reaktionen des eigenen Körpers besser verstehen möchte, braucht zunächst etwas Grundwissen über eine gesunde Ernährungsweise, wie sie von Experten empfohlen und in Studien bestätigt wird. Gibt es Nahrungsmittel, die für jeden gut oder schlecht sind – unabhängig von persönlichen Reaktionen, von Krankheiten und Beschwerden? Ein klares Jein ist die Antwort. Ja, es gibt gute und weniger gute Lebensmittel. Weniger gute sind weniger gut – das gilt für alle. Doch die eigentlich guten, die können auch weniger gut sein, wenn wir sie aus verschiedenen Gründen nicht vertragen oder sie dem eigenen Körper nicht behagen. Gesund ist also zunächst erst einmal für jeden nur das, was er auch verträgt. Aber bevor es zu kompliziert wird, schauen wir uns erst mal an, was allgemein empfohlen wird.

GIBT ES SIE, DIE RICHTIGE ERNÄHRUNG?

„Iss dein Gemüse, das ist gesund." Der Versuch, Kinder mit diesem zugegebenermaßen vernünftigen Argument zu überzeugen, scheitert garantiert. Das ungeliebte Grünzeug wird auf diese Weise umso mehr verschmäht, das ist so sicher wie das Amen in der Kirche. (Nebenbei: Leider funktioniert es im Umkehrschluss nicht, Kindern fettige Pommes mit Majo und Zuckerzeug mit dem Gesundheitsargument madig zu machen.) Der Begriff „gesund" ruft ein Schreckensszenario hervor, das aber nicht nur Kinder quasi mit der Muttermilch aufgesogen zu haben scheinen, sondern auch noch bei vielen Erwachsenen einen Ablehnungsreflex hervorruft. Fader, trockener Körnerfraß,

Kaninchenfutter oder obskurer Fleischersatz, gepredigt von missmutigen, blassen Ernährungsaposteln in dicken Wollsocken – damit assoziieren tatsächlich auch heute noch viele den Begriff „gesunde Ernährung".

Dabei sollte es heute jeder besser wissen, der nicht hinter dem Butterberg lebt. Immerhin macht Ernährung Quote und die Medien sind voll davon. Nicht nur, dass in jedem Sender gekocht wird und jede Zeitschrift ihre Rezeptseiten hat. Auch in Dokumentationen, Diskussionssendungen und „großen Ernährungsshows" erfahren wir, welche Nahrung uns krank macht und welche gesund, was wir essen sollen, um schlank zu bleiben oder zu werden, wie viel Ungesundes uns die Lebensmittelindustrie mit dem Gesundheitsargument unterjubelt und ob bio besser ist. All das sind heute Themen, die hohe Einschaltquoten und gute Auflagen garantieren.

Nicht zu fett und nicht zu süß soll es sein, viel Obst und Gemüse sollen wir essen, dafür wenig Fleisch und so weiter – so weit können die meisten noch mitreden. Soll, soll, soll: Vor lauter Vorschriften fällt der Genuss hinten über und die Vorstellung, gesundes Essen und Vergnügen seien zwei sich grundsätzlich widersprechende Dinge, hält sich dann verständlicherweise hartnäckig. Genuss ist ein Kriterium, das bei der Aufzählung von Aspekten für eine gesunde Ernährung meistens gar nicht vorkommt.

WIE ALSO GEHT GESUNDE ERNÄHRUNG?

Zuallererst: nur mit Freude. Denn was uns nicht schmeckt, das kann auch nicht das Beste für unseren Körper sein (von notwendiger bitterer Medizin bei Krankheiten mal abgesehen). Und deshalb lautet eine der wichtigsten Voraussetzungen für eine gesunde und bekömmliche Ernährung, dass wir uns auf und über unser Essen freuen dürfen. Zur guten Ernährung gehört die Vielfalt der Lebensmittel, das sagen auch die Ernährungsfachgesellschaften – und drücken damit aus, dass es niemals um den Verzicht auf einzelne Lebensmittel oder gar Lebensmittelgruppen gehen kann, sondern im Gegenteil: Verboten ist nichts.

Natürlich kann das kein Freifahrschein für hemmungsloses Schlemmen sein. Denn im Wesentlichen geht es bei einer gesunden Ernährung darum, wie viel wir wovon essen. Es geht um eine Ausgewogenheit der Lebensmittelgruppen – und darum, welche Lebensmittel mehr und welche weniger auf unserem Teller landen sollen, weil die einen gut, die anderen weniger gut für uns sind. Wenn wir genau wissen, welche Inhaltsstoffe in der Nahrung in unserem Körper welche guten Auswirkungen haben, ist das mehr Motivation für die Entscheidung zu guten Lebensmitteln, als wenn wir immer nur vorgebetet bekommen, etwas sei gesund.

Ein bisschen Soll lässt sich also doch nicht vermeiden, wenn es um eine gesunde Ernährungsweise geht. Aber nie vergessen: Dahinter steht nicht nur das gute Ziel, sich mit einer guten Ernährung besser zu fühlen und zu besserer Gesundheit zu kommen, sondern sämtliche Empfehlungen beziehen sich auf solches Essen, das schmeckt und uns erfreut. Jedes Soll weist den Weg hin zu guten Zutaten, aus denen köstliche Gerichte entstehen. Und wenn ein Soll von den Lebensmitteln abrät, die wir doch so gern mögen? Nichts ist absolut tabu – und immer klarmachen: Die nicht so guten Dinge schmecken noch viel besser, wenn sie bewusst in kleinen Mengen zu besonderen Anlässen genossen werden.

DIE ERNÄHRUNGSPYRAMIDE

Ein sehr anschauliches Modell für eine vollwertige, ausgewogene Ernährungsweise, bei der wir unser Gewicht halten können, ist die Ernährungspyramide, die bei allen Ernährungsfachgesellschaften mehr oder weniger gleich aussieht: Je weiter unten eine Lebensmittelgruppe in der Pyramide angesiedelt ist, desto größer sollte ihr mengenmäßiger Anteil in unserer Ernährung sein. Die Lebensmittel ganz unten bilden die Basis – und dort stehen die Getränke, denn ausreichendes Trinken ist lebenswichtig. Dass hier kein Alkohol zu finden ist, ist auch klar.

In der nächsten Ebene befinden sich Obst und Gemüse, dann folgen Getreide, Getreideprodukte und Kartoffeln. Manche Modelle der Pyramide platzieren diese Gruppen der pflanzlichen Produkte auch zusammen auf einer Ebene. Wieder darüber, also zu einem noch geringeren Anteil, stehen erstmals tierische Produkte wie Fleisch, Fisch, Milch, Milchprodukte und Eier, in manchen Modellen sind ▶

Fleisch und Eier auch in die nächste Ebene ausgelagert. Dann kommen mit einem kleineren Anteil Fette und Öle und erst in der Spitze der Pyramide die Süßigkeiten, der Alkohol und die pikanten Knabbereien, die alle in kleinen Mengen auch erlaubt sind – also die i-Tüpfelchen, die wir hin und wieder bewusst genießen dürfen.

Wie schön, selbst Ernährungsexperten sprechen also keine Verbote aus. Das macht Mut. Schauen wir uns die einzelnen Pyramidenstufen doch einmal genauer an:

RICHTIG TRINKEN

Richtiges und ausreichendes Trinken ist wichtig, das steht fest. Unser Körper braucht einen ausgewogenen Flüssigkeitshaushalt, um gut funktionieren zu können. Doch was die richtige Menge ist, da gehen die Meinungen auseinander. Mit eineinhalb bis zwei Litern pro Tag, die oft als Mindestmenge genannt werden, machen wir nichts falsch. Andererseits hat unser Körper ein wunderbar funktionierendes Warnsystem vor Austrocknung: das Durstgefühl und eine möglichst helle Farbe des Urins. Wer auf sein Warnsystem hört, muss keine Unterversorgung mit Flüssigkeit fürchten. Eine App oder andere Spielereien, die an das Trinken erinnern, brauchen wir sicher nicht – und trinken, so viel wie reingeht, ebenso wenig.

Anders sieht es bei bestimmten Krankheiten aus, die dieses Warnsystem aushebeln oder bei denen eine besonders hohe Flüssigkeitszufuhr wichtig ist. Alte Menschen leiden oft unter mangelndem Durstgefühl, auch hier ist ein disziplinierter Umgang sehr nötig. Und der hohe Flüssigkeitsverlust bei Hochleistungssport muss selbstverständlich auch durch hohe Trinkmengen ausgeglichen werden.

Die besten Getränke sind zucker- und koffeinfrei: Wasser, Früchte- und Kräutertees und Fruchtsaftschorlen im Mischungsverhältnis von einem Teil Fruchtsaft zu drei Teilen Wasser. Das gibt schon eine Menge Abwechslung, Erfrischung und Geschmack. Koffeinhaltige Getränke, zu denen Kaffee, schwarzer und grüner Tee gehören, zählen zu den Genussmitteln, nicht zu den reinen Durstlöschern. Wegen des Koffeins sollten wir sie nicht in zu großen Mengen trinken, doch zwei bis drei Tassen am Tag sind okay, denn sie bringen auch einige positive Inhaltsstoffe mit.

Cola und andere stark zuckerhaltige Getränke sollten genauso wenig Durstlöscher sein, sie enthalten teilweise unglaublich hohe Zuckermengen, die wir gar nicht so bemerken. Der hohe Zuckeranteil macht sogar noch durstig. Bei Cola trägt die Phosphorsäure zur Steigerung des Durstgefühls bei – ob da eine geschickte Vermarktungstechnik dahintersteht? Außerdem greift Cola den Zahnschmelz an und kann den Körper übersäuern. Milch ist zwar gesund, zählt aber wegen ihres hohen Nährwerts nicht als Getränk, sondern als Nahrungsmittel.

OBST, GEMÜSE UND SALAT

Die Kampagne „Fünf am Tag" steht für eine tägliche Obst- und Gemüsemenge, die mindestens empfohlen wird. Fünf Portionen Obst oder Gemüse sollen es möglichst für jeden sein, messbar in Handvoll. Nur bei Salaten gelten zwei Handvoll als eine Portion. Dazu werden großzügig auch noch Hülsenfrüchte wie Erbsen, Bohnen und Linsen sowie Nüsse gezählt. Das anschauliche Modell wächst sogar mit: Kleine Kinderhände fassen weniger Obst oder Gemüse als die kräftigen Hände eines Bauarbeiters – so stimmt die Menge für jeden, unabhängig von Größe und Alter. Für Erwachsene entspricht das etwa 250 Gramm Obst und 400 Gramm Gemüse am Tag, davon möglichst ein Anteil Rohkost, ab und zu auch als frisch gepresster Obst- oder Gemüsesaft beziehungsweise Direktsaft.

Fünf Portionen, das mag erst einmal viel klingen. Aber wer es ausprobiert, sieht, dass es nicht besonders schwer ist: 125 Gramm Spinat entsprechen einer Portion, ein Glas Gemüsesaft und drei Tomaten. Dazu noch zwei Handvoll Erdbeeren – schon ist das Tagessoll erfüllt. Geht doch, und das ganz einfach – oder? Wenn es nicht täglich klappt, auf diese Mengen zu kommen, ist das auf keinen Fall ein Beinbruch. Das Prinzip bietet aber eine schöne Orientierung, ohne zu einem Dogma ausarten zu müssen.

Machen wir doch aus dem Tagessoll ein Tageswoll: Wenn wir von den vielfältigen, herrlichen Aromen von Gemüse, Obst, Hülsenfrüchten, Nüssen Tag für Tag aufs Neue verführt werden, müssen wir nicht bis fünf zählen können. Diese Lebensmittelgruppe bietet so unzählig viele Möglichkeiten der Zubereitung und ihre Familienmitglieder können auch auf die Hand so verlockend sein, dass die Empfehlung „Fünf am Tag" überflüssig sein sollte, weil wir von der Fülle der Möglichkeiten gar nicht genug bekommen können.

Und gesund sind Obst und Gemüse sowieso, wie jeder weiß. Sie stecken voller Vitamine, die der Körper nicht oder nicht in ausreichender Menge selbst herstellen kann, haben wichtige Mineralstoffe und Spurenelemente, gute Ballaststoffe, dabei aber wenige Kalorien und keine ungesunden Fettsäuren. Außerdem enthalten sie sekundäre Pflanzenstoffe, deren viele positive Wirkungen auf den Körper noch gar nicht alle erforscht sind. In unserer Nahrung kennen wir bislang fünf- bis zehntausend unterschiedliche Stoffe. Das Zusammenspiel all dieser Substanzen macht Obst und Gemüse so wertvoll und durch künstliche Zusätze nicht ersetzbar. Isolierte Vitamine, wie sie in Vitamintabletten vermarktet werden, können niemals die gleiche Wirkung entfalten, wie wir heute wissen. Denn vermutlich brauchen Vitamine die Unterstützung von sekundären Pflanzenstoffen, um richtig zu funktionieren.

EXKURS: PRO UND CONTRA SÜSSE, MILDE FRÜCHTCHEN

Viele Gemüse sind heute in Richtung „süß" gezüchtet, denn dieser Geschmack gefällt uns. Wir kennen ihn schon von Beginn an aus der Muttermilch. Dagegen mögen viele von uns meistens den bitteren Geschmack bei Gemüse weniger, weil er uns signalisiert: Vorsicht, das könnte ungesund sein. Doch in zuckrigem Mais und zuckersüßen Möhrchen, in mildem Chicorée und wässrigen Gurken steckt heute leider nicht mehr so viel Wertvolles, wie es einmal bei ihren kräftig schmeckenden Vorfahren der Fall war. Und auch solche Gemüse, zu deren geschmacklichem Charakter die Bitterstoffe gehörten, sind heute mild, wässrig und leider nicht nur geschmacklos, sondern auch wertloser geworden. Denn mit den Bitterstoffen wurden den Gemüsen auch große Mengen der gesundheitsförderlichen Phytonährstoffe weggezüchtet. Gleichzeitig wurden die Sorten ohne Bitterstoffe vermehrt in die Märkte gebracht, um dem Verbraucherwunsch nach Milde zu entsprechen. Haben wir zum Beispiel beim Salat die Wahl, können wir uns zwischen Extremen entscheiden: für den milden, wässrigen Eisbergsalat oder für Löwenzahn, der 40-mal mehr Antioxidantien enthält. Es lohnt sich also, die Qualitäten des bitteren Geschmacks wiederzuentdecken. Es lohnt sich, nach alten Sorten Ausschau zu halten, die nicht nur süß, sondern auch aromatisch sind.

Weiter geht es mit den guten Eigenschaften: Obst und Gemüse besitzen wichtige Ballaststoffe wie Pektine, Zellulose und Hemizellulose. Diese gehören zur Gruppe der wasserlöslichen Ballaststoffe, die viel Gutes tun. Diese Ballaststoffe werden oftmals auch besser vertragen als die aus Getreide. Der Begriff „Ballaststoffe" wurde beibehalten, obwohl heute bekannt ist, dass diese Stoffe für den Körper keinen nicht verwertbaren Ballast darstellen, im Gegenteil. Die löslichen Ballaststoffe binden Wasser im Darm, sind Nahrung für nützliche Darmbakterien, unterstützen damit eine gesunde Darmflora und so auch ein intaktes Immunsystem.

EXKURS: PRO BIO

Obst- und Gemüsesorten werden wegen dieser vielen Pluspunkte uneingeschränkt empfohlen. Dabei gilt: je bunter gemischt, desto schöner anzusehen, desto größer die Geschmacksvielfalt, aber auch desto besser. Einseitig ist selbst bei Obst oder Gemüse auf Dauer nicht gut, sonst fehlen irgendwann wichtige Nährstoffe. Tipp am Rande: Nach dem Ampelsystem wählen, also täglich etwas Gelbes, etwas Grünes und etwas Rotes beziehungsweise Dunkles essen.

Bei diesen frischen Produkten lohnt sich der Griff zu bio ganz besonders, denn geschmacklich können überzüchtete, wässrige Sorten mit fadem Geschmack aus dem Supermarkt nicht mithalten. Wer einmal in eine knackige Biomöhre gebissen oder ein süßes Bioäpfelchen genascht hat, wird die Supermarktware in Zukunft mit anderen Augen sehen und mit anderem Gaumen schmecken. Was macht das schon, wenn das gute Stück dann nicht ganz so ▶

perfekt aussieht wie die auf Hochglanz polierte Einheitsware? Im Bioanbau wird auf Geschmack noch Wert gelegt. Hier werden teilweise robuste alte Sorten wiederentdeckt, prallvoll mit den tollsten Aromen. Auch auf Regionalität wird meistens geachtet und damit gewährleistet, dass Obst und Gemüse möglichst reif geerntet und so die wichtigsten Stoffe optimal gebildet wurden. Möglichst naturnahe Bodenbehandlung und Düngung holen das Beste aus den Pflanzen heraus. In Sachen Inhaltsstoffe streiten sich die Experten. Manche Studien stellen zwischen Bio- und konventionellem Anbau keinen Unterschied im Nährstoffgehalt fest, andere schon. Auch wenn sich das nicht eindeutig klären lässt – eines ist klar: Pestizid- und andere schädliche Rückstände spielen bei Bioprodukten keine Rolle.

EXKURS: PRO UND CONTRA GAREN

Wir hören oft, dass Obst und Gemüse so naturbelassen wie möglich gegessen werden sollen, weil dann Vitamine und Mineralstoffe am besten erhalten bleiben. In den meisten Fällen stimmt das, denn viele Vitamine sind hitze-, licht- und sauerstoffempfindlich, weshalb sie beim Kochen oder Backen zum Teil abgebaut werden. Schade drum. Es gibt aber auch Ausnahmen, wo die Verfügbarkeit durch Hitze sogar verbessert wird. Das trifft auf die Vorstufe des Vitamins A zu, das Beta-Carotin, auch Provitamin A genannt. Durch Hitze wird es zu Vitamin A aufgespalten und liegt erst dann in seiner wirksamen Form vor. Unterstützend wirkt auch die Zugabe von Fett, das macht das Vitamin auch schon in rohem Obst und Gemüse besser verfügbar. Der Tipp für Salate mit Möhren und anderen Beta-Carotin-haltigen Gemüsesorten lautet deshalb: immer ein paar Tropfen Öl zugeben. Bei Rohkost fördert das ohnehin den Geschmack.

Aber: Auch was noch so gesund ist, kann unter Umständen von Einzelnen nicht vertragen werden. Manche Menschen reagieren empfindlich auf rohes Obst oder Gemüse. Garen macht viele Lebensmittel leichter bekömmlich, besonders Salatgurken, Kohl, Zwiebeln, Paprika und Lauch sind roh schwer verdaulich und können Magen-Darm-Beschwerden verursachen. Wer hier empfindlich reagiert, sollte die Beschwerden verursachenden Nahrungsmittel gedünstet oder gekocht essen. Hier steht natürlich das Wohlbefinden vor dem optimalen Nährstoffgehalt. Und letztendlich ist es, wie so oft, reine Geschmackssache. Wer lecker Gekochtes dem roh Zubereiteten vorzieht, darf sich daran erfreuen.

Richtig gefährlich wird es allerdings, wenn wir Hülsenfrüchte wie Bohnen oder Linsen roh essen. Nur Erbsen und Zuckerschoten sind roh gut verträglich. In allen anderen Hülsenfrüchten sind giftige Stoffe wie Phasin enthalten, die Darmentzündungen hervorrufen können. Schon fünf bis sechs Bohnen reichen aus, bei Kindern noch weniger. Daneben enthalten diese Hülsenfrüchte Blausäure, die die Sauerstoffaufnahme im Blut herabsetzt und zu Kreislaufbeschwerden führen kann. Kurzes Kochen entschärft die Stoffe komplett. Auch noch bissfest gekochte Bohnen sind ein völlig ungefährlicher Genuss.

Um das Beste aus Obst und Gemüse rauszuholen, sollten wir uns bei der Zubereitung ein paar Dinge aneignen: Wird Obst und Gemüse gewaschen, bevor wir es zerkleinern und nicht etwa danach, ist der Verlust an Vitaminen und Mineralstoffen durch Auswaschen niedriger. Aus diesem Grund die Lebensmittel auch nicht in Wasser liegen lassen. Und da viele Vitamine luft- und lichtempfindlich sind, zerkleinertes Obst und Gemüse einpacken oder abdecken. Also zum Beispiel Salat erst kurz vor dem Essen zubereiten. Auch beim Kochen müssen wir auf die sensiblen Inhaltsstoffe Rücksicht nehmen: Ohne oder mit so wenig Wasser wie möglich garen, denn Wasser schwemmt viele Inhaltsstoffe aus. Sie werden dann mit dem Kochwasser weggegossen – am besten ist es, das Kochwasser mitzuverwenden. Je kürzer gegart wird, desto besser. Der Dampfdrucktopf verkürzt die Kochzeit zwar, durch den Druck wird aber auch ein Teil der Inhaltsstoffe zerstört. Er lohnt sich deshalb nur bei Lebensmitteln mit langen Garzeiten, wie bei Hülsenfrüchten. Warmhalten tut Vitaminen und Mineralstoffen ebenfalls nicht gut.

GETREIDE, GETREIDEPRODUKTE, KARTOFFELN

Auch in Getreide und Kartoffeln finden sich viele wichtige Nährstoffe wie Vitamine, Mineralstoffe und Spurenelemente, daneben Ballaststoffe und Eiweiß. In den wirklich relevanten Mengen aber nur im ganzen Getreidekorn. Isoliertes Weißmehl hat mit der Schale und dem Keim den größten Teil dieser wichtigen Nährstoffe verloren, nämlich etwa 30 Prozent Eiweiß, 75 Prozent Eisen, 80 Prozent Magnesium und sogar 99 Prozent Chrom. Zurück bleiben isolierte Kohlenhydrate, also leere Kalorien. Diese

Kohlenhydrate werden relativ schnell zu Zucker abgebaut, gehen schnell ins Blut und bewirken nicht viel mehr, als den Blutzuckerspiegel in die Höhe schießen zu lassen und in der letzten Konsequenz auch noch dick zu machen.

Je weniger stark ausgemahlen das Mehl ist, desto mehr gute Nährstoffe sind noch vorhanden. Ganz wichtig sind vor allem die Ballaststoffe, die nur im vollen Korn in dieser Menge vorkommen. Am besten ist es also, das Korn so naturbelassen wie möglich zu essen und Produkte mit Vollkornmehl immer denen aus stark ausgemahlenem Mehl vorzuziehen.

EXKURS: PRO UND CONTRA VOLLKORN

Vollkorngegner argumentieren, dass Phytinsäure, die sich hauptsächlich im vollen Korn befindet, die Aufnahme von wichtigen Mineralstoffen und Spurenelementen wie Eisen, Kalzium, Magnesium und Zink vermindet, weil sie diese bindet. Das stimmt zwar, da aber Vollkorn viel höhere Mengen dieser Nährstoffe besitzt als ausgemahlenes Mehl, ist die aüfgenommene Menge dennoch höher, wie Studien beweisen. Daneben wird Phytinsäure durch übliche küchentechnische Verarbeitungen wie Einweichen, Keimen oder bei der Teigzubereitung teilweise abgebaut, was den negativen Effekt vermindert.

Aber: Phytin, wird es nicht mit einer der herkömmlichen Methoden unschädlich gemacht, kann verdauungshemmend sein. Das erklärt, dass manche Menschen beim Genuss roher Getreideflocken Bauchweh bekommen, denn hier ist noch die geballte Macht des Phytins am Werk. Hafer ist das einzige Getreide, das roh wirklich bekömmlich ist, weil das Korn anders als anderes Getreide aufgebaut ist, vor dem Flocken entspelzt und damit viel Phytin entfernt wird.

Auch Sauerteigbrot kann solche negativen Effekte zeigen, wenn es nicht auf althergebrachte Weise in einem mehrtägigen Prozess mit echtem Sauerteig gebacken wurde, der Phytin durch enzymatische Prozesse unschädlich macht. In Brot, das zeitsparend mit Kunstsauer aus einem Chemikaliencocktail gebacken wurde, unterbleibt der Prozess auch. Solches Brot kann Beschwerden verursachen. Viele Menschen glauben dann, kein Vollkorn zu vertragen, dabei liegt es nur an der fehlenden und falschen Verarbeitung. Der Bäcker kann Auskunft über seine Methode des Brotbackens geben. Biobrot wird in der Regel mit echtem Sauerteig gebacken.

Nun ist Vollkorn nicht jedermanns Sache und ein paar Leckereien, die mit weißem Mehl gebacken werden, können mit Vollkorn kaum genauso gut gelingen und geschmacklich nicht mithalten. Was ist mit fluffigem Weißbrot, knusprigem Ciabatta oder weißen Frühstücksbrötchen, mit sahnigen Torten, mit weichen Bagels oder lockerem Hefegebäck – das soll alles tabu sein? Aber nein, erlaubt ist, was gefällt – wenn es in Maßen ist.

Welche Vollkornprodukte einem zusagen und welche nicht, das muss jeder für sich herausfinden. Vollkornnudeln und -reis mögen manche nicht. Doch in einer kräftigen Suppe oder einem deftigen Salat gewinnen sie und können mehr hermachen als weiße Nudeln, die geschmacklich schnell untergehen. Als schöne Alternative bieten sich auch Vollkornreisnudeln an, die fast wie weiße Nudeln schmecken, aber die Inhaltsstoffe des ganzen Reiskorns mitbringen.

Ein kraftvolles Vollkornbrot ist für einen ebenso deftigen Belag ein ebenbürtiger Partner, bietet aber auch zu süßen Belägen einen geschmacklich schönen Kontrast. Doch manchmal verlangt es uns nach dem zarten Aroma eines knusprigen Baguettes, eines Gebäcks oder von Nudeln aus Weißmehl, dann dürfen wir zugreifen. Gut ist aber, wenn wir das, was häufig auf den Tisch kommt, ganz oder teilweise durch Produkte aus Vollkorn ersetzen.

Bei Kartoffeln fürchten viele die vermeintlich dickmachende Stärke. Der eigentliche Dickmacher, der die Kartoffeln so in Verruf gebracht hat, ist aber ihr attraktiver Begleiter: das Fett. Bei Pommes, Chips oder Bratkartoffeln wird mit Fett schließlich nicht gespart. Ohne Fett zubereitet ist die Kartoffel aber sehr gesund – besonders, wenn sie ungeschält zubereitet oder sogar verzehrt wird. Denn direkt unter der Schale sitzen die meisten Vitamine. Gerade der Vitamin-C-Gehalt ist beachtlich, schon sieben mittelgroße Kartoffeln decken den Tagesbedarf. Pellkartoffeln sind also nicht nur ein einfacher, aber deftiger Genuss, sondern auch ein richtig gesunder. Mit Schale gegessen kommt der kräftig erdige Geschmack der Knolle besonders gut zur Geltung, während sich bei den zarten Frühkartoffeln die Schale kaum bemerkbar macht. Alles Geschmackssache. ▶

FISCH, MILCH, MILCHPRODUKTE UND EIER

Erst in der nächsten Stufe der Ernährungspyramide kommen tierische Lebensmittel an die Reihe: Fleisch, Fisch, Milch, Milchprodukte und Eier. Fleisch und Fisch sind Lebensmittel mit sehr wertvollen Inhaltsstoffen, die sich durch andere Lebensmittel nur mit einigen Tricks und Kniffen zufriedenstellend ersetzen lassen.

Der würzige Geschmack eines Schmorbratens, der kräftige Biss eines Steaks oder die zarte Beschaffenheit eines Filets wird jedoch kaum von anderen Lebensmitteln in dieser Perfektion erreicht, die uns den Mund wässrig macht. Dennoch wird empfohlen, nicht mehr als ein- bis zweimal pro Woche Fleisch zu genießen, denn täglicher Konsum ist einfach zu viel und tut der Gesundheit nicht mehr gut. Und es gibt so viele leckere Alternativen, dass niemand sein tägliches Stück Fleisch auf dem Teller vermissen muss.

Fisch, und damit ist in der Regel fetter Meeresfisch gemeint, sollte dagegen wegen seiner guten Omega-3-Fettsäuren ein- bis zweimal die Woche den Speiseplan bereichern. Aber auch geschmacklich ist das meist wunderbar zarte Fischfleisch eine tolle Ergänzung des Speiseplans.

Milch und Milchprodukte sind wegen ihres hohen Kalzium- und Eiweißgehalts ein wesentlicher Bestandteil in unserer Ernährung. Deshalb wird empfohlen, diese Produkte täglich zu essen. In Eiern sind viel hochwertiges Eiweiß, Vitamine und Mineralstoffe enthalten und in ihrem fetten Anteil befindet sich Lecithin, das viele gute Eigenschaften aufweist. Eier können Fleisch in ihrer Nährstoffzusammensetzung ersetzen.

EXKURS: PRO UND CONTRA FLEISCH

Eigentlich spricht nichts gegen ein gutes Stück Fleisch auf dem Teller: Es besitzt viel Eiweiß in besonders gut verwertbarer Qualität, einen hohen Eisengehalt, viele B-Vitamine und andere lebensnotwendige Nährstoffe. Doch mehr als 300 bis 600 Gramm Fleisch oder Wurst sollten es in der Woche nicht sein, denn Fleisch hat auch seine negativen Seiten. Eine ist sein mehr oder weniger hoher Fettgehalt, der auch noch in Form von ungesunden gesättigten Fettsäuren vorliegt – Risikofaktoren für Herz-Kreislauf-Erkrankungen. Gerade in Wurst kann der Gehalt an Fett recht hoch sein, was wir tückischerweise nicht auf den ersten Blick erkennen. Besser also bei mageren Produkten zugreifen. Auch damit lassen sich wunderbare Gerichte zubereiten, die Herz und Seele erfreuen.

Besonders das rote Fleisch von Rind, Schwein, Lamm und Ziege steht im Fokus der Kritik, denn hier hat sich in Studien gezeigt, dass sein häufiger Verzehr Herzinfarkte und Krebs fördert. Die Gründe sind noch nicht ausreichend erforscht. Vorstellbar ist aber, dass der besonders hohe Eisengehalt von rotem Fleisch – eigentlich ja eine gute Eigenschaft von Fleisch – beim Braten die Entstehung von krebserregenden Substanzen fördert. Daneben erhöht der hohe Gehalt an gesättigten Fettsäuren die Herzinfarktrate.

Und was ist nicht noch alles im Fleisch, was das „Stück Lebenskraft“ sehr fragwürdig aussehen lässt: Antibiotika, Krankheitserreger, Anabolika – alles der Massentierhaltung geschuldet. Die hohe Nachfrage nach Fleisch fördert immer unakzeptablere Methoden der Tierhaltung mit hochgezüchteten und krankheitsanfälligen Retortentieren, die ohne massive medikamentöse Unterstützung gar nicht mehr lebensfähig sind. Nicht nur lebensverachtend, sondern auch für den Menschen gesundheitsschädlich sind solche Methoden.

Die Entscheidung für Fleisch von ausschließlich ökologisch und artgerecht gehaltenen Tieren sollte selbstverständlich sein, der Gesundheit und dem Tierwohl zuliebe. Und es schmeckt auch viel besser – der Unterschied zwischen dem Fleisch eines artgerecht aufgewachsenen und gehaltenen Tieres und dem von Turbofleisch aus Massentierhaltung ist wirklich enorm. Welche Aromenvielfalt und -intensität gutes Fleisch in sich tragen kann, lässt wässriges, fades Fleisch aus der Massenproduktion noch nicht einmal erahnen. Natürlich kostet gutes Fleisch einiges mehr, aber das muss es uns wert sein. Wenn wir lernen, Fleisch nicht als eine selbstverständliche Ware anzusehen, sondern als einen besonderen Genuss, den wir uns nicht täglich gönnen, relativiert sich der Preisunterschied schnell.

EXKURS: PRO UND CONTRA FISCH

Fisch, und zwar vor allem fetter Meeresfisch wie Aal, Makrele, Hering und Lachs, besitzt besonders wichtige ungesättigte Fettsäuren, die der Körper nicht selbst herstellen kann: die Omega-3-Fettsäuren. Hier bedeutet also ausnahmsweise mehr Fett auch mehr Gesundheit und die Sorge vor zu viel Kalorien dürfen wir getrost dem ungetrübten Genuss unterordnen. Daneben hat Fisch einen hohen Jodgehalt. Beides braucht unser Körper, um optimal funktionieren zu können: Die Fettsäuren halten unsere Adern geschmeidig und schützen uns vor Herzinfarkt und Arteriosklerose, Jod wird für fast alle Stoffwechselprozesse benötigt. Also ein paar wirklich schlagende Argumente, die den Fisch auf dem Teller richtig gut aussehen lassen.

Aber kein Licht ohne Schatten. Auch beim Fischkonsum müssen wir genauer hinschauen, denn die Überfischung der Meere hat die Bestände vieler beliebter Arten so stark minimiert, dass eine Erholung kaum mehr möglich ist. Das blaue MSC-Siegel des Marine Stuartship Councils weist die Arten aus, deren Bestände nicht akut bedroht sind, darauf sollten wir immer ein Auge haben. Greenpeace und WWF geben jährlich Broschüren heraus, die den Zustand der beliebtesten Speisefischbestände widerspiegeln. Leider sind ausgerechnet die so gesunden Fettfische wie Aal und Lachs unter den gefährdeten Arten. Atlantischer und pazifischer Lachs werden aber noch recht positiv bewertet und die Empfehlungen ändern sich stets abhängig von der aktuellen Bestandssituation.

Um Wildbestände zu schützen, werden Fische daneben in Aquakulturen gezüchtet. Das ist unter den beengten Bedingungen aber leider nicht ohne medikamentöse Hilfsmittel möglich. Auch hier weist ein Siegel auf akzeptablere Methoden hin: das ASC-Siegel.

EXKURS: PRO UND CONTRA MILCH

Die besonders fettreichen Milchprodukte wie Sahne, Crème fraîche, Schmand und Butter oder auch fette Käsesorten haben einen recht hohen Anteil an gesättigten Fettsäuren, deshalb möglichst nur in kleinen Mengen verwenden: Ein Klacks Schmand auf der Suppe, etwas Emmentaler über das Nudelgericht gerieben oder ein Häubchen Sahne auf dem Obstkuchen sind okay und die i-Tüpfelchen, die aus einem köstlichen ein unwiderstehliches Gericht machen können. Wenn auch das Fett von Milch und Milchprodukten nicht optimal ist, sind fettreduzierte Produkte dennoch nicht die beste Wahl. Denn viele Vitamine sind fettlöslich und würden zusammen mit dem Fettanteil größtenteils verschwinden. Milch mit natürlichem Fettgehalt hat einen besonders hohen Gehalt des fettlöslichen Vitamins D.

Und was ist dran am oft gehörten Argument, erwachsene Säugetiere – und zu denen zählt auch der Mensch – wären für den Milchkonsum nicht geschaffen? Schließlich ist Milch nur als Anfangsnahrung für Neugeborene und Säuglinge gedacht. Das stimmt, mit einer Ausnahme: Der Mensch ist das einzige Säugetier, das sich im Laufe der Jahrtausende an das Milchtrinken gewöhnt hat. Bei vielen Menschen ist das Enzym Laktase, das den Milchzucker in verwertbare Zuckermoleküle aufspaltet, auch im Erwachsenenalter noch vorhanden. Hier gibt es weltweit enorme Unterschiede in der Verträglichkeit innerhalb der Bevölkerung: Während Milch und Milchprodukte in Europa von relativ vielen Menschen vertragen werden, besteht in weiten Teilen Afrikas und Asiens ein sehr hoher Anteil an Milchzuckerunverträglichkeit innerhalb der indigenen Bevölkerung. Vertragen wir also Milch und ihre Produkte, können wir ohne Probleme von ihren wertvollen Inhaltsstoffen profitieren. Allerdings verbreitet sich die Laktose-Intoleranz in den vergangenen Jahren, in diesem Fall wird das Enzym Laktase nicht mehr produziert und es kommt zu Magen-Darm-Beschwerden. Auf Milch und viele Milchprodukte müssen Betroffene dann leider verzichten, aber nicht auf alle: Bei den meisten Hartkäsesorten ist der Milchzuckeranteil durch die Reifung fast ganz abgebaut, wie auch in gesäuerten Milchprodukten wie Joghurt oder saure Sahne. Also ausprobieren, was noch geht.

Übrigens: Laktose ist kein ungesunder Milchbestandteil! Nur wer Laktose tatsächlich nicht verträgt, sollte darauf verzichten und auch nur für den sind laktosefreie Produkte sinnvoll. Alle anderen können sich glücklich schätzen und Milch und Milchprodukte beschwerdefrei genießen.

Wer glaubt, unter Laktose-Intoleranz zu leiden, dem kann der Versuch mit Bio- beziehungsweise der biologisch-dynamisch erzeugten Demeter-Milch ans Herz gelegt werden. Vielleicht ist es gar nicht die Laktose, die Beschwerden verursacht, sondern andere Inhaltsstoffe, die durch die Fütterung bedingt sind. Es gibt sogar die – nicht wissenschaftlich gestützte – Vermutung, dass Milchkühe, die ihre Hörner behalten durften (wie es bei Demeter-Haltung der Fall ist), die besser verträgliche Milch geben. Was dran ist? Einfach ausprobieren.

Spätestens wenn wir uns einmal klarmachen, dass das, was die Kuh frisst und auf andere Weise zugeführt bekommt, früher oder später auch in der Milch landet, spricht alles für bio. Lange Zeit übliche Tiermehlfütterung? Antibiotika, ▸

Hormone, fragwürdige Kraftfutter? Pfui, das wollen wir nicht in einem Produkt, das wir für natürlich halten.

FETTE UND ÖLE

Ja, auch Fett gehört unbedingt zu einer gesunden Ernährung. Mit 60 bis 80 Gramm Fett am Tag liegen wir richtig. Der Anteil an Butter oder Margarine daran darf bis zu 30 Gramm sein. Wer seinen Fettkonsum aus Angst vor dem Ausschlag der Waage drastisch reduziert, wird über kurz oder lang Mangelerscheinungen bekommen. Denn unser Körper braucht unbedingt die Fettsäuren, die er nicht selbst herstellen kann: die ungesättigten Fettsäuren. Die sind hauptsächlich in pflanzlichen Lebensmitteln vorhanden, die wichtigen Omega-3-Fettsäuren kommen auch in Meeresfisch vor. Tierische Fette enthalten meistens höhere Anteile an gesättigten Fettsäuren, die in größeren Mengen sogar für Herz und Arterien ungesund sind.

Wenn Fett zum Braten, Backen, für Salate etc. verwendet wird, dann besser pflanzliches nehmen. Sollten aber geschmackliche Gründe für die gute Butter sprechen, ist das erlaubt. Besonders gute Fettsäuren und dabei viel guten Geschmack haben Raps- und Sojaöl, Leinöl, aber auch Olivenöl, Distelöl und Sonnenblumenöl. Auch Nüsse haben einen hohen Anteil an guten Fetten.

EXKURS: BUTTER CONTRA MARGARINE

Wenn die Wahl zwischen Butter und Margarine fallen muss, zum Beispiel zum Backen oder aufs Brot, sollten wir uns die Produkte genauer ansehen. Butter hat gute Vitamine und Mineralstoffe aus der Milch. Jedoch sind ihre Fettsäuren zum Teil gesättigt, was gegen sie spricht. Doch es gibt Unterschiede bei gesättigten Fettsäuren, denn es kommt noch auf die Länge der chemischen Zusammensetzung an – und da schneidet Butter wieder ganz gut ab. Ihre größtenteils mittel- bis kurzkettigen Fettsäuren sind gut verdaulich. Bei Margarine kann, je nach Qualität, der Anteil gesättigter Fettsäuren auch hoch sein, diese sind aber längerkettig und denen der Butter gegenüber damit im Nachteil. Das ist der Fall, wenn bei der Margarineherstellung tierische Fette oder Kokos- beziehungsweise Palmfett verwendet werden. Ein Blick auf die Zutatenliste kann hier Aufschluss geben.

Bei den gesundheitsbedenklichen trans-Fettsäuren verhält es sich ähnlich: Sie kommen zwar auch natürlicherweise im Milchfett vor, sind aber weniger schädlich als solche, die bei der Herstellung von Margarine entstehen können. Auch hier gibt es sehr unterschiedliche Qualitäten und der Blick auf die Zutatenliste lohnt sich.

Natürlich spielt auch eine Rolle, was wir mit den Fetten vorhaben. Nicht alle sind für das Erhitzen geeignet. Deshalb ist es besser, wenn wir zum Braten spezielle Bratöle verwenden, die solche Fettsäuren besitzen, denen Erhitzung nicht schadet. Dazu gehören Distel-, Raps- und Sonnenblumenöl sowie Olivenöl.

ZUCKER, SÜSSIGKEITEN, KNABBEREIEN UND ALKOHOL

Was wäre das Leben ohne Kuchen, Schokolade und ein gepflegtes Gläschen Wein? Für die meisten vermutlich weniger lebenswert. Gesund kann aber doch nur sein, was wir gern tun. Füllen die Lebensmittel aus den anderen Ebenen der Ernährungspyramide unseren Speiseplan gut aus, dann dürfen Süßes und Alkohol auch mal sein, ohne dass uns das unser Körper und unsere Gesundheit übel nehmen. Wer sich ansonsten bewusst ernährt, darf sich – nicht zu oft, nicht zu viel – Kuchen, Schokolade, Alkohol, Chips und Co. gönnen, und das ohne schlechtes Gewissen. Unkontrolliertes Reinschaufeln hat wenig mit Genuss zu tun. Gut dosiert schmeckt umso besser.

AUSGEWOGEN ESSEN – ABER WIE VIEL?

Schöpfen wir aus der Vielfalt der Lebensmittel nach Empfehlung der Ernährungspyramide, müssen wir auf nichts verzichten. Im Gegenteil: Wenn wir ein wenig darauf achten, im Sinne einer gesunden Ernährung zu kombinieren, entdecken wir vielleicht sogar neue Lebensmittel, die uns bisher noch nicht so vertraut waren oder die wir bisher eher stiefmütterlich behandelt haben. Wer Bohnen nur aus dem Eintopf kennt, wird vielleicht staunen, was damit noch alles möglich ist. Und wer Vollkornprodukte bisher abgelehnt hat, entdeckt vielleicht auch hier ungeahnte Qualitäten.

Noch ein toller Vorteil: Wer sich gesund ernährt, kann das Kalorienzählen vergessen. Eine ausgewogene Ernährung versorgt uns nicht nur mit allem Notwendigen, sondern hat auch ein paar Tricks auf Lager. Essen wir weniger Zucker, verlieren wir mit der Zeit automatisch den großen Süßhunger und empfinden sogar „normal" Süßes schnell als unangenehm süß. Mit weniger Zucker strapazieren wir unseren Blutzuckerspiegel auch weniger und ein stabiler Blutzuckerspiegel verhindert Heißhungerattacken. Ballaststoffe aus Obst, Gemüse und Getreide unterstützen den Effekt. Sind wir mit allen Nährstoffen bestens ausgestattet, fühlen wir uns fitter, bewegen uns wieder gern und mehr – auch das macht schlank und sorgt dafür, dass wir uns allgemein in unserer Haut wohl fühlen. Es wird auch kaum passieren, dass wir viel zu viel essen, denn unser Körper sagt uns dann mit einem gesunden Sättigungseffekt, dass es reicht.

DER STETE TROPFEN

Was aber, wenn wir mal richtig über die Stränge geschlagen, alle guten Regeln über Bord geworfen und in allem geschwelgt haben, was so richtig schlecht für unseren Körper ist? Wenn jeder lauschige Abend in unserem Italienurlaub nach größeren Mengen dieses betörenden Chiantis verlangt hat? Pizza und Pasta schon allein unwiderstehlich, aber ohne das abschließende Tiramisu irgendwie nicht vollständig waren? Wieder zu Hause, kann das schon ein schlechtes Gewissen machen – besonders, wenn die Waage die Sünden in Kilos ablesbar macht.

Auch hier dürfen wir relativ gelassen bleiben und dem Genuss keine Reue folgen lassen. Kleine oder auch mittelgroße Abweichungen, auch wenn sie über wenige Wochen bestehen, machen uns noch nicht krank und auch nicht dauerhaft dick. Wir können auf unseren Körper vertrauen, dass er solche Ausrutscher wegstecken und mit flexiblen Stoffwechselreaktionen ausgleichen kann. Gerade wenn er durch eine gute Ernährung vorher in einem Topzustand war, wird er so schnell nicht schlapp machen. Er besitzt mehr oder weniger Speicher für alle Nährstoffe, sodass wir nicht innerhalb weniger Tage oder Wochen in einen Mangelzustand geraten. Und die paar Kilos, die wir von solchen Schlemmerreisen mitbringen, werden wir auch wieder los – wenn wir danach wieder zu unseren guten Gewohnheiten zurückkehren.

Ungünstig wird es dann, wenn wir das Ungesunde zum Dauerzustand werden lassen. Traktieren wir unseren Körper längerfristig mit schlechter Ernährung, mit schädlichen Inhaltsstoffen, dann geraten wir in Mangelzustände, die auf Dauer krank machen können, und die Zufuhr von ungesunden Stoffen manifestiert sich, bis Krankheiten ausbrechen.

Wer seine regelmäßigen Ernährungssünden dadurch relativieren will, dass er zum Ausgleich ein Müsli oder ein Vollkornbrot isst, ist leider auch nicht gut beraten. Natürlich ist es besser, nicht ausschließlich wabbelige Hamburger, sondern auch mal einen knackigen Apfel oder etwas anderes Gesundes zu essen. Die Minuspunkte auf dem Ernährungskonto werden dadurch aber nicht einfach gelöscht. Denn viel ungesundes Fett, Kohlenhydrate ohne Ballaststoffbegleiter, Konservierungsstoffe und anderes, was wir nicht brauchen, können nicht einfach neutralisiert werden. Wohlgemerkt geht es hier um die regelmäßige Zufuhr und nicht um gelegentliche Ausflüge zu den verbotenen Genüssen.

ÜBERALL ERNÄHRUNGSTIPPS. WAS KÖNNEN WIR GLAUBEN?

Vor guten Ernährungsratschlägen wimmelt es überall nur so, doch sehen wir genauer hin, stellen wir Widersprüche fest. Milch ist gesund, sie hat wichtige Inhaltsstoffe wie Kalzium, Vitamin D und Eiweiß. Aber auch: Milch verschleimt, ist schwer verdaulich, sowieso nicht für Erwachsene geeignet und steckt voller Hormone aus der „Behandlung" der Tiere.

Nicht nur für die Milch kursieren so unterschiedliche Informationen, die uns ratlos zurücklassen. Verschiedene Gründe stehen dahinter. Zum einen ist die Aussagekraft wissenschaftlicher Studien zu Lebensmittelwirkungen – abhängig von ihrer Qualität – nur bedingt vorhanden. Es kommt vor, dass neue, scheinbar bahnbrechende Ergebnisse auf Studienresultaten beruhen, die nicht unter repräsentativen Bedingungen ermittelt wurden. Solche Ergebnisse machen manchmal sensationslüstern die Runde, sind aber vielleicht nicht mehr als Schall und Rauch und eine verkaufsfördernde Medienmeldung.

Aber auch seriös durchgeführte Studien können nur eine Tendenz aufzeigen. Zu viele Aspekte, die vielleicht nicht bedacht werden konnten, spielen mit. Dennoch gibt es eine Reihe ernährungswissenschaftlicher Studien, die über lange Zeiträume und mit einer sehr großen Kohorte durchgeführt wurden. Dazu gehört die Gießener Vollwertstudie zur langfristigen Wirkung von Vollwerternährung, die zwar schon Anfang der 1990er-Jahre durchgeführt wurde, aber noch immer Gültigkeit hat und die gesundheitlichen Vorteile von Vollwerternährung nahezu zweifelsfrei nachweist.

Natürlich stehen auch die verschiedensten Ideologien hinter den Differenzen bei Ernährungsempfehlungen. Manchmal sind die Vorstellungen bestimmter Gruppen, die sich mit Ernährung befassen, recht drastisch und ent- ▸

behren einer wissenschaftlichen Grundlage. Wenn einzelne Lebensmittel, die anderenorts als gesund gelten, zu sehr verteufelt werden, sollten wir aufmerken und Skepsis zeigen.

Aber es lohnt sich auch, vermeintlich neutrale und wissenschaftlich untermauerte Ernährungstheorien genauer zu durchleuchten. Wenn wir wissen wollen, was wirklich dran ist, ist ein Blick hinter die Kulissen von Ernährungsinformationen manchmal sehr erhellend: Welche Interessen stehen hinter dieser Organisation, die solche Theorien vertritt? Sind die Experten unabhängig oder arbeiten sie womöglich für die Ernährungsindustrie? Wie neutral kann eine Studie sein, die von einem Lebensmittelkonzern in Auftrag gegeben wurde? Mit ein wenig Recherche können wir uns schon ein Bild machen.

Der aid, der Agrarinformationsdienst des Bundes, der sich auch mit Ernährung beschäftigt, bietet viele aktuelle Informationen, die auch für den Laien gut verständlich sind. Genauso wie die deutsche Gesellschaft für Ernährung (DGE) ist er eine kompetente und unabhängige Fachgesellschaft, von der wir verlässliche Informationen erwarten können. Doch beide sind nicht völlig frei von politischen und wirtschaftlichen Zwängen. Machen wir uns das bewusst, verstehen wir, dass diese Gesellschaften beispielsweise nicht übermäßig viel für Bioprodukte übrighaben. Dennoch bekommen wir hier sehr fundierte Informationen, die verbraucherfreundlich aufbereitet sind. Daneben gibt es aber unabhängige Gesellschaften wie den UGB (Unabhängige Gesundheitsberatung), der umfassend informiert und keine weiteren Interessen verfolgt außer den eigenen. Wer sich über Allergien informieren möchte, ist mit dem Deutschen Allergie- und Asthmabund gut beraten.

Auch für Ernährungswissenschaftler ist es nicht immer einfach, sich eine klare Meinung zu bilden, und wie überall gibt es selbst unter Fachleuten unterschiedliche Meinungen. Es bedeutet immer ein Abwägen und ist letztlich auch eine Frage der persönlichen Präferenzen, was uns mehr behagt und wofür wir uns entscheiden. Fachleuten geht es nicht immer völlig anders als Laien. Doch die Grundzüge einer gesunden Ernährung, wie sie hier beschrieben werden, werden so von allen seriösen Ernährungsfachgesellschaften unterstützt. Wer unsicher ist bei der Bewertung verschiedener kursierender Theorien, folgt am besten seinem Instinkt und seinen Vorlieben und kann damit nicht völlig falschliegen. Und wer ganz sichergehen will, ist mit einem von der Krankenkasse anerkannten Ernährungstherapeuten gut beraten, der individuell auf die jeweilige Situation eingehen kann. Erlaubt und erwünscht ist das, was – im Rahmen einer gesunden Ernährung – schmeckt und gefällt.

„Gesunde Ernährung ist kein Verzicht, gesunde Ernährung ist lecker!“

Beschwerdebilder

Diese Beschwerdebilder lassen sich über die gezielte Aufnahme der richtigen Nährstoffe bei gleichzeitigem Verzicht auf nachteilige Nahrungsbestandteile spürbar lindern oder heilen:

ERSCHÖPFUNG

Wir alle kennen es: Ein arbeitsreicher Tag voller Konferenzen, Besprechungen und Termine, eine stramme Wanderung auf den Dreitausender, volles Programm mit der Familie, ein wilde Party bis in den frühen Morgen – nach Aktivitäten, die uns körperlich oder geistig an Grenzen gebracht haben, sind wir erschöpft. Doch wenn wir uns ausreichend Erholung gönnen, kehrt die Energie zurück.

Oder etwa nicht? Wenn Sie sich dauerhaft erschöpft fühlen, obwohl kein akuter Grund erkennbar ist und Ihnen auch eine Erholungspause keine neue Kraft verleiht, sollten Sie das als Alarmzeichen sehen. Vielleicht brütet eine Krankheit in Ihrem Körper, die noch keine weiteren für Sie spürbaren Symptome ausgebildet hat. Lassen Sie sich vom Arzt gründlich durchchecken. Auch psychische Belastungen können Ihrer Energie- und Kraftlosigkeit zugrunde liegen – oder sogar das Chronische Erschöpfungssyndrom.

Die Ursachen für eine permanente Erschöpfung herauszufinden ist schwierig, denn Erschöpfung ist eine Begleiterscheinung vieler körperlicher und psychischer Krankheiten. Das ist ganz leicht zu verstehen, schließlich braucht der Körper bei seinem Umgang mit einer Erkrankung viel mehr Energie, die ihm aber nicht automatisch zur Verfügung steht.

Jetzt ist es wichtiger denn je, sich ausgewogen und gesund zu ernähren, sich Köstlichkeiten aus der gesunden Küche zu gönnen und damit dem Körper alle Nährstoffe zu geben, die er zum Funktionieren braucht. Nur wenn der Kraftstoff da ist, kann der Motor laufen! Ein paar Nährstoffe können Sie jetzt besonders dabei unterstützen, wieder neue Kraft zu schöpfen. Andere wichtige Nährstoffe sind vielleicht trotz Ihrer Bemühungen um eine gesunde Ernährung etwas ins Abseits geraten. Auf alle können Sie jetzt einen gezielten Blick werfen und ihnen mehr Beachtung gönnen. So geben Sie Körper und Geist die besten Bedingungen für Erholung.

WIE KOMMT ES ZUR ERSCHÖPFUNG?

Konnte Ihr Arzt keine körperliche Erkrankung als Ursache Ihrer Erschöpfung finden, müssen Sie sich weiter auf die Suche machen. Es gibt viele mögliche Ursachen.

Vielleicht kommt der Arzt nach ausführlicher Anamnese zu dem Schluss, dass Sie unter dem Chronischen Erschöpfungssyndrom, in der Fachsprache auch Myalgische Enzephalomyelitis genannt, leiden. Sie ist vor allem durch lähmende geistige und körperliche Erschöpfung, Konzentrations- und Gedächtnisstörungen, Kopf- und Muskelschmerzen charakterisiert und ihre Ursachen liegen noch im Unklaren. Verschiedene Gründe könnten dahinterstecken: eine vorausgegangene Erkrankung, ein Infekt, eine Immunschwäche oder ein gestörtes Zusammenspiel des Immun-, Hormon- und Nervensystems. Dementsprechend gibt es keine eindeutige Therapie und die Behandlung muss individuell und symptombezogen erfolgen.

Auch das ist es nicht? Dann hören Sie mal deutlich in sich hinein: Kann es sein, dass Sie bei der Arbeit oder in der Familie unter permanentem Stress stehen? Ist es möglich, dass Sie in jeder Situation zu viel von sich verlangen, immer perfekt sein wollen? Fühlen Sie sich ausgebrannt und sind an nichts mehr so richtig interessiert? Dann sind Sie vielleicht Opfer eines Burn-outs. Ständige Erschöpfung ist ein deutliches Symptom davon, das Sie sehr ernst nehmen müssen. Auch hier brauchen Sie professionelle Hilfe, und zwar von psychologisch geschulten Personen, mit deren Hilfe Sie Ihre Schwerpunkte im Leben neu setzen lernen und die Sie dabei unterstützen, sich selbst wieder wichtiger zu nehmen und mehr auf sich zu achten.

Doch Erschöpfung kann auch ein Hinweis auf das Fehlen von Nährstoffen sein. Und ein solcher Mangel kommt durchaus auch dann vor, wenn wir uns gesund ernähren. Dann steckt entweder eine Funktionsstörung oder eine Erkrankung dahinter, bei der die Nährstoffe nicht ausreichend vom Körper aufgenommen werden, oder der Bedarf des Körpers ist durch eine besondere Situation wie eine Krankheit oder auch starke körperliche Belastung erhöht.

Aber selbst dann, wenn wir gesund sind und unserem Körper nichts Übermenschliches abfordern, kann es zum Mangel kommen. Wie kann das sein? Durch eine ausgewogene, gesunde Ernährung sollten wir doch mit allen Nährstoffen bestens versorgt sein? Stimmt auch – wenn wir das Wörtchen „ausgewogen" berücksichtigen.

Es reicht nicht, unsere Lebensmittelpalette durchweg aus guten, gesunden Nahrungsmitteln zu bestücken. Denn wenn wir unseren Lebensmittellieblingen stets einen sehr großen Stellenwert einräumen, vernachlässigen wir unter Umständen wichtige Nährstoffe – und das kann im Extremfall zu einem Mangel führen.

Immerhin decken auch die gesündesten Lebensmittel für sich gesehen nicht den gesamten Bedarf unseres Körpers ab. Dann lohnt es sich, die Lebensmittelpyramide noch einmal genauer anzuschauen und diese mit dem eigenen Speiseplan abzugleichen. Vielleicht fehlt doch das eine oder andere wichtige Element, das aus Ihrer gesunden Ernährung eine gesunde und ausgewogene Ernährung macht. ▶

▶ Ein paar Nährstoffe, die uns Kraft geben können, schauen wir uns mal genauer an. Bei manchen kommt ein Mangel in der Bevölkerung gar nicht so selten vor, vielleicht auch bei Ihnen.

VITAMIN D

Lange Zeit kannten wir Vitamin D nur als das Vitamin, das eine hormonähnliche Rolle im Knochenstoffwechsel spielt. Doch heute wissen wir, dass es auch in verschiedenen anderen Stoffwechselprozessen Einfluss nimmt, wo es ebenfalls die Funktion eines Hormons erfüllt. Mit zu wenig Vitamin D funktionieren einige Prozesse im Körper nicht mehr richtig. Der Vitamin-D-Mangel ist bei uns recht verbreitet und besonders dann zu befürchten, wenn der Bedarf aus den verschiedensten Gründen erhöht ist. Zum Beispiel dann, wenn Sie die Pille oder Beruhigungsmittel, Säureblocker, Blutdruck- oder Cortisonsenker einnehmen oder wenn Sie unter einer Darmerkrankung oder Zöliakie leiden. Eine der vielen möglichen Folgen mangelnder Versorgung kann ein dauerhaftes Gefühl der Erschöpfung sein.

Allein über die Nahrung ausreichend Vitamin D aufzunehmen, ist nicht so einfach. In seiner wirksamsten Form steckt es hauptsächlich in fettem Meeresfisch, in Leber und anderen tierischen Lebensmitteln. Auch in pflanzlichen Lebensmitteln kommt das Vitamin vor, leider aber in einer für den Körper nicht ganz so gut verwertbaren Form. Nennenswerte Mengen befinden sich nur in Pilzen und Avocados. Sich nur über die Nahrung zu versorgen, ist nicht so einfach: Zwölf Eier wären täglich nötig – oder aber 120 Gramm Lachs oder Hering.

Zum Glück sind wir beim Vitamin D nicht nur auf die Nahrung angewiesen, denn es wird auch durch die Einwirkung der UV-Strahlen von Sonnenlicht aus Cholesterin in der Haut gebildet. Sind wir in den warmen Monaten häufig draußen und lassen Sonne an unsere Haut, ist in der Regel auch unser Vitamin-D-Spiegel im Lot. Dafür muss die Sonne nicht unbedingt strahlend scheinen, denn die UV-Strahlung kann uns auch bei bedecktem Himmel erreichen.

Doch in den Herbst- und Wintermonaten, also von Oktober bis März, ist in unseren Breitengraden ihr Einfallswinkel zu gering. Leider füllt der Spaziergang in der Wintersonne also nicht die Vitamin-D-Speicher. In allen anderen Monaten sollten wir zwei- bis dreimal wöchentlich die Sonne 15 bis 30 Minuten an etwa 20 Prozent unserer Haut, zum Beispiel an Gesicht und Unterarmen, ihre gute Wirkung entfalten lassen. Klingt einfach, entspricht aber meist nicht der Realität. Wie oft gehen wir vielleicht im Dunkeln aus dem Haus und kommen im Dunkeln wieder nach Hause. Die Sonne sehen wir allenfalls durchs Fenster, aber so nützt sie unserer Haut nicht. Im Sommer schützen wir uns durch Sonnencreme vor Sonneneinstrahlung, geben damit aber auch der Vitamin-D-Umwandlung durch UV-Strahlen keine Chance mehr. Ab einem Sonnenschutzfaktor von 15 ist die Vitamin-D-Produktion so gut wie vollständig blockiert.

VITAMIN B_{12}

Alle Vitamine der B-Gruppe spielen eine Rolle im Energiestoffwechsel, besonders aber das Vitamin B_{12}. Es ist unter anderem an der Blutbildung und beim Aufbau der Nervenleitungen beteiligt. Eine gute Vitamin-B_{12}-Versorgung ist Voraussetzung für starke Nerven, damit uns so schnell nichts umhaut. Und da die Energieversorgung unseres Körpers durch eine ausreichende Vitaminzufuhr gewährleistet ist, machen wir nicht so schnell schlapp.

Für Veganer, die sich nur von pflanzlichen Lebensmitteln ernähren, kann die dauerhafte Versorgung mit diesem Vitamin auf Dauer zum Problem werden und sie müssen es über Supplemente aufnehmen. Das Vitamin steckt in seiner wirksamen Form nur in tierischen Lebensmitteln, wird aber in großen Mengen gespeichert und sogar in einem effektiven Recyclingvorgang in der Leber wiederverwendet. Es kann einige Jahre dauern, bis sich ein Mangel bemerkbar macht.

Eine Besonderheit unterscheidet das Vitamin von allen anderen Vitaminen: Es kann nicht ohne Hilfe aus dem Darm ins Blut transportiert werden. Dafür braucht es ein ganz spezifisches Vehikel, das ihm hilft – den sogenannten intrinsischen Faktor, der im Magen gebildet wird. Ist bei Magenerkrankungen wie einer chronischen Gastritis oder einer Magenresektion seine Produktion gestört, ist die Aufnahme von Vitamin B_{12} vermindert.

Auch Darmerkrankungen können dafür verantwortlich sein, dass die Darmschleimhaut das Vitamin nicht mehr ausreichend aufnimmt. In beiden Fällen gelangt es nicht mehr an seine Zielorte und Mangelerscheinungen machen sich nach einer gewissen Zeit bemerkbar.

Möglich ist auch eine vorliegende Autoimmunerkrankung gegen den intrinsischen Faktor, die ihn zerstört. Nicht zuletzt funktioniert dieses System im Alter einfach nicht mehr gut. Ab etwa 60 Jahren geht es damit abwärts und schon fast jeder Dritte ist dann von einem Mangel betroffen. Bei Altersdemenz oder -depressionen sollte man deshalb immer einen Mangel an diesem Vitamin in Betracht ziehen.

ANDERE B-VITAMINE

Vitamin B_{12} hat noch eine weitere Besonderheit: Es kann in großen Mengen gespeichert werden. Im Gegensatz dazu können für alle anderen wasserlöslichen Vitamine, wie die B-Vitamine B_1, B_2, B_6, Niacin und Biotin, kaum Speicher im Körper angelegt werden. Das heißt, diese Vitamine müssen immer in ausreichender Menge zugeführt werden. Passiert das nicht, kann es schnell zu einer Unterversorgung kommen, was sich in Schlappheit, Müdigkeit und Schwäche bemerkbar machen kann. Ein leichter Vitamin-B-Mangel, besonders an den Vitaminen B_1 und B_2, der noch keine weiteren körperlichen Symptome verursacht, ist bei uns in den Industrieländern nicht selten. Diabetiker sind aufgrund ihrer speziellen Stoffwechsellage häufig von einem Vitamin-B_1-Mangel betroffen.

MAGNESIUM

Magnesium hat eine zentrale Stellung im Energiestoffwechsel. Es ist der Aktivator aller Prozesse, in denen Energie bereitgestellt wird. Ist nicht genug Magnesium vorhanden, kommt auch die Energieversorgung des Körpers ins Stottern. Durch eine einseitige, an Nährstoffen arme Ernährung kann es zu einem Mangel kommen. Auch bei einer vermehrten Ausscheidung von Magnesium wie bei Durchfallerkrankungen, Abführmittelmissbrauch oder einer operativen Darmverkürzung fehlt es schnell an dem wertvollen Mineralstoff. Stress ist ebenfalls ein regelrechter Magnesiumschlucker, deshalb sprechen wir bei Magnesium auch vom Stress-Mineralstoff. Mehr dazu im Kapitel „Muskelkrämpfe" auf Seite 40.

EISEN

Eisenmangel ist besonders unter Frauen weit verbreitet, denn der monatliche Blutverlust durch die Periode trägt dazu bei, dass dem Körper regelmäßig kleine Mengen des lebenswichtigen Spurenelements verloren gehen.

Eisen ist das zentrale Atom des Hämoglobins, des Blutfarbstoffs, der den Sauerstoff in unserem Blut transportiert. Die Gleichung bei Eisenmangel ist einfach: zu wenig Eisen gleich zu wenig Hämoglobin gleich zu wenig Sauerstofftransport. Und wenn unsere Zellen nicht ausreichend mit Sauerstoff versorgt werden, fehlt ihnen etwas Wichtiges. Wir werden blass, müde, schwach und antriebslos.

Eigentlich ist der Körper, was das Eisen betrifft, recyclingfähig: Eisen aus abgebauten Blutzellen kann er komplett wiederverwerten. Doch Eisen wird auch ausgeschieden, wie zum Beispiel bei Blutverlust oder auch über abgebaute Darmzellen über den Stuhl. Diese – wenn auch geringen – Mengen müssen wieder aufgefüllt werden.

Das geht problemlos über die Nahrung. Eisen befindet sich in größeren Mengen vor allem in Fleisch. In tierischen Lebensmitteln liegt es in einer für den Körper besser verwertbaren Form vor als in pflanzlichen. Deshalb heißt es oft, Vegetarier und Veganer seien von Eisenmangel viel mehr bedroht als Fleischesser. Doch neuere Studien zeigen keinen Unterschied in der Häufigkeit von Eisenmangel bei Fleisch- und Nichtfleischessern. Das liegt vielleicht daran, dass sich Veganer und Vegetarier häufig bewusster ernähren und ihren Eisenbedarf geschickt zu decken wissen.

In besonderen Bedarfssituationen, wie es in der Schwangerschaft, in der Stillzeit und während des Wachstums der Fall ist, sollten Sie Ihre Eisenversorgung genauer ins Visier nehmen. Auch bei größerem Blutverlust, zum Beispiel bei einer starken Regelblutung oder inneren Blutungen, wird das notwendig. Schließlich können verschiedene Umstände dafür verantwortlich sein, dass die Eisenaufnahme im Körper vermindert ist, wie es bei Zöliakie-Erkrankungen, einem Mangel an Magensäure, der Einnahme von Antazida und entzündlichen Darmerkrankungen der Fall ist.

UBICHINON

Ubichinon, auch unter dem Namen Coenzym Q10 bekannt, hat eine sehr wichtige Bedeutung im Energiestoffwechsel. Berühmtheit hat es aber als Schönheitsvitamin erlangt, weil es daneben auch ein sehr wirksamer Radikalfänger ist und vor vorzeitiger Alterung schützen soll. Als Bestandteil in Hautcremes soll es die Haut jung halten.

Die Substanz weist zwar eine Ähnlichkeit mit Vitaminen auf, aber weil ihre Zufuhr nicht essenziell ist, zählt man sie nicht dazu. Der Körper kann Ubichinon selbst in ausreichender Menge produzieren, die einen gesunden Menschen gut versorgt.

Ein Mangel kommt also selten vor, ist aber zum Beispiel bei der Behandlung mit bestimmten Medikamenten, wie mit Statinen gegen einen hohen Cholesterinspiegel, möglich. Er kann auch Begleiterscheinung ernsthafter Erkrankungen – beispielsweise des Herzens, von Parkinson und Krebs – sein.

Allerdings lässt sich in Studien eine Verbesserung des Chronischen Erschöpfungssyndroms durch Ubichinon- ▶

gabe feststellen. Ein guter Grund, bei Erschöpfungssymptomen den Blick auf diesen wichtigen Stoff zu lenken.

Was kann ich mit Ernährung erreichen?

Versuchen Sie bei dauerhaften Erschöpfungszuständen, der Ursache auf den Grund zu gehen. Sollte eine körperliche oder psychische Erkrankung dahinterstecken, ist Ihre Erschöpfung ein Begleitsymptom, das mit der erfolgreichen Behandlung der Ursache verschwinden sollte.

Egal aber, ob Sie die Ursache Ihrer Saft- und Kraftlosigkeit kennen oder nicht: Mit einer guten, ausgewogenen, gesunden Ernährung unterstützen Sie immer Körper und Geist bei der Heilung. Sie sorgen dafür, dass Ihr System die besten Voraussetzungen zum optimalen Funktionieren hat.

Zusätzlich können Sie ganz gezielt die Nährstoffe in das Zentrum Ihrer Aufmerksamkeit stellen, die Ihnen bei der Wiedererlangung Ihrer Energie besonders helfen können.

Achten Sie also nicht nur darauf, dass Sie alle Nährstoffe in ausreichender Menge bekommen, sondern gönnen Sie Ihrem Körper ein paar Wochen lang ein paar Extradosen der für Sie jetzt besonders hilfreichen Nährstoffe. So haben Sie beste Chancen, bald wieder frische Energie in sich zu spüren.

Legen Sie bei der Zubereitung Ihr Augenmerk darauf, schonend mit den Lebensmitteln umzugehen, und essen Sie leicht! Schwere, fette Mahlzeiten machen müde und schlapp. Der anstrengende Verdauungsvorgang hindert uns auch am Einschlafen. Verwenden Sie alles, was sehr fett ist – also fette Saucen, fettes Fleisch oder fetten Käse – in Maßen.

Doch worin sind die relevanten Nährstoffe besonders reichhaltig enthalten? Was ist bei der Zubereitung zu beachten? Hier ein Überblick, der weiterhilft:

Die Vitamin-D-Versorgung können wir leider kaum allein dem Sonnenlicht überlassen, aber wir sollten der Sonne zumindest von April bis September immer wieder die Möglichkeit geben, in unserer Haut Vitamin D zu bilden. Besonders viel Gelegenheit geben wir ihr dazu in den Bergen oder in südlicheren Gefilden – alles wunderschöne Urlaubsziele. Gleichzeitig können wir unseren Vitamin-D-Status mit Vitamin-D-reichen Lebensmitteln verbessern. Das Vitamin steckt größtenteils in fettreichen Seefischen, in Eiern und etwas in Milchprodukten. Erstere bringen dazu noch die wertvollen Omega-3-Fettsäuren mit, die ebenfalls bei der Energieversorgung eine Rolle spielen. Es gibt auch Sonnenstudios, die mit der geeigneten UV-B-Strahlung arbeiten, ohne ein Krebsrisiko mitzubringen.

Vitamin B_{12} kommt in nennenswerten Mengen ausschließlich in tierischen Lebensmitteln vor, also in Fisch, Fleisch, Eiern, Milch und Milchprodukten. Von diesen Lebensmitteln darf es jetzt also gern mal etwas mehr sein, natürlich in gesundem Maß. Versiegen diese Nahrungsquellen, wird es trotz effektiver Speicherung und Wiederverwertung irgendwann knapp. Für Veganer, die sich nur von pflanzlichen Lebensmitteln ernähren, gibt es nur die Möglichkeit, sich damit über Nahrungsergänzungsmittel zu versorgen. Seit einiger Zeit gibt es sogar eine mit Vitamin B_{12} angereicherte Zahncreme.

Vitamin B_{12} ist hitzeempfindlich und wasserlöslich, es leidet durch Kochen in Wasser besonders. Noch stärker sind die Verluste, wenn das Wasser alkalisch ist, also wir zum Beispiel beim Kochen von Hülsenfrüchten Soda ins Wasser geben. Deshalb müssen wir es behandeln wie ein rohes Ei! Sanftes Schmoren ist besser als Kochen in Wasser.

Andere B-Vitamine – B_1, B_2, B_6, Niacin und Biotin – befinden sich zum Beispiel in Vollkorngetreide und -reis, in Hülsenfrüchten, Hefe, Milch, Seefisch, Leber, Schweinefleisch, Weizenkeimen – alles Lebensmittel, die sich lecker in eine ausgewogene, abwechslungsreiche Ernährung mit frischen Produkten integrieren lassen. B-Vitamine reagieren unterschiedlich empfindlich auf Lagern, Kochen und Erhitzen, aber mit einem Verlust ist fast immer zu rechnen. Einzig Niacin ist recht stabil, doch wenn man Lebensmittel mit Niacin in Wasser kocht, schüttet man einen großen Teil des wichtigen Vitamins mit dem Kochwasser weg.

Gute Quellen für Magnesium finden Sie im Kapitel „Muskelkrämpfe“ auf Seite 40.

Eisen befindet sich in tierischen und pflanzlichen Lebensmitteln, doch mit unterschiedlicher Bioverfügbarkeit: Zweiwertiges Eisen, wie es in tierischen Produkten vorkommt, ist mit 15 bis 35 Prozent sehr viel besser für den Körper verwertbar als das dreiwertige aus pflanzlichen Quellen, das nur zu zwei bis 20 Prozent genutzt wird. Die große Spanne rührt daher, dass wir Einfluss nehmen und so die Verfügbarkeit verbessern können: Zusammen mit Vitamin C, schwefelhaltigen Aminosäuren aus Getreide und Fruchtzucker wird Eisen viel besser vom Körper aufgenommen. Also zum Beispiel zu eisenreichen Mahlzeiten immer einen Orangensaft, Paprika, Kartoffeln oder andere

Vitamin-C-haltige Lebensmittel, Getreideprodukte oder Obst genießen. Andere Stoffe verringern dagegen die Eisenaufnahme, dazu gehört Phytinsäure (siehe Kapitel „Richtig essen“ ab Seite 12) aus dem meisten rohen Getreide, rohen Hülsenfrüchten und Nüssen, Eiweiß aus Milch, Ei und Soja und Lebensmittel mit einem hohen Kalzium- oder Phosphatgehalt. Wollen Sie Ihren Eisenspiegel gezielt erhöhen, dann so: besser Eisen aus tierischen als aus pflanzlichen Lebensmitteln wählen, dazu etwas Vitamin C, um die Aufnahme zu erhöhen. Und möglichst darauf achten, dass keine hemmenden Stoffe dabei sind. Getreide gehört mit seiner Phytinsäure zwar dazu, besitzt aber selbst viel Eisen und fördert die Aufnahme wiederum durch seinen Anteil schwefelhaltiger Aminosäuren. Doch sollten Sie keine Lebensmittel mit hohem Eiweiß- oder Kalziumgehalt (zum Beispiel Käse) zu Ihrer Eisenportion wählen, um die Verfügbarkeit nicht zu vermindern.

Ubichinon kommt in großen Mengen in Innereien und auch in den ohnehin guten, fetthaltigen und Omega-3-Säure-reichen Lebensmitteln vor – beispielsweise in fettem Fisch, Samen und Pflanzenölen. Aber auch verschiedene Gemüse wie Kohl, Zwiebeln und Spinat besitzen es. Eine schonende Zubereitung ist auch für diesen Nährstoff wichtig, denn er ist besonders hitzeempfindlich.

Von morgens bis abends lecker essen

FRÜHSTÜCK

Am Frühstückstisch bekommen Sie mit Vollkorngetreide, ob im Brot, als Müsli oder Pfannkuchen, eine ordentliche Energiespritze, denn hier sind gleich mehrere gute Nährstoffe gegen Ihre Erschöpfung zu finden: B-Vitamine, Eisen und Magnesium. Haferflocken bringen besonders viel Vitamin B_1 und Magnesium mit. Noch mehr B_1, Eisen und Magnesium nehmen Sie auf, wenn Sie Weizenkeime, Amaranthpops oder Hirseflocken ins Müsli rühren oder Ihr Brot einen Anteil der Getreide davon mitbringt. Zusätzlich können Sie eisen-, magnesium- und ubichinonreiche Nüsse, magnesiumreiche Bananen und eisenreiche getrocknete Aprikosen, Rosinen oder Beeren unterrühren. Besonders getrocknete Cranberrys sind sehr wertvoll und dabei gut verträglich. Mit Milch oder einem Milchprodukt und mit Hefeflocken oder Weizenkeimflocken fügen Sie noch eine gute Portion B-Vitamine zu. Sonnenblumenkerne verwöhnen Sie mit Eisen. Ein Frühstücksei oder Rührei? Gerne – das gibt Ihnen mit den Vitaminen D, B_{12} und Biotin Schwung. Auf Kaffee oder schwarzen Tee verzichten Sie lieber, wenn Sie ihn schwarz mögen, um Ihre Eisenaufnahme nicht zu hemmen. Doch ein ordentlicher Schuss Milch in Kaffee oder Tee hebt diesen negativen Effekt fast auf, also sparen Sie nicht daran. Oder wählen Sie einen Kräutertee oder einen Kakao, der auch noch viel Magnesium besitzt, als Getränk. Auch pure Milch tut Ihnen mit Vitamin B_{12} gut.

Auf das Brot dürfen Sie Käse oder Wurst legen. Käse versorgt Sie mit den Vitaminen D und B_{12}. Besonders viel Eisen haben Blut- und Leberwurst, daneben auch Vitamin B_{12} und Ubichinon. Besonders aus der Leberwurst gibt's dann noch je eine gute Portion Vitamin B_2, Niacin und Biotin dazu.

MITTAGESSEN

Planen Sie doch jetzt schon einen Verdauungsspaziergang im Anschluss an Ihr Mittagessen ein. Die frische Luft macht nicht nur wach und munter, die UV-Strahlung sorgt auch für Ihre gute Vitamin-D-Versorgung.

Doch erst einmal will der Magen mit stärkenden Leckereien gefüllt werden. Mit tierischen Lebensmitteln wie Fleisch können Sie jetzt einige gute Nährstoffe zuführen: Fast alle B-Vitamine sind in ihm reichlich vorhanden, dazu noch Ubichinon und Eisen. Aber natürlich entscheiden Sie sich für magere Sorten, die Sie mit wenig Fett zubereiten. Gern dürfen Sie auch mal Innereien wie Leber oder Nieren genießen, denn in ihnen sind besonders viel Vitamin D, Niacin, Biotin und Eisen enthalten. Doch achten Sie darauf, dass diese aus biologischer Erzeugung stammen. Innereien sammeln sehr viele Schadstoffe an und sind aus herkömmlicher Tierhaltung vielleicht zu stark belastet. Möchten Sie lieber Fisch statt Fleisch zubereiten, entscheiden Sie sich für einen fetten Meeresfisch, der nicht nur die tollen Omega-3-Fettsäuren besitzt, sondern auch unschlagbar viel Vitamin D. Mit einem ebenfalls Omega-3-Säure-reichen Pflanzenöl wie Olivenöl kommt dann noch Ubichinon dazu. Soll es vegetarisch sein, dann gern mit Ei, denn hier steckt auch Vitamin D drin, außerdem Vitamin B_{12} und Biotin. Auch Tofu ist eine gute Wahl, denn er bringt Ubichinon mit.

Beim Gemüse ist Brokkoli der King, denn in ihm steckt eine Menge guter Stoffe: B-Vitamine und Ubichinon. Auch Spinat hat mit Vitamin B_6, Biotin, Magnesium und ▸

▸ Ubichinon einiges auf der Pfanne. Zwar ist sein Eisengehalt nicht so hoch, wie lange gedacht, aber immer noch respektierlich. Und denken Sie immer daran, Ihrer Eisenration ein bisschen Vitamin C zuzufügen, zum Beispiel als Orangensaft. Oder Sie servieren dazu Paprika oder Kartoffeln oder Getreideprodukte.

Kartoffeln sind mit ihrem Gehalt an Vitamin B_1 und B_6 sowieso ein guter Tipp. Neben Brokkoli sind auch andere Kohlsorten wie Grünkohl gute Vitamin-B-Lieferanten, während Fenchel und Schwarzwurzeln reich an Eisen sind.

Servieren Sie auch öfter mal Hülsenfrüchte (doch nicht unbedingt zu eisenreichen Lebensmitteln, da Hülsenfrüchte hemmend auf die Eisenaufnahme wirken). Sie sind toll für die Versorgung mit Vitamin B_1, B_6 und mit Eisen. Besonders Linsen und Mungobohnen haben einen grandiosen Eisengehalt, aber auch andere Hülsenfrüchte haben in dieser Hinsicht etwas zu bieten. Dazu öfter Hirse (die auch viel Vitamin B_6 besitzt) oder Buchweizen genießen, das füllt Ihre Eisenspeicher auf. Vollkornreis ist besonders in Bezug auf Vitamin B_6, Biotin und Magnesium eine gute Wahl.

ABENDESSEN

Auch abends dürfen Sie sich an Vollkorn laben, gern im Vollkornbrot, am besten noch mit eisen-, magnesium- und Vitamin-B-reichen Weizenkeimen. Darauf Wurst oder Käse für die gute Versorgung mit B-Vitaminen, besonders B_{12}. Gern darf Blut- oder Leberwurst dabei sein, gerade Letztere trägt zu einem guten Vitamin-D-Spiegel bei. Dafür kann es auch ein – nicht zu fetter – Käse sein. Eine Avocado, vielleicht als Guacamole, kann Vitamin D, B_2 und B_6 beisteuern. Wenn Sie gern mal eine Dose Thunfisch aufmachen: Damit versorgen Sie sich gut mit Ubichinon. Trinken Sie dazu am besten ein magnesiumreiches Mineralwasser.

FAZIT: GEGEN ERSCHÖPFUNGSZUSTÄNDE WIRKUNGSVOLL VORGEHEN

Dauerhafte Erschöpfung kann viele Gründe haben, deshalb muss zunächst nach der Ursache geforscht werden. Finden sich keine körperlichen oder seelischen Hintergründe für die Erschöpfung, liegt eventuell ein Mangel an Nährstoffen vor. Mit einer ausgewogenen Ernährung und einem gezielten Blick auf ganz bestimmte Nährstoffe, die eine Schlüsselrolle bei der Energieversorgung spielen, kann der Körper wieder neue Energie erhalten und der Erschöpfungszustand kann wirksam bekämpft werden.

DIE REZEPTE

Viele gute Zutaten können Ihnen helfen, wieder neue Kraft zu schöpfen. Rezepte, in denen sich solche Zutaten in relevanten Mengen befinden, sind mit ++ gekennzeichnet.

Solche Rezepte, die Ihnen auf keinen Fall Energie abzapfen, Ihnen aber auch nicht mit speziellen Inhaltsstoffen zu mehr Energie verhelfen, als es eine gesunde Ernährung ohnehin tut, finden Sie mit der Kennzeichnung +. In manchen Rezepten finden Sie Vorschläge, wie die Wirkung verbessert werden kann. Diese sind mit * markiert.

„Ja, Pfannkuchen kann gesund machen! Milch und Eier besitzen einige der Vitamine, die neuen Schwung verleihen."

„Der Mensch ist von Natur aus nur ein ‚Stoffwechsler', dessen Körper aus seiner Nahrung entsteht."

Ernährungsempfehlung bei Erschöpfung

+

FRÜHSTÜCK

+ Müsli mit Haferflocken, Weizenkeimen, Amaranthpops oder Hirseflocken
+ Vollkornbrot (besonders mit Weizenkeimen)
+ fettarmer Käse (Frisch-, Hütten-, Hand-, Weichkäse)
+ magere Wurst (Kochschinken ohne Fettrand, Krakauer, Corned Beef, kalter Braten, besonders Blut- und Leberwurst)
+ Nüsse, Mandeln, Samen
+ Bananen, Beeren
+ getrocknete Aprikosen, Rosinen, Cranberrys
+ Milch, Quark, Joghurt, Kefir, Buttermilch
+ Hefeflocken, Weizenkeimflocken
+ Eier
+ Kaffee oder schwarzer Tee mit Milch, Kräutertee, Kakao

ZWISCHENMAHLZEITEN

+ Müsli mit Haferflocken, Weizenkeimen, Amaranthpops oder Hirseflocken
+ Vollkornbrot
+ fettarmer Käse (Frisch-, Hütten-, Hand-, Weichkäse)
+ magere Wurst (Kochschinken ohne Fettrand, Krakauer, Corned Beef, kalter Braten, besonders Blut- und Leberwurst)
+ Nüsse, Mandeln, Samen
+ Bananen, Beeren
+ getrocknete Aprikosen, Rosinen, Cranberrys
+ Milch, Quark, Joghurt, Kefir, Buttermilch

MITTAGESSEN

+ mageres Fleisch (fettarm zubereitet)
+ Innereien (aus biologischer Erzeugung)
+ Fisch (besonders fettreicher Meeresfisch wie Makrele, Aal, Lachs, Hering, Sardine, Sardelle)
+ Eier
+ Tofu
+ Gemüse (besonders Brokkoli, Spinat, Paprika, Grünkohl, Fenchel, Schwarzwurzeln, Kohl, Zwiebeln)
+ Hülsenfrüchte (besonders Linsen und Mungobohnen)
+ Hirse, Buchweizen, Vollkornreis, Kartoffeln

ABENDESSEN

+ Vollkornbrot (besonders mit Weizenkeimen)
+ fettarmer Käse (Frisch-, Hütten-, Hand-, Weichkäse)
+ magere Wurst (Kochschinken ohne Fettrand, Krakauer, Corned Beef, kalter Braten, besonders Blut- und Leberwurst)
+ Eier
+ Kräutertee
+ Fischkonserven, Räucherfisch (besonders fettreicher Meeresfisch wie Makrele, Aal, Lachs, Hering, Sardine, Sardelle)
+ Avocado
+ Quark, Joghurt, Kefir, Buttermilch
+ magnesiumreiches Mineralwasser

–

FRÜHSTÜCK

– Kaffee
– schwarzer Tee
– fetter Käse
– fette Wurst

ZWISCHENMAHLZEITEN

– fetter Käse
– fette Wurst

MITTAGESSEN

– Fertiggerichte (besonders stark verarbeitete)
– Frittiertes, sehr Fettreiches
– fette Saucen
– fettes Fleisch
– rohes Getreide

ABENDESSEN

– fetter Käse
– fette Wurst
– Frittiertes, sehr Fettreiches

S. 146

S. 152

S. 156

S. 166

S. 180

S. 202

S. 222

S. 226

S. 246

MUSKELKRÄMPFE

Von nächtlichen Waden-, Schienbein- oder Fußkrämpfen geweckt zu werden, ist alles andere als ein sanftes Erwachen. Denn so ein Krampf ist wirklich schmerzhaft und es kann eine ganze Weile dauern, bis er durch Dehnen und Massieren wieder gelöst ist. Meistens sind die Krämpfe, die Sie auch tagsüber aus heiterem Himmel treffen können, zwar sehr unangenehm, aber nicht besorgniserregend. Sie beruhen in vielen Fällen vermutlich auf einer Verschiebung im Flüssigkeits- und Mineralstoffhaushalt des Körpers.

Doch wenn Sie häufig und über einen längeren Zeitraum von sehr hartnäckigen Krämpfen geplagt werden und Sie das unsicher macht, lassen Sie sich lieber vom Arzt durchchecken. Möglicherweise sind sie die Begleiterscheinung einer Krankheit, die behandelt werden muss.

Die Gründe für das Auftreten von Muskelkrämpfen sind nicht eindeutig geklärt. Doch die Erfahrung zeigt, dass es durch das Trainieren der Muskulatur, aber auch durch die Regulation des Flüssigkeits- und Mineralstoffhaushalts möglich ist, immer wieder auftretende, schmerzhafte Muskelkrämpfe Vergangenheit werden zu lassen. Dabei spielt der Mineralstoff Magnesium eine Schlüsselrolle. Aber auch Kalzium und Kalium gilt es zu beachten. Bereichern Sie Ihren Speiseplan besonders mit den Lebensmitteln, die reich an diesen Mineralstoffen sind. Dann können Sie sich Nahrungsergänzungsmittel sparen und wieder beruhigt und ungestört durchschlafen.

WIE ENTSTEHEN MUSKELKRÄMPFE?

Unsere Skelettmuskulatur besteht aus kleinen, bis zu 30 Zentimeter langen Zellbündeln. In deren Inneren befinden sich Eiweißstränge, die aus zwei verschiedenen Eiweiß-Untereinheiten zusammengesetzt sind: aus Aktin und Myosin. Wenn unser Gehirn über die Nervenbahnen steuert, ob sich Muskel zusammenziehen oder entspannen sollen, gibt es damit ein Signal an Aktin und Myosin, sich gegeneinander zu verschieben, was den Muskel entweder verkürzt oder verlängert – ihn also anspannt oder entspannt. Und da an der Reizübertragung an den Muskel auch Mineralstoffe beteiligt sind – darunter ganz zentral das Magnesium –, kann es bei einem Mineralstoffungleichgewicht passieren, dass sich der Muskel unkontrolliert zusammenzieht. So entstehen kleine Muskelzuckungen, wie sie viele von uns zum Beispiel am Augenlid kennen, oder auch schmerzhafte Krämpfe.

Besonders in der Schwangerschaft kommen solche Verschiebungen des Flüssigkeits- und Mineralstoffhaushalts vor und sind dann vermutlich die Verursacher der Krämpfe. Auch ältere Menschen werden häufiger von Muskelkrämpfen geplagt als jüngere – gleich aus zwei Gründen: Im Alter funktioniert die Reizweiterleitung vom Gehirn an den Muskel häufig nicht mehr so gut und die Muskulatur empfängt öfter mal falsche Signale. Außerdem lässt das Durstempfinden nach. Und wer zu wenig trinkt, der lässt es seinem Körper nicht nur an Flüssigkeit, sondern auch an Mineralstoffen mangeln.

Auch wenn Sie sportlich sehr aktiv sind, kann als Folge des häufigen Schwitzens schnell ein Flüssigkeits- und Mineralstoffmangel entstehen. Sie müssen besonders darauf achten, ganz gezielt wieder aufzufüllen, was Sie verloren haben.

Warum treten die Krämpfe nachts besonders häufig auf? Tagsüber ist die Wahrscheinlichkeit einer Muskelverkrampfung zwar genauso hoch wie nachts, aber Sie steuern durch Bewegung unbewusst und unwillkürlich gegen. Sie merken also gar nicht, dass Sie soeben die Entstehung eines Krampfes verhindert haben. Im Schlaf ist Ihnen das nicht möglich. Es kann auch sein, dass Sie ungünstig liegen und damit die Muskulatur überfordern.

Ein wenig ist es auch Sache des Trainings. Wenn Ihre Muskulatur untrainiert ist und sich dadurch verkürzt hat, kommt es schneller zur Verkrampfung. Aber auch, wenn Sie Ihre Muskeln durch Sport stark angestrengt haben, können diese mit Verkrampfungen reagieren.

Obwohl so viele Menschen unter schmerzhaften Muskelkrämpfen leiden, streiten sich die Forscher noch immer über die wahren Hintergründe. Ist es ein Mineralstoffmangel? Oder markieren die krampfhaften Muskelkontraktionen vielleicht ein Venenleiden, beruhen auf Durchblutungsstörungen durch Diabetes oder stammen von einem Nervenschaden an der Wirbelsäule? Sie könnten ebenso Symptome einer Nieren-, Schilddrüsen- oder Magen-Darm-Erkrankung sein. Nervenschädigungen durch Rauchen werden von Ärzten genauso in Betracht gezogen wie Medikamente, die entwässernd wirken, wie Diuretika, Kortison und Abführmittel. Auch Durchfallerkrankungen entwässern den Körper und könnten damit ein Grund für die Krämpfe sein. ▶

Was kann ich mit Ernährung erreichen?

Wenn Ihre Muskulatur nicht gut trainiert ist, können Sie durch regelmäßige Dehnübungen der Beine und Füße für mehr Geschmeidigkeit Ihrer Muskulatur sorgen und damit der Gefahr eines bösen Erwachens mit Krampfschmerzen schon entgegnen.

Beachten Sie bei Ihrer Ernährung ein paar Elemente besonders, sollte die Gefahr gänzlich gebannt sein. Denn solange keine erkennbare Erkrankung hinter den schmerzhaften Krämpfen steckt, ist ein Mineralstoff- und Flüssigkeitsungleichgewicht als Ursache möglich. Bei einer ausgewogenen Ernährung sollte das selten vorkommen – und doch zeigt sich selbst dann, wenn wir uns vorbildlich ernähren, dass zusätzliches Magnesium helfen kann. Das muss nicht über Tabletten sein, sondern geht auch über eine gezielte Auswahl leckerer Lebensmittel.

Lenken wir zusätzlich den Blick auf Kalzium und Kalium, denn auch diese beiden Mineralstoffe wirken auf die Muskelkontraktion ein. Optimal ist ein 2:1-Verhältnis von Kalzium zu Magnesium, wie es zum Beispiel viele Mineralwässer bieten, denn dann ist gewährleistet, dass sich die Mineralstoffe bei der Aufnahme im Darm im Kampf um den gleichen Rezeptor, an den beide andocken müssen, keine Konkurrenz machen.

Wenn es dem Körper an Magnesium mangelt, kann auch Kalium zum Problem werden, denn sein Transport in die Zellen ist von Magnesium abhängig.

Noch ein weiterer Wirkstoff hat sich als sehr wirksam erwiesen: Chininsulfat, ein Extrakt aus der Rinde des Chinabaums. Man setzt diesen Stoff schon lange zur Malariaprophylaxe ein. Doch Chinin ist auch in der Lage, die Erregbarkeit des Muskels herabzusetzen, ihn also zu beruhigen und damit die Krampfneigung zu vermindern. Spezielle Präparate gibt es rezeptfrei in der Apotheke. Chinin ist aber auch eine Zutat von Tonic Water und Bitter Lemon (auf der Zutatenliste prüfen, ob wirklich Chinin enthalten ist). Ein Glas eines dieser Getränke am Abend kann helfen – probieren Sie es aus.

Wenn Sie Ihrem Körper ausreichend Flüssigkeit gönnen und außerdem dafür sorgen, dass Ihr Mineralstoffhaushalt mit besonderem Blick auf Magnesium, Kalzium und Kalium wieder ins Lot kommt, haben Sie in Zukunft vermutlich keine nächtlichen Krämpfe mehr zu befürchten.

Von morgens bis abends lecker essen

FRÜHSTÜCK

So gibt's am frühen Morgen schon eine geballte Ladung Magnesium: Haferflocken mit Banane oder Beeren. Rühren Sie ein paar Nüsse oder Mandeln unter, denn die liefern neben Magnesium auch Kalium und Kalzium. Das Ganze mit Milch oder Joghurt für die Kalziumzufuhr verrührt – ein perfektes Antikrämpfe-Frühstück. Auch ein Fruchtjoghurt, am besten mit frischen oder tiefgekühlten Früchten gemischt, versorgt Sie mit viel Kalzium.

Oder Sie genießen Brot oder Brötchen mit einem süßen oder pikanten Belag. Sie sollten aus dem vollen Korn sein, denn weißes Mehl besitzt sehr viel weniger Magnesium. Vollkorn punktet außerdem mit Kalium und Kalzium. Wenn Sie einen leckeren Schnitt- oder Hartkäse wie Emmentaler oder Gruyère wählen, bekommen Sie eine gute Portion Kalzium dazu.

Trinken Sie dazu eine Tasse Kakao, sorgt dieser doch für eine gute Kaliumzufuhr. Auch toll: ein Mixgetränk aus Kakao und Orangensaft, jeweils zur Hälfte gemixt. Zu viel Kaffee fördert die Magnesium-Ausscheidung, trinken Sie deshalb nur ein bis zwei Tassen morgens. Für die Kaliumzufuhr kann sich auch ein bunter Gemüsesaft sehen lassen, zum Beispiel aus Möhren, Tomaten und Früchten wie Orange, Banane oder Kirsche. Denken Sie auf jeden Fall daran, ausreichend zu trinken!

MITTAGESSEN

Auf Ihrem Speiseplan dürfen jetzt Hülsenfrüchte wie Bohnen, Erbsen und Linsen einen Ehrenplatz einnehmen, denn sie stecken voller Kalium und Magnesium. Dazu kaliumreiche Salz- oder Pellkartoffeln, in möglichst wenig Wasser gegart, denn mit dem Wasser schüttet man auch viele Mineralstoffe weg. Kartoffeln dürfen Sie in allen Varianten genießen, nur bei Frittiertem passen Sie lieber wegen des hohen Fettgehalts etwas auf.

Dazu passt prima grünes Gemüse wie Spinat, der das, was Sie jetzt besonders brauchen, in respektablen Mengen hat: Kalzium, Kalium und Magnesium. Das gilt auch für Fenchel und Feldsalat. Pilze (nicht aber Shiitake) und Grünkohl haben viel Kalium zu bieten. In dieser Hinsicht und dazu im Kalziumgehalt toll: Hirse, Quinoa und Amaranth. Bei Obst übertrifft die Avocado alle anderen Sorten.

Wenn Fleisch auf den Teller soll, sind fettarme Sorten besonders gut, denn die enthalten viel Kalium. Aber auch Leberkäse und Würstchen aus der Dose sind reich daran (doch Vorsicht bei Bluthochdruck, denn der Salzgehalt ist hoch). Bei Fisch können Heilbutt und Forelle, daneben auch Schellfisch punkten.

Fertiggerichte bringen Ihnen keinen sonderlichen Vorteil, außer vielleicht einen zeitlichen. Sie sind in der Regel nicht sehr schonend zubereitet, sodass wertvolle Nährstoffe gelitten haben und die Gehalte an Magnesium, Kalzium und Kalium keinen Anlass zur Begeisterung geben. Profitieren Sie lieber vom Aromareichtum frischer, unbehandelter Lebensmittel.

Bei tiefgekühltem Gemüse sind die Gehalte an Mineralstoffen noch recht hoch, es darf also gern der TK-Spinat sein oder Bohnen aus der Tiefkühltruhe. Konserven gehen leider nicht ganz so schonend mit den wertvollen Nährstoffen um, sind aber besser als gar kein Gemüse. Unschlagbar ist natürlich frisches Gemüse.

ABENDESSEN

Auch abends versorgen Sie lecker mit Hart- oder Schnittkäse belegte Vollkornbrote prima mit Magnesium und Kalzium. Ganz besonders viel davon bekommen Sie, wenn das Brot Sesam enthält. Wenn Sie mögen, trinken Sie dazu ein Glas Milch, das liefert gleich noch mehr Kalzium. Auch gut ist Mineralwasser, am besten mit Kalzium und Magnesium im idealen Verhältnis von 2:1.

Wenn Sie einen Salat zubereiten wollen, ist in puncto Magnesium Portulak nicht zu toppen. Auch Rohkost ist klasse – dann immer einen Dip aus Joghurt, saurer Sahne oder Quark dazu servieren.

Gönnen Sie sich zum Abschluss noch einen selbst gemischten Fruchtjoghurt oder Quark. Und vergessen Sie nicht, immer ausreichend zu trinken.

Vor dem Schlafengehen trinken Sie wegen des Chiningehalts noch ein Gläschen Tonic Water oder Bitter Lemon. Und nun: Eine angenehme und ungestörte Nachtruhe!

FAZIT: UNBESCHWERT OHNE MUSKELKRÄMPFE

Versorgen Sie sich gut mit den Mineralstoffen, die bei der reibungslosen Muskelarbeit eine wichtige Rolle spielen, und dehnen Sie täglich die anfällige Muskulatur von Beinen und Füßen. Dann haben Sie gute Chancen, nicht mehr von Muskelkrämpfen belästigt zu werden.

DIE REZEPTE

Viele gute Inhaltsstoffe helfen Ihnen gegen Krämpfe. Rezepte, die reich an ihnen sind, sind mit ++ gekennzeichnet. Andere werden durch entsprechende Abwandlungen (markiert mit *) für Sie wertvoller.

Andere Rezepte sind zwar auch gesund, enthalten aber an den relevanten Stoffen keine besonders herausragenden Mengen. Sie sind mit + markiert.

„Leider steht auf keiner Tablettenpackung, dass man vielleicht auch alternativ das Richtige essen könnte.“

„Regelmäßiges Dehnen und Strecken hält die Muskulatur geschmeidig und beugt so häufigen Muskelkrämpfen vor. Jetzt noch den Mineralstoffhaushalt mit Magnesium, Kalzium und Kalium ins Gleichgewicht gebracht – und das Seilziehen nimmt wegen schmerzhafter Krämpfe bestimmt kein jähes Ende mehr. Die Siegchancen stehen bestens!“

Ernährungsempfehlung bei Muskelkrämpfen

(+)

FRÜHSTÜCK

+ Müsli mit Haferflocken
+ Bananen
+ Beeren
+ Nüsse, Mandeln, Samen
+ Milch, Quark, Joghurt, Kefir, Buttermilch
+ Vollkornbrot und -brötchen (besonders mit Sesam)
+ Schnitt- und Hartkäse
+ Kakao (mit Orangensaft zu gleichen Teilen gemixt)
+ Gemüsesaft

ZWISCHENMAHLZEITEN

+ Müsli mit Haferflocken
+ Bananen
+ Beeren
+ Nüsse, Mandeln, Samen
+ Milch, Quark, Joghurt, Kefir, Buttermilch
+ Vollkornbrot und -brötchen
+ Schnitt- und Hartkäse
+ Gemüsesticks mit Dip

MITTAGESSEN

+ Hülsenfrüchte
+ Kartoffeln (in wenig Wasser gegart)
+ Gemüse (besonders grünes Gemüse wie Spinat, Grünkohl, aber auch Fenchel)
+ Salat (besonders Feldsalat, Portulak)
+ Pilze (Ausnahme: Shiitake)
+ Hirse, Quinoa, Amaranth
+ Avocado

ABENDESSEN

+ Vollkornbrot und -brötchen (besonders mit Sesam)
+ Schnitt- und Hartkäse
+ Salat (besonders Feldsalat, Portulak)
+ Milch, Quark, Joghurt, Kefir, Buttermilch
+ Mineralwasser mit idealem Kalzium-Magnesium-Verhältnis 2:1
+ Tonic Water, Bitter Lemon

(–)

FRÜHSTÜCK

– Kaffee (mehr als zwei Tassen)

ZWISCHENMAHLZEITEN

– Fertiggerichte (Ausnahme: Tiefkühlgemüse)

MITTAGESSEN

– Fertiggerichte (Ausnahme: Tiefkühlgemüse)

ABENDESSEN

– Fertiggerichte (Ausnahme: Tiefkühlgemüse)

S. 158

S. 168

S. 186

S. 230

S. 240

S. 242

S. 250

S. 278

S. 288

REIZDARM

Sie haben häufiger Bauchschmerzen, leiden öfter unter Blähungen, haben im Wechsel Durchfall oder aber Verstopfungen – und das alles, ohne eine klare Ursache benennen zu können? Und selbst der Arzt konnte nichts feststellen? Dann leiden Sie vielleicht unter einer weit verbreiteten Störung: dem Reizdarmsyndrom.

Bei einem Reizdarmsyndrom ist eine ganze Palette verschiedener Darmirritationen möglich, ohne dass organische Veränderungen feststellbar sind. Aber lassen Sie sich von Ihrem Arzt nicht voreilig mit dieser Diagnose abspeisen, die auch eine Verlegenheitsdiagnose sein könnte. Erst wenn der Mediziner alle möglichen organischen Ursachen definitiv ausgeschlossen hat, ist die Diagnose „Reizdarm" angebracht. Dazu lassen Sie am besten von einem Facharzt, einem Gastroenterologen, die erforderlichen Untersuchungen durchführen. Er weiß genau, wie er einen Reizdarm diagnostiziert.

Doch befragen Sie auch sich selbst hinsichtlich Ihrer Erfahrung mit bestimmten Lebensmitteln. Das führt Sie vielleicht auf eine andere Fährte: Eventuell haben Sie eine Laktose-Intoleranz, dann leiden Sie nach dem Verzehr von Milch oder Milchprodukten unter Blähungen, Unwohlsein, Übelkeit oder auch Durchfall. Bei einer Gluten-Unverträglichkeit oder -Sensitivität geht es Ihnen mit den meisten Getreidesorten so. Liegt eine Fruktose-Malabsorption vor, reagieren Sie auf Zuckerhaltiges und viele Obstsorten, und bei einer Bauchspeicheldrüsenschwäche reagiert der Darm nach dem Genuss von Fettreichem auf diese Weise. Auch eine Allergie sollten Sie ausschließen. Nur wenn Sie keinen Zusammenhang zwischen dem Verzehr bestimmter Lebensmittel und Ihren Beschwerden feststellen können, sollten Sie und natürlich auch Ihr Arzt an ein Reizdarmsyndrom denken. Um der Ursache auf die Schliche zu kommen, hilft ein Ernährungs- und Symptomtagebuch, das Sie führen und am besten mit einem Ernährungstherapeuten auswerten.

Ein Reizdarm ist zwar unangenehm und mitunter auch schmerzhaft, aber nicht besorgniserregend. Sie müssen also nicht befürchten, dass es zu organischen Schäden kommt. Aber Sie wollen auch nicht weiterleiden. Mit einer angepassten Ernährung, Stressreduzierung und Entspannung können Sie die Symptome deutlich eindämmen.

WAS IST EIN REIZDARM?

Das Reizdarmsyndrom klassifiziert man je nach Symptomatik in sechs verschiedene Beschwerdebilder. Blähungen, krampfartige Bauchschmerzen und Missempfindungen im Bauch sind häufige Symptome. Dazu kommen im Wechsel oft sowohl Durchfall als auch Verstopfung. Nachts und am frühen Morgen haben Sie noch Ruhe vor Ihrem Darm, doch im Laufe des Tages werden die Beschwerden schlimmer. Nach dem Stuhlgang fühlen Sie sich besser, aber Stress schlägt Ihnen auf den Darm. Wenn all diese Symptome mindestens zwölf Wochen innerhalb eines Jahres auftauchen, handelt es sich vermutlich um einen Reizdarm.

Frauen zwischen 20 und 40 Jahren leiden sehr viel häufiger unter einem Reizdarmsyndrom als Männer. Woher diese Diskrepanz kommt und warum bei manchen Menschen der Darm scheinbar ohne Anlass Beschwerden verursacht, weiß man noch immer nicht genau. Es kann sein, dass Ihr Darm einfach überempfindlich ist und störende Reize viel stärker wahrnimmt als üblich. Jede kleine Nervenreizung wird von ihm dann überbewertet. Die Fehlfunktion könnte auch übergeordnet sein, wenn das vegetative Nervensystem, das viele Funktionen des Körpers steuert, sehr sensibel ist.

Oder auch diese Erklärung: Mediziner sprechen heute vom „Bauchhirn" und bestätigen damit tatsächlich das sprichwörtliche „Bauchgefühl". Denn im Darm befinden sich sehr viele Nervenzellen, deutlich mehr als im Rückenmark. Diese sind die Hauptproduzenten des gern auch „Wohlfühlhormon" genannten Glücksbotenstoffes Serotonin. Stellen die Nervenzellen im Darm zu wenig davon her, kann das auch die typischen Symptome auslösen. Wir fühlen uns dann nicht mehr wohl – und das zeigt sich dort, wo sich besonders viele Nervenzellen tummeln, nämlich im Darm.

Eine weitere Ursache ist für das Reizdarmsyndrom denkbar: eine unausgeglichene Darmflora. Besonders nach einer Antibiotika-Behandlung, die Tabula rasa mit der bakteriellen Besiedlung des Darms macht, oder nach einem Darminfekt kommt es dazu.

Letztlich kann ein Reizdarm auch Begleitsymptom einer psychischen Erkrankung sein.

Was kann ich mit Ernährung erreichen?

Weil einerseits verschiedene Ursachen für das Reizdarmsyndrom denkbar sind und diese nicht zweifelsfrei diagnostiziert werden können, sich andererseits aber auch ▶

die Symptome individuell unterscheiden, kann es keine eindeutige Ernährungsempfehlung für alle geben. Aber es gibt einige Regeln, die Ihnen sehr helfen können. Sie beziehen sich nicht nur auf bestimmte Lebensmittel oder Zubereitungsweisen, sondern auch auf die Weise, wie Sie Ihr Essen genießen.

Den Begriff „Genießen" sollten Sie sich ganz bewusst machen. Etliche Reizdarmpatienten beschäftigen sich gedanklich viel zu viel mit ihrem Darm und die schmerzhaften und unangenehmen Symptome nach einer Mahlzeit verstärken sich schon allein aus der Angst davor. Entspannen Sie und genießen Sie. Ihre Mahlzeiten sollen nicht von der Furcht vor den Folgen beherrscht werden, sondern sollen Ihnen wieder Freude bereiten. Lassen Sie sich Zeit beim Essen! So geben Sie Ihrem Darm auch Zeit für die Verdauung und entlasten ihn dadurch. Essen Sie nicht hastig zwischendurch im Gehen oder Stehen und kauen Sie jeden Bissen 15 bis 20 Mal. Lenken Sie sich während des Essens auch nicht durch das Fernsehen, das Smartphone oder Sonstiges ab. Schaffen Sie eine gemütliche, stressfreie Atmosphäre während des Essens.

Jetzt haben Sie eine gute Basis für ein möglichst unbeschwertes Mahl ohne böse Folgen. Entspannt und stressfrei sollte es aber nicht nur beim Essen zugehen, sondern in Ihrem ganzen Leben. Je weniger Stress Sie sich täglich aufhalsen, desto entspannter kann auch Ihr nervöser Darm sein.

Vermutlich tut es Ihnen auch gut, mehr als dreimal am Tag zu essen. Planen Sie deshalb Zwischenmahlzeiten ein. So vermeiden Sie, dass Sie Ihren Darm mit einer sehr üppigen Mahlzeit belasten, nachdem Sie länger nichts gegessen haben.

Nun können Sie Ihren Blick auf Ihren Speiseplan richten. Im Grunde gelten auch für Sie die Regeln für eine gesunde Ernährung (siehe Kapitel „Richtig essen", Seite 12). Doch es gibt einige Lebensmittel, die viele Reizdarmpatienten nicht gut vertragen, weil sie für den Darm zu belastend sein könnten. Meiden Sie diese deshalb versuchsweise. Dazu gehören blähende Lebensmittel, rohes, unreifes, saures Obst und scharfe Gewürze.

Ballaststoffe, besonders die wasserlöslichen aus Obst und Gemüse, sollten auf jeden Fall Bestandteil einer gesunden Ernährung sein – auch für Sie. Aber leider lösen sie bei vielen Reizdarmpatienten Blähungen aus. Doch sollten Sie deshalb auf ihre positiven Eigenschaften nicht verzichten, denn die Stoffe regulieren Ihre Verdauung sehr wirksam. Es gibt ein paar Tricks, die ballaststoffreiche Lebensmittel für Sie besser verträglich machen können (siehe unten). Sie müssen ausprobieren, was Ihnen hilft.

Als wirksam haben sich auch die ballaststoffreichen Flohsamen gezeigt, mit denen man manche Gerichte verfeinern kann.

Einige Zubereitungsmethoden reizen Ihren Darm vielleicht zu sehr, darunter Braten und Rösten. Dünsten und Garen mit wenig Wasser oder in Folie sind schonende Methoden, durch die Sie Lebensmittel besser vertragen könnten. Würzen Sie auch nur leicht, denn gerade scharfe Gewürze vertragen Sie eventuell schlecht. Und essen Sie weder zu Heißes noch zu Kaltes. Trinken Sie viel, aber lassen Sie Alkohol und Kaffee lieber weg. Koffeinfreier beziehungsweise milder, reizstoffarmer Kaffee kann besser verträglich sein. Auch Getränke mit Kohlensäure sind nicht so gut.

Übrigens kann auch Nikotin die Symptome eines Reizdarms verstärken, denn es regt die Magensäure und die Darmbewegung an. Wenn Sie unter Durchfällen leiden, verstärkt das Rauchen also die Symptome.

Von morgens bis abends lecker essen

FRÜHSTÜCK

Möglicherweise vertragen Sie rohe Haferflocken nicht so gut und kalte Milch zwickt im Bauch. Versuchen Sie entweder, die Haferflocken in Joghurt mindestens zehn Minuten quellen zu lassen, oder bereiten Sie einen warmen Hafer- oder einen anderen Getreidebrei mit etwas Banane und Beeren oder anderem Obst zu, das geschält und gedünstet für Sie besser verträglich ist. Probieren Sie aus, ob Sie Haferkleie vertragen – wegen ihres Ballaststoffgehalts macht sie sich gut in einem warmen Brei. Besonders gut: gequollene Flohsamen. Bei Verstopfung können Sie Ihrem Darm mit Trockenfrüchten auf die Sprünge helfen – vorausgesetzt, Sie haben keine Fruktose-Malabsorption. Ein probiotischer Joghurt, Kefir, Quark oder Dickmilch versorgt Ihren Darm mit guten Mikroorganismen. Besonders wenn probiotische Kulturen zugesetzt sind, können Ihnen diese Produkte helfen, wenn Sie sie täglich essen.

Mögen Sie lieber Brot, essen Sie Vollkornbrot aus fein vermahlenem Korn, das am besten schon mindestens einen Tag alt ist. Zur noch besseren Verträglichkeit können Sie es zusätzlich toasten. Frisches Hefebrot und Brötchen aus Hefeteig sind blähungsfördernd und eignen sich nicht so gut. Als Belag ist Wurst oder Käse (magere Sorten) gut bekömmlich, aber auch süße Brotaufstriche wie Konfitüren und Honig.

Auch ein Frühstücksei darf es geben, wobei weich gekochte Eier besser als hart gekochte vertragen werden.

Koffeinhaltiger Kaffee reizt Magen- und Darmschleimhäute. Steigen Sie deshalb besser auf milden, koffeinfreien um oder trinken Sie schwarzen oder grünen Tee oder Kräutertee. Tees mit Pfefferminze, Fenchel, Anis, Kümmel oder Zitronenmelisse können den Darm beruhigen.

ZWISCHENMAHLZEITEN

Damit Sie Ihren Darm nicht mit zu großen Mengen zu den Hauptmahlzeiten überfordern, gönnen Sie sich ruhig hin und wieder eine kleine Mahlzeit zwischendurch. Obst dünsten Sie lieber beziehungsweise bereiten es als Kompott zu, denn den Rohverzehr nimmt Ihnen Ihr Darm vielleicht übel. Bananen oder frische Beeren sind auch roh meist kein Problem. Salate aus gekochten Zutaten werden besser vertragen als solche mit rohen. Gebäck ist als Snack erlaubt, bis auf frisches Hefegebäck, denn das kann Blähungen auslösen.

MITTAGESSEN

Warmes Essen ist besser für Ihren Darm als zu kalte Speisen. Kochen Sie sich also etwas und tun sich etwas Gutes.

Fertiggerichte sind wahrscheinlich für Sie nicht so gut, denn es lässt sich nicht immer zweifelsfrei identifizieren, ob für Sie schlecht verträgliche Stoffe enthalten sind. Kochen Sie schonend mit frischen, gesunden und für Sie gut verträglichen Zutaten. So wissen Sie immer, was in den Speisen verarbeitet ist. Wenn Sie Ihre Problemzutaten schon kennen, sind Sie auf diese Weise vor bösen Überraschungen sicher.

Manches Gemüse wirkt blähend, deshalb verzichten Sie lieber auf Zwiebeln, besonders auf rohe, Lauch, Kohl, Bohnen und Linsen. Auch Gurken und Paprika bereiten manchmal Probleme.

Andere Sorten sollten keine Schwierigkeiten machen. Schälen Sie Gemüse besser, es wird dann häufig besser vertragen. Wenn Sie es pürieren oder reiben, kann es auch roh besser verträglich werden.

Fisch, Geflügel oder Fleisch dämpfen oder dünsten Sie am besten. Es zu braten oder zu rösten kann sich negativ auf Ihre Verdauung auswirken.

Gut für Ihre Darmflora sind Sauerkraut und andere milchsauer eingemachte Gemüse.

Kartoffeln werden allgemein gut vertragen, doch denken Sie an die Zubereitungsart. Pommes frites oder Bratkartoffeln sind für Ihren Darm womöglich zu fett. Probieren Sie Vollkornreis, der viele Ballaststoffe enthält und auch gut vertragen werden kann.

Wohltuende Gewürze sind für Sie Anis, Fenchel, Dill, Kümmel, Lorbeer, Knoblauch, Nelkenwurz, Estragon, Basilikum, Zitronenmelisse und Liebstöckel.

Aber würzen Sie nur schwach. Besonders die scharfen Gewürze wie Pfeffer, Chili und Curry setzen Ihrem Darm unangenehm zu.

ABENDESSEN

Wenn Sie warme Gerichte besser vertragen, können Sie sich auch abends eine kleine Mahlzeit zubereiten. Eierspeisen wie Omelette, Rührei oder Spiegelei sind gut bekömmlich, ebenso gedünstetes Gemüse oder Kartoffeln mit wenig Gewürzen.

Soll es einen kleinen Salat dazu geben, dann keinen aus Gurken und keinen Krautsalat, denn beide werden von vielen Reizdarmgeplagten nicht vertragen.

Brühwurst und Schmelzkäse zum oder aufs Brot tun Ihnen wegen des Phosphatzusatzes vermutlich nicht gut. Auch geräucherte Wurst- und Fischprodukte sind für Sie nicht empfehlenswert.

Trinken Sie viel – aber keine kohlensäurehaltigen Getränke. Cola wäre übrigens auch wegen des Phosphatzusatzes für Sie nicht gut. Besser ist, Sie steigen auf einen warmen Tee um, der Ihren Darm beruhigt. Dafür eignen sich besonders Pfefferminz-, Zitronenmelisse-, Fenchel-, Anis- oder Kümmeltee.

FAZIT: UNBESCHWERT MIT REIZDARMSYNDROM

Jeder Reizdarmpatient reagiert anders auf die verschiedenen Lebensmittel. Doch einige Lebensmittel und Zubereitungsarten sind problematischer als andere. Deshalb lohnt es sich, wenn Sie Ihre persönliche Reaktion darauf testen. Finden Sie heraus, was Ihnen gut tut. Schaffen Sie es, in Ruhe zu genießen und Stress abzubauen, können Sie Ihre Reizdarmsymptome lindern. ▶

DIE REZEPTE

Es ist sehr unterschiedlich, welche Zutaten die Symptome auslösen können. Hier kommt es auf Ihren Spürsinn an. Rezepte, die allgemein gut verträgliche Zutaten beinhalten und dazu noch solche, die bei Reizdarm häufig Linderung verschaffen, sind mit ++ gekennzeichnet. Manche Rezepte werden durch Abwandlung zu allgemein besonders gut verträglichen (mit * gekennzeichnet).

Andere Rezepte enthalten nur in vielen Fällen verträgliche Zutaten, ohne das Syndrom aktiv lindern zu können. Probieren Sie aus, ob das auch für Sie zutrifft. Diese Rezepte sind mit + gekennzeichnet. Manche schlagen Abwandlungen vor, durch die das Rezept verträglicher wird, zu finden mit dem Zusatz *.

Um mit – gekennzeichnete Rezepte machen Sie besser einen Bogen, denn hier sind Zutaten im Spiel, die meist nicht gut verträglich sind. Doch wenn Sie wissen, dass die im Rezept verwendeten Zutaten oder die Zubereitungsarten für Sie nicht problematisch sind, dürfen Sie sie selbstverständlich ausprobieren.

„Wer selbst entspannt ist, gibt auch seinem Darm eine Chance zu relaxen."

Ernährungsempfehlung bei Reizdarm

(+)

FRÜHSTÜCK

+ Haferflocken (eingeweicht), Haferkleie, warmer Haferbrei
+ Obst (gedünstet), Bananen, Beeren (auch roh)
+ Flohsamen (gequollen)
+ Trockenfrüchte
+ Joghurt (probiotisch), Quark, Kefir, Dickmilch
+ Vollkornbrot mit fein gemahlenem Korn (vom Vortag oder älter; getoastet)
+ magere Wurst (Kochschinken ohne Fettrand, Krakauer, Corned Beef, kalter Braten)
+ fettarmer Käse (Frisch-, Hütten-, Hand-, Weichkäse)
+ Konfitüre, Honig
+ Eier (weich gekocht)
+ Kaffee (koffeinfrei), Tee (schwarz, grün, Kräuter)

ZWISCHENMAHLZEITEN

+ Obst (gedünstet), Bananen, Beeren (auch roh)
+ Joghurt (probiotisch), Quark, Kefir, Dickmilch
+ fettarmer Käse (Frisch-, Hütten-, Hand-, Weichkäse)
+ magere Wurst (Kochschinken ohne Fettrand, Krakauer, Corned Beef, kalter Braten)
+ Vollkornbrot mit fein gemahlenem Korn (vom Vortag oder älter; getoastet)
+ Trockenfrüchte
+ Salat mit gekochten Zutaten
+ Gebäck (Ausnahme: Hefegebäck)

MITTAGESSEN

+ Gemüse (gedünstet; Ausnahmen: Zwiebeln, vor allem roh, Lauch, Kohl, Bohnen und Linsen)
+ Fisch, Fleisch (gedämpft oder gedünstet)
+ Sauerkraut, anderes milchsauer Eingemachtes
+ Kartoffeln (fettarm zubereitet), Vollkornreis
+ Gewürze: Anis, Fenchel, Kümmel, Lorbeer, Knoblauch, Nelkenwurz, Estragon, Dill, Basilikum, Zitronenmelisse, Liebstöckel

ABENDESSEN

+ Eier
+ Gemüse (gedünstet; Ausnahmen: Zwiebeln, vor allem roh, Lauch, Kohl, Bohnen und Linsen)
+ Kartoffeln (mit wenig Fett zubereitet)
+ Vollkornbrot mit fein gemahlenem Korn (vom Vortag oder älter; getoastet)
+ fettarmer Käse (Frisch-, Hütten-, Hand-, Weichkäse)
+ magere Wurst (Kochschinken ohne Fettrand, Krakauer, Corned Beef, kalter Braten)
+ Joghurt (probiotisch), Quark, Kefir, Dickmilch
+ milchsauer Eingemachtes (Gewürzgurken etc.)
+ Salat (Ausnahme: Gurken- und Krautsalat)
+ Tee (Pfefferminz-, Zitronenmelisse-, Fenchel-, Anis-, Kümmeltee)

(–)

FRÜHSTÜCK

- Haferflocken (roh)
- kalte Milch
- Obst (roh)
- Hefebrot, Hefebrötchen
- Kaffee (koffeinhaltig)
- frisches, grobes Vollkornbrot
- Eier (hart gekocht)

ZWISCHENMAHLZEITEN

- Obst (roh)
- Salat mit rohen Zutaten
- Hefebrot, Hefebrötchen, Hefegebäck
- frisches, grobes Vollkornbrot

MITTAGESSEN

- Fertiggerichte
- Zwiebeln (besonders rohe)
- Gemüse: Lauch, Kohl, Bohnen, Linsen, Gurke, Paprika
- Fisch, Fleisch (gebraten oder geröstet)
- Pommes frites, Bratkartoffeln
- scharfe Gewürze (Pfeffer, Chili, Curry)

ABENDESSEN

- frisches, grobes Vollkornbrot
- Hefebrot, Hefebrötchen
- Gurken-, Krautsalat
- Brühwurst
- Schmelzkäse
- Räucherwurst, Räucherfisch
- kohlensäurehaltige Getränke, Cola

S. 134

S. 136

S. 194

S. 206

S. 212

S. 236

S. 258

S. 270

S. 280

DARMTRÄGHEIT UND VERSTOPFUNG

Viele kennen das von der Urlaubsreise: In den ersten Tagen verläuft der Gang zur Toilette ergebnislos. Trotz Drücken und Pressen und manchmal von Schmerzen begleitet entleert sich der Darm nicht oder nicht ausreichend. Zurück bleiben ein unangenehmes Völlegefühl und der Eindruck, die Sache noch nicht erledigt zu haben. Solche Symptome geben sich relativ schnell wieder, wenn sich ein neues Gleichgewicht eingependelt hat, und spätestens bei der Rückkehr nach Hause ist alles wieder normal.

Auch bei einer chronischen Verstopfung kann ein unregelmäßiger Lebensrhythmus der Auslöser sein, denn der sensible Darm braucht seine regelmäßigen Gewohnheiten. Meistens sind es aber andere Gründe, die den Darm träge machen. So könnte beispielsweise eine mehr oder weniger schwere Krankheit dahinterstehen. Letztlich kann auch eine ungünstige Ernährung die Darmtätigkeit fast zum Erliegen bringen.

Doch wann liegt wirklich eine chronische Verstopfung vor? 20 bis 30 Prozent der Bevölkerung in Industrienationen leiden hin und wieder an Verstopfung, Frauen sind doppelt so häufig betroffen wie Männer. Mediziner kennzeichnen die Verstopfung, die sie Obstipation nennen, dadurch, dass der Gang zur Toilette mindestens drei Monate seltener als dreimal wöchentlich von einem „Teilerfolg" gekrönt ist. Das heißt: Mindestens ein Viertel jedes Stuhls ist dann sehr hart und fest und nur durch Pressen ist eine teilweise Darmentleerung möglich, wobei ein Gefühl unzureichender Entleerung zurückbleibt.

Mindestens zwei der beschriebenen Symptome treffen auf Sie zu? Dann ist der Gang zum Arzt unvermeidlich. Es muss geklärt werden, ob bei Ihnen eine organische Ursache vorliegt. Versuchen Sie auf keinen Fall, das Problem mit der regelmäßigen Einnahme von Abführmitteln zu erledigen, denn das geht auf Dauer wahrhaftig nach hinten los und fördert die Verstopfung noch. Abführmittel sind nur für akute Fälle geeignet. Der Arzt wird Sie nicht nur auf organische Veränderungen hin untersuchen, sondern auch Ihre Ernährungsgewohnheiten abfragen, denn nicht selten lassen eine einseitige Ernährung und zu wenig Flüssigkeitszufuhr den Darm erlahmen.

Sind keine organischen Ursachen erkennbar, ist es also an der Zeit, eine gesunde, frische und abwechslungsreiche Küche kennenzulernen. Nicht nur Ihr Darm, sondern Ihr gesamtes Körpergefühl wird davon profitieren und manch andere Beschwerde wird sich ganz nebenbei auch für immer verabschieden. Ihr Darm kommt wieder in Schwung – und Ihre Lebenslust ebenfalls.

WAS IST VERSTOPFUNG UND WIE ENTSTEHT SIE?

Wie oft wir auf Toilette gehen, um unseren Darm zu entleeren, ist individuell unterschiedlich. Während der eine nur dreimal in der Woche den Drang verspürt, sucht der andere dreimal täglich das stille Örtchen auf. Alles, was sich in diesem Rahmen bewegt, ist völlig normal. Die Entleerung ist ohne schmerzhaftes Pressen möglich, der Stuhl weich bis fest und homogen.

Von Verstopfung oder Obstipation wird dann gesprochen, wenn der Stuhl wie Kaninchenköttel sehr hart und fest und die Darmentleerung nur unter schmerzhaftem Pressen möglich ist. Die Nahrung hat dann länger als die üblichen 24 bis 36 Stunden im Darm verbracht.

Verstopfung spielt sich im Dickdarm ab, dem letzten Abschnitt unseres Darms, einem Muskel. Wenn der Nahrungsbrei in diesem Darmabschnitt ankommt, hat er den größten Teil des Verdauungsvorgangs schon abgeschlossen. Hauptsächlich wird ihm jetzt noch Wasser entzogen. Gleichzeitig werden Schleimstoffe beigemengt, damit er für die Ausscheidung gut gleitfähig wird. In diesem Darmabschnitt leben auch die wichtigen Darmbakterien, die unverdauliche Stoffe wie Zellulose verarbeiten.

Durch Kontraktion transportiert der Dickdarmmuskel den Nahrungsbrei zum Ausscheidungsort. Und dabei spielt die Zusammensetzung unserer Nahrung eine ganz entscheidende Rolle: Sie muss ein großes Volumen bieten, damit die Darmwände gedehnt und so zur Kontraktion ermuntert werden. Ist das Stuhlvolumen zu gering, weil Ballaststoffe Mangelware sind, und steht nicht genügend Flüssigkeit zur Verfügung, die den Stuhl weicher macht, fehlt dieser Reiz. Der Darm wird dann kaum noch beim Vorwärtsbewegen des Inhalts unterstützt, der Abtransport kommt nahezu zum Erliegen. Gleichzeitig entzieht der Darm seinem Inhalt während der ungewöhnlich langen Verweildauer immer mehr Wasser. Der Stuhl wird sehr hart und fest und verliert weiter an Volumen. Das verschlimmert die Situation.

Natürlich ist nicht immer eine einseitige Ernährung der Auslöser von Darmträgheit. Viele Menschen, die einen unregelmäßigen Lebensrhythmus haben, wie Schichtarbeiter oder Vielreisende, bringen das Gewohnheitstier Dickdarm aus dem Takt.

Auch in Berufen, die wenig Zeit für Pausen und demnach für den Toilettengang möglich machen, kann es zur Verstopfung kommen. Und Bewegungsmangel, der zum Beispiel bei Bettlägerigkeit extrem ist, macht den Darm ebenfalls träge. ▶

- Das Reizdarmsyndrom (siehe Seite 48) geht häufig mit Verstopfung einher, aber psychische Gründe sind ebenso denkbar. Auch eine Vielzahl von organischen und hormonellen Ursachen ist möglich – beispielsweise Schilddrüsenunterfunktion, Diabetes, Nierenerkrankungen und Darmkrankheiten. Hier müssen die Ursachen behandelt werden. Verstopfung kann auch eine Nebenwirkung von Medikamenten sein und schließlich kommt sie häufig während der Schwangerschaft vor.

Dauerhafte Verstopfung hat Folgen für den gesamten Körper. Verbleibt die Nahrung zu lange im Darm, finden bakterielle Zersetzungsprozesse statt, die sich auch auf den Dünndarm auswirken können. Sogar andere Organe können beeinträchtigt werden.

VORSICHT MIT ABFÜHRMITTELN

Bei Verstopfung helfen Abführmittel, die auf ganz verschiedene Weise wirken. Manche Medikamente halten Wasser im Darm zurück oder ziehen es aus dem Blut in den Darm. Doch auf Dauer ist das besonders gefährlich, denn mit diesem Wasser werden dem Körper Mineralstoffe entzogen, die er dringend braucht. Dann kann es zu Mangelerscheinungen kommen, was im Fall von Kalium besonders problematisch ist, denn Kalium braucht der Darm für seine Muskelarbeit.

Allen Abführmitteln ist gemeinsam, dass sie dem Darm Arbeit abnehmen. Im akuten Fall kann das sehr hilfreich sein, aber dauerhaft verlässt sich der Darm gern auf die Wirkung der Abführmittel und stellt seine eigene Tätigkeit ein. Anfangs lässt sich das noch über eine Erhöhung der Dosierung ausgleichen. Doch irgendwann wirken auch die Medikamente nicht mehr.

Was kann ich mit Ernährung erreichen?

Wenn eine organische oder funktionelle Erkrankung der Grund und die Verstopfung nur ein Symptom der Krankheit ist, muss zuerst die Grunderkrankung behandelt werden. Erst dann wird man mit einer Ernährungsumstellung in den meisten Fällen Abhilfe schaffen und die Verdauung normalisieren können. Wenn aber die falsche Ernährungsweise verursachend ist, muss natürlich sofort dort angesetzt werden, wo das Übel herkommt: bei der Ernährung.

Trinken Sie ausreichend, damit Ihr Darm genug Wasser zur Verdünnung des Nahrungsbreis bekommt. Wer extrem wenig trinkt, riskiert auch eine Verstopfung. Und essen Sie mehrmals am Tag. Ein bis zwei Zwischenmahlzeiten neben den drei Hauptmahlzeiten sorgen dafür, dass der Darm nicht plötzlich mit großen Nahrungsmengen überfrachtet wird, und bewirken eine deutliche Besserung bei Verstopfung.

Noch wichtiger als für Menschen ohne solche Beschwerden ist für Sie der Blick auf die Ballaststoffe. Sie sorgen dafür, dass das Stuhlvolumen groß genug ist, sodass der Darm durch den Druck zur Bewegung angeregt wird. Pro Tag sind 30 Gramm Ballaststoffe zusammen mit bis zu zwei oder drei Litern Flüssigkeit ideal, wenn dem medizinisch nichts entgegensteht.

Als Verdauungshilfe können zusätzlich ballaststoffreiche Lebensmittel eingenommen werden, zum Beispiel Leinsamen, Weizen- oder Haferkleie, Flohsamen, Pektin oder Agar-Agar. Milchzucker wirkt sich positiv auf die Darmflora aus. Und auch gute Fette sorgen für reibungsloses Gleiten der verdauten Nahrungsreste durch den Darm. Fettreduzierte beziehungsweise fettfreie Diäten können deshalb auch zu Verstopfung führen.

BALLASTSTOFFE MIT UNTERSCHIEDLICHEN WIRKUNGEN

Alle Ballaststoffe werden zwei Gruppen zugeordnet: der wasserlöslichen und der wasserunlöslichen.

Ihre Wirkungen sind unterschiedlich und haben auch bei Verstopfung verschiedene Auswirkungen: Wasserunlösliche Ballaststoffe fungieren hauptsächlich als Füllstoffe. Sie erhöhen die Masse des Stuhls, verbessern aber nicht seine Gleitfähigkeit. Wenn Sie ausreichend trinken, keine festsitzenden Kotsteine den Durchgang blockieren oder Sie nicht durch eine Operation oder eine Erkrankung eine Darmverengung haben, profitieren Sie auf jeden Fall von diesen Ballaststoffen, die vor allem in Vollkornprodukten und Kleie vorkommen. Doch leiden Sie stark unter Blähungen, können sich diese Beschwerden noch verstärken. Dagegen befinden sich wasserlösliche Ballaststoffe in Obst, Gemüse, Floh- oder Leinsamen. Sie wirken hauptsächlich als Quellstoffe und machen den Stuhl gleitfähig, sodass er Engstellen besser passieren kann. Daneben sind sie Nahrung für die nützlichen Darmbakterien und unterstützen damit eine gesunde Darmflora.

Blähungen, die durch Ballaststoffe verursacht sind, können übrigens durch Sauermilchprodukte wie Joghurt,

Quark oder Kefir in den Griff zu bekommen sein. Sauermilchprodukte sind sowieso ein wirksames Mittel gegen Ihre Beschwerden. Regelmäßig genossen verbessern sie erwiesenermaßen die Stuhlkonsistenz und -häufigkeit.

Von morgens bis abends lecker essen

FRÜHSTÜCK

Schon vor dem Frühstück können Sie Ihren Darm durch das Trinken von einem Glas lauwarmem Wasser anregen. Und denken Sie schon morgens daran, ihn mit Ballaststoffen in Schwung zu bringen.

Grobes Vollkornbrot, am besten sogar mit verdauungsfördernden Leinsamen, ist ideal, während Weißbrot die Verstopfung sogar noch fördern würde. Je gröber das Getreide vermahlen wurde, umso besser. Darauf zum Beispiel etwas Kräuterquark, denn das Sauermilchprodukt reguliert Ihre Darmflora. Auch Pflaumenmus hat einen abführenden Effekt.

Cornflakes sind kein ideales Frühstück, da sie stopfen. Aber mit einem Haferflockenmüsli, mit Naturjoghurt angerührt, tun Sie Ihrem Darm Gutes. Rühren Sie auch etwas Weizenkleie darunter, diese aktivieren ebenfalls Ihren Darm. Damit Sie die ungewohnte Kost gut vertragen, führen Sie sie schrittweise ein. Und trinken Sie dazu viel. Dazu etwas Obst, gern dürfen es auch Trockenfrüchte sein. Nur Bananen und Heidelbeeren wirken stopfend, auf die verzichten Sie besser.

Kaffee wirkt abführend, ist also für Sie nicht nur Muntermacher, sondern auch eine Hilfe gegen Ihre Beschwerden, während lange gezogener schwarzer und grüner Tee sowie Kakao genau den gegenteiligen Effekt haben. Lässt man den Tee aber nicht länger als drei Minuten ziehen oder verzichtet ganz, können sich die Beschwerden schon bessern.

ZWISCHENMAHLZEITEN

Zwischendurch darf es wieder ein Sauermilchprodukt wie Joghurt, Kefir, Dickmilch oder Quark sein. Schnippeln Sie ein paar Früchte hinein und sorgen Sie mit Leinsamen, Flohsamen oder Kleie für einen guten Ballaststoffgehalt. Geben Sie noch einen Esslöffel Milchzucker dazu. Wenn Sie lieber Brot mögen, wählen Sie wieder ein ballaststoffreiches aus Vollkorn. Am Vortag eingeweichtes Trockenobst eignet sich gut zum Nebenherknabbern. Genießen Sie viel Obst und Gemüse, am besten als Rohkost, dazu vielleicht noch einen Dip aus Schmand oder Quark. Besonders gut ist Sauerkraut, vielleicht mögen Sie es ja roh, dann wirkt es am besten. Auch als Saft ist es hilfreich. Und trinken Sie viel!

MITTAGESSEN

Fleisch, Fisch und Eier verlangsamen die Darmpassage, deshalb reduzieren Sie deren Verzehr am besten zugunsten größerer Mengen Gemüse. Schließlich sollten Sie auch die Ballaststoffe nicht vergessen. Gemüse und Hülsenfrüchte dürfen Sie also auf den Tisch bringen, wenn sie bei Ihnen keine Blähungen auslösen. Kohlsorten müssen Sie ausprobieren. Wenn sie bei Ihnen starke Blähungen auslösen, verzichten Sie lieber. Dagegen sind Sauerkraut und anderes milchsaures Gemüse, besonders roh, für Sie wie Medizin – schmecken aber viel besser!

Auch Kartoffeln sind gut, besser als Reis oder Nudeln. Wenn Sie Reis, Nudeln und andere Teigwaren essen möchten, denken Sie auch dabei an den Ballaststoffgehalt und wählen Sie immer die Vollkornvariante. Weißer Reis ist wegen seiner stopfenden Eigenschaft nicht gut.

Bringen Sie häufiger Rohkostsalate, die Sie mit Nüssen und Samen aufpeppen, auf den Tisch. Und rühren Sie die Dressings öfter mit saurer Sahne, Schmand oder Joghurt an.

Fertiggerichte sind bei Verstopfung in der Regel nicht förderlich. Wenn Sie selbst kochen, bestimmen Sie, was reinkommt, und wissen genau, dass es Ihnen gut tut.

ABENDESSEN

Essen Sie nicht zu spät zu Abend und essen Sie nur leicht. Wie schon beim Frühstück ist Vollkornbrot eine gute Wahl. Wenn Sie den Quarkaufstrich vom Frühstück mochten, genießen Sie ihn auch zum Abendessen. Wurst braucht leider einen langen Verdauungsprozess, deshalb sollten Sie sie nicht zu häufig essen. Das gilt ebenfalls für Käse. Auch Eierspeisen wirken sich nicht gut auf Ihre Verdauung aus. Wählen Sie lieber eine leichte Gemüse- oder Linsensuppe oder einen Salat.

Wenn Sie sich ein Glas Wein dazu gönnen wollen, entscheiden Sie sich für Weißwein, denn Rotwein hat stopfende Eigenschaften.

Wenn Sie vor dem Fernseher eine Knabberei brauchen, dann keine Chips. Die sind auch in anderer Hinsicht ungesund. Ungesalzene Nüsse oder Mandeln oder etwas klein geschnittenes Obst oder Gemüsesticks mit einem Dip aus einem Sauermilchprodukt vertragen Sie viel besser. ▶

▸ FAZIT: UNBESCHWERT BEI VERSTOPFUNG

Wenn keine organische Ursache der Grund ist, ist Verstopfung häufig ernährungsbedingt. Zwei Aspekte sind hier besonders wirksam: eine ballaststoffreiche Ernährung und ausreichende Flüssigkeitszufuhr. Essen Sie dann noch regelmäßig und häufiger am Tag, stehen die Chancen bestens, die Verdauung wieder in Schwung zu bringen.

DIE REZEPTE

Besonders ballaststoffreiche Rezepte verhelfen Ihnen wieder zu einer geregelten Verdauung. Diese Rezepte sind mit ++ gekennzeichnet und sollten oft bei Ihnen auf den Teller kommen.

Andere Rezepte sind für Sie ebenfalls geeignet, weil sie nicht stopfend wirken. Sie sind mit + markiert. Manche werden durch Abwandlungen für Sie besser verträglich (markiert mit *).

Alle Rezepte, die Ihre Verdauung nicht fördern würden, sondern noch träger machen können, sind mit – markiert.

„Auch Bewegungsmangel kann zu Verstopfung führen. Aber schon mit zwei Scheiben Vollkornbrot oder zwei Esslöffeln geschrotetem Leinsamen im Joghurt lässt sie sich meist kompensieren."

Ernährungsempfehlung bei Darmträgheit und Verstopfung

(+)

FRÜHSTÜCK

- \+ grobes Vollkornbrot, besonders mit Leinsamen
- \+ Joghurt, Quark, Kefir, Buttermilch
- \+ Pflaumenmus
- \+ Haferflockenmüsli
- \+ Weizenkleie, Flohsamen, Leinsamen
- \+ Trockenfrüchte
- \+ Kaffee
- \+ schwarzer und grüner Tee (kurz gezogen)
- \+ Obst
- \+ Nüsse, Mandeln, Samen

ZWISCHENMAHLZEITEN

- \+ grobes Vollkornbrot, besonders mit Leinsamen
- \+ Trockenfrüchte
- \+ Weizenkleie, Flohsamen, Leinsamen
- \+ schwarzer und grüner Tee (kurz gezogen)
- \+ Joghurt, Quark, Kefir, Buttermilch
- \+ Obst
- \+ Nüsse, Mandeln, Samen

MITTAGESSEN

- \+ Gemüse
- \+ Sauerkraut
- \+ Hülsenfrüchte
- \+ Kartoffeln
- \+ Vollkornreis
- \+ Vollkornnudeln
- \+ Rohkost

ABENDESSEN

- \+ grobes Vollkornbrot, besonders mit Leinsamen
- \+ Joghurt, Quark, Kefir, Buttermilch
- \+ schwarzer und grüner Tee (kurz gezogen)
- \+ Weißwein

(–)

FRÜHSTÜCK

- – Bananen
- – Heidelbeeren
- – schwarzer und grüner Tee (lange gezogen)
- – Kakao
- – Eier
- – Wurst
- – Käse

ZWISCHENMAHLZEITEN

- – schwarzer und grüner Tee (lange gezogen)
- – Wurst
- – Käse
- – Chips

MITTAGESSEN

- – Fertiggerichte
- – Eier
- – Käse

ABENDESSEN

- – schwarzer und grüner Tee (lange gezogen)
- – Eier
- – Wurst
- – Käse
- – Chips
- – Rotwein

S. 140

S. 146

S. 154

S. 186

S. 194

S. 208

S. 262

S. 270

S. 278

SODBRENNEN

Brennen hinterm Brustbein, saures Aufstoßen, Magendrücken: Oft ist das nur unangenehm, manchmal aber auch schmerzhaft. Die meisten kennen diese Beschwerden als Folge eines fetten, schweren Essens und wissen, dass sie nach einer gewissen Zeit auch wieder vorbei sind.

Sodbrennen ist aber nicht immer so harmlos, denn eine mehr oder weniger ernsthafte Erkrankung kann dahinterstehen. Wenn Sie also regelmäßig, das heißt einmal bis mehrfach in der Woche – und das über einen längeren Zeitraum – unter Sodbrennen leiden, kann der Besuch beim Arzt angesagt sein: Er muss abklären, ob das Sodbrennen das Symptom einer Erkrankung ist.

Besonders häufig tritt Sodbrennen als Hauptsymptom der sogenannten Rückfluss- oder Refluxkrankheit auf, bei der Magensäure in die Speiseröhre gelangt. Da diese Erkrankung in den vergangenen Jahrzehnten unheimlich zugenommen hat, sprechen Mediziner sogar von einer der Krankheiten des 21. Jahrhunderts. Bis zu 20 Prozent aller Erwachsenen in Industrieländern haben mehrmals wöchentlich oder sogar täglich damit zu tun. Das bedeutet nicht nur eine Einschränkung der Lebensqualität, sondern kann auch organische Schäden verursachen – schließlich ist die Speiseröhre einem immer wiederkehrenden Säureangriff ausgesetzt.

Als Soforthilfe können Sie natürlich wie die meisten Sodbrennen-Geplagten zu säurehemmenden Medikamenten oder zu sogenannten Protonenpumpenblockern greifen. Aber nicht alle sind für die dauerhafte Behandlung geeignet und die Behandlung damit bedarf der ärztlichen Beobachtung. Es geht aber auch anders: In leichten Fällen schaffen die richtigen Lebensmittel auf natürliche Weise Abhilfe und Sie fühlen sich bald wieder wohler. Bei schweren Fällen kann eine Kombination aus Medikamenten und verbesserter Ernährung nötig sein.

Egal, ob Ihr Sodbrennen nur die Folge eines üppigen Mahls ist oder Sie unter einer Erkrankung mit diesem Symptom leiden: Schon im Vorfeld können Sie vermeiden, dass es überhaupt zu den Beschwerden kommt – mit einer säurehemmenden Ernährung. Kochen und essen Sie magenfreundlich, dann werden Sie auch wieder Genuss ohne anschließende Reue verspüren können.

WAS IST SODBRENNEN UND WIE ENTSTEHT ES?

Der Grund für das brennende Gefühl in der Magengegend, das mitunter sogar bis in den Rachen steigt, für saures Aufstoßen, bei dem manchmal auch etwas unverdaute Speise mitkommt, und für den Druck in der Magengegend ist die aufsteigende Magensäure. Sie ist eine sehr wirksame Säure, die die Nahrung vorverdaut, Bakterien abtötet und die Aufnahme von Vitamin B_{12} und Eisen verbessert, bevor die Nahrung in den Darm weiterwandert. Magensäure gehört nur in den Magen, der sich durch eine Schutzschicht vor Verätzung schützt. Tritt aber etwas von dieser starken Säure aus dem Magen in die Speiseröhre aus, bekommen wir das unangenehm zu spüren.

Solange die verstärkte Säureproduktion nur hin und wieder vorkommt und die harmlose Folge einer üppigen, fettreichen oder süßen Mahlzeit ist, die den Magen gereizt hat, sind keine Folgeschäden zu befürchten. Der Magen wehrt sich einfach mit der verstärkten Produktion von Säure, um diese Ladung verdauen zu können, und kann sich gleichzeitig nicht schnell genug entleeren.

Doch immer wiederkehrende Säureattentate können dazu führen, dass die Speiseröhre regelrecht verätzt wird, und eine Vorstufe von Speiseröhrenkrebs verursachen. Das ist alles andere als harmlos!

Oft steht die Refluxkrankheit hinter den Beschwerden. Bei dieser weit verbreiteten Krankheit ist der Schließmuskel, der die Speiseröhre vor dem sauren Mageninhalt schützt, zu schwach oder seine Funktion ist gestört. Dann kann Mageninhalt in die Speiseröhre zurückfließen und dort das saure Brennen verursachen. Es kann auch sein, dass die Speiseröhre selbst nicht in der Lage ist, den Mageninhalt zurückzupressen.

Auch Rauchen vermindert die Muskelspannung und könnte damit als Ursache eine Rolle spielen. Ein weiterer wesentlicher Faktor ist Übergewicht, denn wenn der Magen durch Fett im Bauchraum nach oben gedrängt wird, der Magen und sein Inhalt also wortwörtlich in Bedrängnis kommen, steigt die Magensäure zwangsläufig nach oben. Schwangere kennen dieses Symptom ebenfalls als Folge des hochgedrückten Magens. Prüfen Sie auch, ob Stress eine Ursache sein könnte, denn dann verkrampft der Magen und produziert in der Folge verstärkt Säure.

Was kann ich mit Ernährung erreichen?

Wenn Sie von Übergewicht betroffen sind, sollten Sie jetzt etwas dagegen unternehmen. Ihre Chancen, dass die Beschwerden mit Ihrem Körpergewicht abnehmen, ▸

sind groß: Mit einer gesunden, ausgewogenen Ernährung und regelmäßiger Bewegung schwinden die Pfunde und damit auch der Druck auf den Magen. Schon durch diese Maßnahme kann das Sodbrennen versiegen und sich Ihre Lebensqualität in vieler Hinsicht verbessern. Rauchen Sie? Versuchen Sie, es sich abzugewöhnen. Vielleicht hat auch die Wirkung des Nikotins Ihre Beschwerden verursacht. Und vermeiden Sie Stress, versuchen Sie, entspannter zu leben. So kann sich auch Ihr Magen entspannen.

Beobachten Sie genau, nach welchen Lebensmitteln Sie Sodbrennen bekommen, und lassen Sie diese in Zukunft weg. Am besten führen Sie über ein paar Wochen ein Ernährungs- und Symptomtagebuch, in dem Sie notieren, was Sie gegessen und getrunken haben und wie die äußeren Umstände und Ihre Reaktion darauf waren. Nehmen Sie bei Ihren Selbstbeobachtungen besonders die Lebensmittel ins Visier, die von vielen Menschen mit Sodbrennen nicht vertragen werden.

Belasten Sie Ihren Magen nicht mit Lebensmitteln, die zusätzlich Säure mitbringen beziehungsweise die Magensäureproduktion anregen. Dazu gehören Kaffee, schwarzer Tee, Cola, Alkohol, Tomaten – besonders in konzentrierter Form als Tomatenmark, -ketchup und -pulver oder getrocknete Tomaten –, Süßes, Zitrusfrüchte, scharfe Gewürze und Schokolade. Auch Pfefferminze ist säurefördernd, saure Fruchtsäfte ebenfalls. Zu kalte oder zu heiße Speisen fordern den Magen zur Produktion von Magensäure auf. Meiden Sie schwerverdauliches Essen, also fettes, geräuchertes und gepökeltes Fleisch, Frittiertes und Mayonnaisen. Zwiebeln, Knoblauch und Essiggemüse wirken sich auch ungünstig aus. Kohlensäure aus Getränken kann ebenfalls ein Auslöser von Sodbrennen sein.

Mehrere kleine Mahlzeiten am Tag sind für Sie vielleicht besser verträglich als wenige üppige. Kauen Sie gründlich. Besonders abends, spätestens drei Stunden vor dem Schlafengehen sollten Sie nicht mehr so viel essen, denn im Liegen können sich die Symptome verstärken. Kochen Sie fettarm und schonend.

AKUTMASSNAHMEN

Als Akutmaßnahme gegen das Sodbrennen kauen Sie sehr gründlich eine Handvoll rohe Haferflocken. Die gleiche Wirkung kann eine Handvoll Mandeln oder Nüsse haben, ebenfalls so gut zerkaut, bis sie breiig sind. Auch ein paar gut zerkaute Wacholderbeeren helfen. Manchen hilft ein Löffel Joghurt, der eine Weile im Mund behalten wird, oder ein Glas warme Milch – kalte Milch wäre kontraproduktiv. Kartoffelsaft aus einer (nicht mehr!) roh geriebenen Kartoffel, die man durch ein Tuch ausdrückt, bindet die Magensäure. Auch Möhrensaft ist dazu in der Lage. Ballaststoffe in Form von Kleie können den Druck im Bauchraum reduzieren und damit den Magensaft am Aufsteigen hindern.

Beruhigen Sie den Magen mit Magen- und Darmtees. Kamille, Fenchel, Malve, Eibisch und Süßholzwurzel (zum Beispiel in Lakritz) lindern möglicherweise die Beschwerden. Mineralwasser mit einem hohen Anteil an Hydrogenkarbonat kann sehr gut helfen, ebenso aufgelöste Heilerde.

Von morgens bis abends lecker essen

FRÜHSTÜCK

Frische, noch ofenwarme Brötchen zum Frühstück? Leider könnte frisches Gebäck das Sodbennen fördern, deshalb ersetzen Sie es lieber durch Brot, das schon mindestens einen Tag alt ist. Getoastet kann es nicht nur die frischen Brötchen würdig ersetzen, sondern wird für Sie auch noch besser verträglich. Vollkorn ist im Sinne einer gesunden Ernährung immer besser als Brot aus weißem Mehl. Entscheiden Sie sich aber nicht für ein grobes Brot, sondern für solches aus fein gemahlenem Mehl.

Milde Käsesorten und süße Brotaufstriche wie Konfitüre und Honig sind meistens ebenfalls gut verträglich. Doch lange gereifter Käse könnte bei Ihnen Sodbrennen auslösen, ebenso Wurst, besonders die fetten und geräucherten Sorten.

Ein Müsli aus den besonders gut bekömmlichen Haferflocken mit reifen Früchten, Bananen, Nüssen und Milch oder mildem Joghurt liefert Ihnen viele Vitamine, Mineral- und Ballaststoffe und reizt Ihren Magen nicht. Wenn Sie das gut vertragen, ist natürlich auch Joghurt oder Quark mit Früchten für Sie geeignet.

Besonders sanft zu Ihrem Magen ist ein warmer Brei aus Hafer- oder Dinkelflocken, dazu etwas reifes Obst.

Lieben Sie es üppig, auf amerikanische Art, dann essen Sie sich an Pfannkuchen satt. Gebratener Speck ist zu fett und eignet sich nicht.

Ein Orangensaft enthält zwar viel gutes Vitamin C, aber leider auch Säure, die Ihren Magen reizen könnte. Das gilt auch für viele andere Fruchtsäfte. Doch es gibt auch besonders milde Orangen- oder Apfelsäfte sowie Säfte aus exotischen Früchten wie Mango-, Maracuja- oder Papayasaft, die ebenfalls besser vertragen werden können. Kaffee und Kakao regen die Säureproduktion im Magen an und sind vielleicht keine besonders geeigneten Getränke für Sie. Doch das ist individuell verschieden, Sie müssen es testen. Reagieren Sie negativ, dann versuchen Sie, davon wenig zu trinken. Besser verträglich sind Kamillen-, Malven- oder Eibischtee – ob diese Sorten für Sie zum Frühstück infrage kommen? Wenn nicht, steigen Sie auf eine andere Teesorte um. Nur schwarzer Tee und Pfefferminztee sollten es nicht sein, denn auch sie fördern das Sodbrennen.

ZWISCHENMAHLZEIT

Essen Sie einige Zwischenmahlzeiten am Tag, denn dann belasten Sie Ihren Magen weniger, als wenn Sie ihn ausgehungert bei den Hauptmahlzeiten überfüllen. Gönnen Sie sich zwei- bis dreimal täglich einen kleinen Snack, zum Beispiel einen Salat. Allerdings keine Rohkost, denn rohes Gemüse ruft einen Säureüberschuss hervor. Besonders Gurkensalat wird oft nicht gut vertragen. Salate aus gekochten Zutaten, ohne fette Mayonnaise, sondern mit einem weniger fettigen Dressing mit guten pflanzlichen Ölen zubereitet, sind besser. Und nehmen Sie wenig Essig beziehungsweise Zitronensaft für das Dressing.

Frisches Gebäck kann ebenfalls Sodbrennen hervorrufen. Solches vom Vortag ist eventuell besser verträglich, probieren Sie es aus. Alles, was sehr fett ist, also frittierte Pommes oder Sahnetorten, ist nicht gut für Sie, denn es lockt Magensäure an. Das gilt auch für viele Süßigkeiten, besonders für Schokolade.

Gut verträglich ist meist milder Joghurt, Kefir oder ein anderes mildes Milchprodukt – gern mit reifen Bananen, Beeren oder anderen nicht zu sauren Früchten.

Eine Handvoll Nüsse oder Mandeln kann auch ein leckerer Snack sein. Wenn Sie diese sehr lange kauen, wirken sie wie Medizin gegen Ihr Sodbrennen.

MITTAGESSEN

Gekochtes Gemüse ist allgemein verträglicher als Rohkost. Besonders gekochte Kartoffeln und Möhren eignen sich, gerade, wenn sie püriert sind. Aber frittiert oder mit viel Fett zubereitet sind sie nicht für Sie geeignet. Sellerie ist ein wirksames Mittel gegen Sodbrennen, und zwar – hier eine Ausnahme von der Regel –, wenn er roh gegessen wird. Tomaten dagegen bringen zu viel Säure mit. Außerdem sollten Sie Kohlgemüse, Paprika und Zwiebeln meiden.

Auch Fleisch oder Fisch sollten fettarm und mit wenig Fett zubereitet sein – also gekocht, gedünstet oder in Folie gegrillt. Dann dürfen sie gern öfter auf Ihren Teller. Doch fette Sorten oder Wurst vertragen Sie womöglich nicht gut. Gepökelte und geräucherte Fleisch- und Wurstwaren locken ebenfalls die Säure.

Würzen Sie vorsichtig und nicht zu scharf, denn auch das kann Sodbrennen verursachen. Gewürze wie Pfeffer, Chili, Senf oder Meerrettich sollten Sie sparsam und selten einsetzen. Knoblauch und Zwiebeln vermeiden Sie besser. Nutzen Sie lieber den Aromareichtum von Kräutern. Kartoffeln, Nudeln und Reis – die beiden letztgenannten möglichst in der vollwertigen Version – werden allgemein gut vertragen, wenn sie mit wenig Fett zubereitet sind.

Nicht zu fetter und nicht zu lange gereifter Käse ist eine tolle und gut verträgliche Zutat, zum Beispiel zum Überbacken oder im Salat. Doch es sollte ein milde, nicht zu scharfe Sorte sein.

Bei Fertiggerichten müssen Sie vorsichtig sein, denn Geschmacksverstärker und Hefeextrakte können ebenfalls Sodbrennen auslösen. Bereiten Sie Ihr Essen frisch zu, dann können Sie auf solche Zusätze verzichten.

ABENDESSEN

Essen Sie frühzeitig, am besten spätestens drei Stunden vor dem Schlafengehen.

Auch abends kommen Sie mit nicht allzu frischem Brot, das Sie gern toasten dürfen, besser klar als mit frischem. Darauf wieder milder, nicht zu fetter Käse oder eine magere Wurstsorte – allerdings weder geräuchert noch gepökelt. Auch magere Fischkonserven, mild eingelegt, können Sie vielleicht gut vertragen. Milde Aufstriche mit Gemüse, Pilzen und Getreide können Sie ausprobieren. Achten Sie jedoch darauf, dass es gut verträgliche Gemüsesorten und dass weder Zwiebeln noch Knoblauch enthalten sind.

Ein Kräutertee, der allerdings keine Pfefferminze enthalten sollte, könnte Ihnen auch gut tun. Besonders toll: Kamillen-, Malven- oder Eibischtee. Mögen Sie lieber kalte Getränke? Nehmen Sie nicht welche direkt aus dem Kühlschrank, denn sind sie zu kalt, wird Sodbrennen gefördert. Dasselbe gilt für Kohlensäure. Wählen Sie also lieber stilles Mineralwasser. Cola fördert die Magensäurebildung und ist deshalb kein gutes Getränk für Sie. Alkohol ist allgemein nicht förderlich bei Beschwerden mit Sodbrennen. Wenn es ein Gläschen Alkoholisches sein soll, entscheiden Sie sich für Bier. Leider wird gerade Wein, besonders Rotwein und säurereicher Weißwein, häufig nicht gut vertragen. ▶

FAZIT: UNBESCHWERT MIT SODBRENNEN

In harmlosen und nur hin und wieder auftretenden Fällen von Sodbrennen können einige Akutmaßnahmen helfen, das Aufsteigen des sauren Magensaftes einzudämmen. Neigen Sie dazu, dann meiden Sie säureproduzierende Nahrungsmittel und solche, die selbst schon sauer sind. Und bringen Sie ein paar Pfund zu viel auf die Waage, hat Abnehmen eine sehr positive Wirkung, indem es den Magendruck senkt. Doch leiden Sie häufig und regelmäßig unter dem lästigen Symptom, ist dringend ärztliche Aufklärung gefragt.

DIE REZEPTE

Rezepte mit Zutaten, die im Allgemeinen kein Sodbrennen auslösen, sind mit + markiert. Doch schauen Sie sich die Rezepte genau an, denn es ist individuell verschieden, was vertragen wird. Abwandlungen, die sonst eher ungeeignete Rezepte für Sie vielleicht besser verträglich machen, finden Sie unter der Markierung *.

Bei mit – gekennzeichneten Rezepten werden entweder Zutaten verwendet, die eine vermehrte Säureproduktion verursachen oder selbst sauer sind, oder es kommt eine für Sie ungeeignete Zubereitungsart zum Einsatz. Diese Rezepte würden Ihre Beschwerden verstärken und sind für Sie nicht empfehlenswert.

„Sich krank zu essen oder aber durch Essen gesund zu werden, geht in etwa gleich schnell. Krankheit kann allerdings irgendwann chronisch werden, Gesundheit leider nicht."

„Als Akutmaßnahme gegen das Sodbrennen kauen Sie sehr gründlich eine Handvoll rohe Haferflocken. Die gleiche Wirkung kann eine Handvoll Mandeln oder Nüsse haben – ebenfalls so gut zerkaut, bis sie breiig sind. Auch ein paar gut zerkaute Wacholderbeeren helfen.“

Ernährungsempfehlung bei Sodbrennen

(+)

FRÜHSTÜCK
+ Vollkornbrot, fein gemahlen (mindestens einen Tag alt; getoastet)
+ milder Käse
+ Konfitüre, Honig
+ Haferflockenmüsli
+ Hafer- oder Dinkelbrei
+ reifes Obst (besonders Bananen und Beeren)
+ Nüsse, Mandeln, Samen
+ Milch, milder Joghurt, Quark, Kefir, Buttermilch
+ Pfannkuchen
+ Eier
+ exotische Säfte (Mango, Papaya, Maracuja)
+ Tee (Kamillen-, Malven-, Eibischtee)

ZWISCHENMAHLZEITEN
+ Salat
+ milder Joghurt, Quark, Kefir, Buttermilch
+ reifes Obst (besonders Bananen und Beeren)
+ Nüsse, Mandeln, Samen

MITTAGESSEN
+ Salat
+ Sellerie (auch roh)
+ Möhren (gekocht und püriert)
+ Kartoffeln (gekocht und püriert)
+ (Vollkorn-)Nudeln, (Vollkorn-)Reis

ABENDESSEN
+ Vollkornbrot, fein gemahlen (mindestens einen Tag alt; getoastet)
+ milder Käse
+ Salat
+ Fischkonserven
+ Quark, Kefir, Buttermilch
+ Pfannkuchen
+ Eier
+ Tee (Kamillen-, Malven-, Eibischtee)

(-)

FRÜHSTÜCK
- Bananen
- Heidelbeeren
- schwarzer und grüner Tee (lange gezogen)
- Kakao
- Eier
- Wurst
- Käse

ZWISCHENMAHLZEITEN
- schwarzer und grüner Tee (lange gezogen)
- Wurst
- Käse
- Chips

MITTAGESSEN
- Fertiggerichte
- Eier
- Käse

ABENDESSEN
- schwarzer und grüner Tee (lange gezogen)
- Eier
- Wurst
- Käse
- Chips
- Rotwein

S. 160

S. 172

S. 214

S. 222

S. 236

S. 256

S. 266

S. 274

S. 292

WECHSELJAHRES-
BESCHWERDEN

Hitzewallungen, Schlafstörungen, Unruhe und depressive Verstimmungen – kein Zweifel: Sie sind in den Wechseljahren. Aber nicht alle Frauen werden in dieser Zeit, in der der Körper beginnt, die Eierstöcke auf den Ruhestand vorzubereiten, von diesen und anderen unangenehmen Begleiterscheinungen geplagt. Manche sind sogar völlig beschwerdefrei. Das ist individuell verschieden. Doch so unangenehm diese Symptome sein können, gefährlich sind sie nicht. Nach den Wechseljahren verschwinden sie wieder. Das heißt aber nicht, dass Sie diese Zeit ohne Hilfe durchstehen müssen, denn es kann mehrere Jahre dauern, bis sich Ihr neuer Hormonstatus eingependelt hat.

Das Nachlassen der Hormonproduktion, das jetzt die verschiedenen Beschwerden verursacht, lässt sich durch Hormongaben teilweise auffangen. Damit werden auch die Beschwerden gelindert. Das geht medikamentös, ist aber auch über eine ganz gezielte Ernährung möglich. Bevor Sie also beim Arzt einer mit Nebenwirkungen behafteten Hormonersatztherapie zustimmen, versuchen Sie besser, Ihre Beschwerden mit Phytohormonen aus Nahrungsmitteln einzudämmen – das ist auch deutlich genussvoller und dabei natürlicher.

Aber es gibt noch eine weitere Änderung für Sie, denn die Risiken für einige Erkrankungen, vor denen Sie das Östrogen bisher ganz gut geschützt hat, steigen jetzt. Um diesen zu begegnen, braucht Ihr Körper nun von manchem mehr, von anderem weniger. Diesem veränderten Bedarf können Sie mit einer Änderung Ihrer Ernährungsweise gerecht werden. Zudem gibt es mit dem veränderten Hormonspiegel häufig noch andere Begleiterscheinungen, die von Dauer sind. Ob es die Gewichtszunahme ist oder Schwierigkeiten mit der Verdauung: Mit einer guten Ernährung können Sie sich gesund und schlank halten.

WAS SIND DIE WECHSELJAHRE?

Bis ins hohe Alter Kinder bekommen zu können, hat die Natur aus vielen guten Gründen für Frauen nicht vorgesehen. Deshalb beginnen die Eierstöcke meist irgendwann zwischen Ende 40 und Anfang 50, die Produktion des weiblichen Hormons Östrogen zu drosseln.

Östrogen steuert zusammen mit dem Hormon Progesteron den weiblichen Zyklus, um den Körper Monat für Monat auf eine mögliche Schwangerschaft vorzubereiten. Die Produktion des Hormons wird durch den Eisprung stimuliert. Wenn der Zeitpunkt kommt, zu dem die schon im Embryo angelegte Anzahl an Eizellen zur Neige geht, wird auch die Östrogenproduktion heruntergefahren.

Für den Körper entsteht eine Situation, die er nicht kennt. Er versucht, den Status quo wiederherzustellen, indem er verstärkt die Hormone ausschüttet, die den Eisprung hervorrufen. Eine Weile funktioniert diese Strategie: Es wird wieder mehr Östrogen produziert und Eizellen werden zum Reifen gebracht. Doch irgendwann ist der Vorrat an Eizellen endgültig erschöpft und die Östrogenproduktion lässt unwiederbringlich nach. Jegliches Gegensteuern durch Hormonmengen, die das Östrogen hochtreiben sollen, ist jetzt vergeblich. Irgendwann versteht das Hormonsystem des Körpers, dass eine neue Situation eingetreten ist. Die Hormonachterbahn beruhigt sich wieder und der Hormonhaushalt pendelt sich auf einem neuen Niveau ein. Die Wechseljahre sind vorüber.

WIE KOMMT ES ZU DEN BESCHWERDEN?

Die unterschiedlichen Beschwerden, die sich während dieser Zeit einstellen können, werden durch eines der wichtigsten Hormonsteuerungszentren verursacht: die Hirnanhangdrüse (Hypophyse). Diese Drüse sendet diejenigen Hormone aus, die im Eierstock das Östrogen stimulieren und seine Produktion bei nachlassender Leistung wieder anpeitschen.

Weil die Drüse ebenfalls zu vielen anderen Zentren im Körper Verbindungen hält, die die Körpertemperatur, den Kreislauf und selbst unser Gefühlsleben beeinflussen, kommt es bei einer Entgleisung ihrer Hormone auch an diesen Stellen zu Gleichgewichtsverschiebungen – also zu den berüchtigten Hitzewallungen, zu Schlafstörungen, Schwindelgefühlen, Herzjagen oder kribbelnden Gliedmaßen, zu depressiven Verstimmungen, Gereiztheit und Nervosität. All diese Symptome haben nur eine Ursache: schwankende Hormonausschüttungen der Hypophyse.

Etwa jede dritte Frau in den Wechseljahren leidet stark unter solchen Beschwerden, ein Drittel hat nur gelegentlich solche Symptome und ein weiteres Drittel merkt gar nichts von der Hormonumstellung. Frauen, die viel Sport treiben, sind im Allgemeinen besser vor Hitzewallungen geschützt – vielleicht, weil ihr Temperatur-Regulationssystem durch das Schwitzen beim Sport trainiert ist.

Dasselbe gilt übrigens erwiesenermaßen für Vegetarierinnen, wenn auch vermutlich aus einem anderen Grund. Vegetarierinnen haben von Haus aus einen niedrigeren Östrogenspiegel als Frauen, die über ihren Fleischkonsum Östrogene aufnehmen. Versiegt schließlich die Östrogenproduktion des Körpers, ist die Umstellung für sie nicht ganz so gravierend. ▶

▸ Doch für alle gilt, dass die Beschwerden sich verflüchtigen, sobald die Hormonumstellung abgeschlossen ist.

NACH DEN WECHSELJAHREN

Mit dem verminderten Östrogenspiegel gehen aber auch einige organische und Stoffwechselveränderungen einher, die dauerhaft sind. Das Hormon hat Sie gut vor einigen Erkrankungen geschützt, aber jetzt fehlt sein Schutz. Damit steigt Ihr Risiko für Osteoporose, denn das Östrogen hat bisher für eine ausreichende Kalziumeinlagerung in den Knochen gesorgt. Es hat auch Ihre Adern geschützt, indem es den LDL-Anteil des Cholesterins niedrig, den HDL-Anteil hoch sowie die Gefäße weit gehalten hat. Nun aber steigt das Risiko für Arteriosklerose und Herz-Kreislauf-Erkrankungen. Auch Alzheimer kann eine Folge sein.

Sie werden vielleicht feststellen, dass Ihre Verdauung empfindlicher geworden ist und Sie nicht mehr alles vertragen. Noch etwas macht der veränderte Hormonspiegel mit Ihnen: Er verlangsamt Ihren Stoffwechsel, sodass Sie eigentlich weniger Energie brauchen. Mit 50 Jahren braucht Ihr Körper etwa 400 Kalorien weniger als mit 25. Wenn Sie so essen wie bisher, wird sich das mit ziemlicher Sicherheit auf der Waage niederschlagen. Körperfett verlagert sich jetzt in den Bauchraum, was wiederum ein Risikofaktor für Herzinfarkte und Schlaganfälle sein kann.

Was kann ich mit Ernährung erreichen?

GEGEN WECHSELJAHRESBESCHWERDEN

Wenn Sie während der Wechseljahre von den typischen Beschwerden geplagt werden, ist Ihr erstes Ziel, diese lästigen Symptome loszuwerden. Mit Phytohormonen, genauer mit Phytoöstrogenen – also den Östrogenen aus Pflanzen – können Sie Linderung erreichen. Bei leichten bis mittelschweren Symptomen sind diese pflanzlichen Stoffe erste Wahl. Wenn Ihre Symptome aber sehr ausgeprägt sind, reicht das vermutlich nicht und Sie möchten vielleicht auf die Unterstützung entsprechender Medikamente für eine Hormonersatztherapie zurückgreifen.

Ja, auch Pflanzen besitzen Östrogene, die deren Wachstum und Entwicklung steuern. Sie sind in ihrer chemischen Struktur den menschlichen Östrogenen ähnlich und wirken auch so, allerdings sehr viel schwächer. Es ist aber nicht schwer, diese Östrogene in solchen Mengen aus der Nahrung aufzunehmen, dass sie schon eine positive Wirkung zeigen und die Beschwerden, die durch den verminderten Östrogenspiegel entstehen, tatsächlich lindern.

Man unterscheidet drei Arten von Phytoöstrogenen, die alle eine positive Wirkung für Sie haben können: Isoflavone, Lignane und Coumestane. Zeugnis von der heilsamen Wirkung der Isoflavone legen Millionen japanischer Frauen ab, unter denen Wechseljahresbeschwerden nahezu unbekannt sind. Sojabohnen haben einen recht hohen Gehalt an Isoflavonen, die besonders gut verfügbar sind – und die sind in Japan ein Grundnahrungsmittel, von dem Japanerinnen im Schnitt täglich 200 Gramm essen. Setzen Sie also jetzt häufiger Soja und Sojaprodukte wie Sojamehl, Tofu oder Sojamilch auf Ihren Speiseplan, dann kann Ihnen das helfen.

Doch wer mit diesen Produkten noch keine Erfahrung hat und womöglich eine Birkenpollenallergie hat, sollte anfangs sehr vorsichtig sein oder sogar beim Arzt Sojaprodukte austesten, denn die Chance einer allergischen Reaktion ist relativ hoch. Übrigens sind die Gehalte an den stärker verarbeiteten Produkten wie Sojamilch, Tofu oder Tempeh geringer, mehr Isoflavone bietet dagegen die ganze Bohne oder das daraus gewonnene Sojamehl. Auch andere Hülsenfrüchte wie Kichererbsen und Bohnen sind reich an Isoflavonen, daneben auch manche Gemüse. Sprossen von Hülsenfrüchten und Getreiden enthalten ebenfalls viele dieser Stoffe. Vielleicht vertragen Sie heimische Pflanzen besser, dann sind Leinsamen, Kohl und Sprossen für Sie besser als Soja.

Die beiden anderen Gruppen – Lignane und Coumestane – finden Sie ebenfalls in Hülsenfrüchten, Samen, in Vollkorngetreide und getreideähnlichen Pflanzen, Gemüse und Obst.

Für die Zeit der Wechseljahre wird übrigens eine vegetarische Ernährung sehr empfohlen. Schließlich hat sich gezeigt, dass Vegetarierinnen im Schnitt sehr viel weniger von Wechseljahresbeschwerden betroffen sind als Gemischtköstlerinnen. Wenn Sie Lust haben, die Vorzüge und Qualitäten der frischen vegetarischen Küche kennenzulernen, ist jetzt die beste Gelegenheit dazu.

GEGEN DIE FOLGEN DER HORMONUMSTELLUNG

Gleichzeitig können Sie schon zu Beginn der Wechseljahre anfangen, Ihre Ernährung so umzustellen, dass der Wegfall des Schutzes durch Östrogen aufgefangen wird. Was waren noch die Folgen? Richtig: Der Cholesterinspiegel steigt und damit die Gefahr für Arteriosklerose, also einer Verengung und Verstopfung der Adern. Die Kalziumeinlagerung in die Knochen wird jetzt weniger gefördert, Ihr Energieverbrauch sinkt und es kann sein, dass Ihre Verdauung empfindlicher wird.

All dem können Sie gezielt mit einer gesunden Ernährung begegnen. Was bei hohem Cholesterinspiegel gut hilft, lesen Sie im entsprechenden Kapitel ab Seite 82. Im Zentrum stehen die Omega-3-Fettsäuren – und die bekommen Sie praktischerweise aus einigen Lebensmitteln, die auch viele Phytoöstrogene haben: aus gesunden Ölen und Samen. Leinsamen ist ein besonderes Highlight. Sein Öl hat eine sehr gute Zusammensetzung an Omega-3-Fettsäuren und dazu gleichzeitig einen hohen Lignangehalt.

Auch Ballaststoffe sind nun besonders gut für Sie, nicht nur wegen ihrer positiven Wirkung auf den Cholesterinspiegel, sondern auch, weil sie Sie schlank halten. Da Ihr Energieverbrauch jetzt sinkt, müssen Sie weniger Energie aufnehmen. Doch wenn Sie einfach weniger essen, laufen Sie Gefahr, nicht genug Nährstoffe aufzunehmen. Auf das ständige Hungergefühl hätten Sie sicher auch keine Lust – wo bliebe da der Genuss? Es muss also einen anderen Weg geben, lecker zu essen und doch dabei nicht zuzunehmen. Und den gibt es. Er heißt: Lebensmittel mit geringer Energiedichte. Und das heißt: mehr Wasser und Ballaststoffe, weniger Fett.

Und siehe da: Auf manche ballaststoffreiche Lebensmittel haben Sie schon Ihren Fokus gerichtet, denn einige von ihnen sind auch reich an Phytoöstrogenen, zum Beispiel Hülsenfrüchte, Vollkorngetreide, Obst und Gemüse. Aber auch Salate besitzen mehr oder weniger viel Wasser und damit eine geringe Energiedichte.

Was können Sie für Ihre Knochen tun? Zunächst einmal mehr Kalzium essen, das in Milch sowie Milchprodukten und besonders in grünem Gemüse, Nüssen und Samen steckt. Damit die Knochen Kalzium einbauen können, brauchen Sie Vitamin D. Ab Seite 28 erfahren Sie im Kapitel über Erschöpfung, welche Lebensmittel besonders viel Vitamin D enthalten. Auch das Tageslicht ist für die Vitamin-D-Produktion wichtig, wie Sie ebenfalls ab Seite 28 lesen können.

Wenn sich bei Ihnen Verdauungsstörungen bemerkbar machen, liegt das ebenfalls am mangelnden Östrogen. Vielleicht vertragen Sie Rohkost nicht mehr so gut, auch Müsli kann Schwierigkeiten bereiten. Manche Frauen reagieren nur auf kräftige Kohlsorten, vertragen milderes Gemüse jedoch noch roh. Sie müssen es ausprobieren. Was Sie jetzt nicht mehr roh vertragen, ist schonend gedämpft oder in wenig Wasser gegart vielleicht noch bekömmlich. Auch Blanchieren kann ausreichen.

Den meisten Lebensmitteln sind Sie wegen ihres Gehalts an guten Inhaltsstoffen in diesem Kapitel gleich mehrmals begegnet. Daran sehen Sie schon, dass es überhaupt nicht kompliziert ist, sich während der Wechseljahre optimal und mit Genuss zu ernähren.

Wenn Sie bisher eher eine Couch-Potato waren, geben Sie sich spätestens jetzt einen Ruck zu regelmäßiger körperlicher Aktivität. Diese erweist sich bei Wechseljahresbeschwerden als sehr wirksam und gilt als eine gute Vorbeugungsmaßnahme gegen viele Stoffwechselerkrankungen und letztlich auch gegen Gewichtszunahme. Sie werden schnell merken, wie gut Ihnen Bewegung tut.

Von morgens bis abends lecker essen

FRÜHSTÜCK

Der Morgen darf mit einem Müsli mit Früchten und Nüssen, besser noch mit einem Löffel Leinsamen beginnen, wenn Sie es vertragen. Besonders lignanreich sind Äpfel, Beeren, Birnen und Kirschen. So bekommen Sie schon eine Menge Ballaststoffe und Phytoöstrogene. Entscheiden Sie sich für Milch oder Joghurt ins Müsli, leisten Sie einen guten Beitrag für Ihre Kalziumversorgung. Oder Sie wählen Soja-, Reis- oder Hafermilch, die Isoflavone mitbringt. Es ist gut möglich, dass Sie das Müsli besser vertragen, wenn Sie die Flocken schon am Vorabend in Milch oder Joghurt einweichen. Ist Müsli für Sie dennoch schlecht verträglich, steigen Sie auf einen warmen Vollkorngrießbrei, einen Dinkel- oder Hirseflockenbrei mit blanchiertem Obst um.

Wenn Sie lieber Brot mögen, wählen Sie natürlich Vollkorn. Bei Verdauungsproblemen kann das Toasten helfen. Bestreichen Sie das Brot mit einer speziellen Butter: Mischen Sie unter leicht erwärmte Butter etwa ein Fünftel Leinöl und bewahren Sie sie im Kühlschrank auf. Als Belag nichts Kalorienreiches. Viele Käse- und Wurstsorten haben leider eine hohe Energiedichte. Käse ist immerhin gut für Ihre Kalziumversorgung, darf also sein, dann aber lieber Frisch- als Hartkäse. Gut und lecker sind pflanzliche Aufstriche, die außerdem Phytoöstrogene und Ballaststoffe liefern. ▶

- Probieren Sie Salbeitee gegen Hitzewallungen, wenn Ihnen der Geschmack morgens zusagt. Er ist sehr wirksam gegen übermäßiges Schwitzen. Auch andere Pflanzenextrakte können Sie als Tee genießen, zum Beispiel Johanniskraut, Hopfen, Weißdorn, Frauenmantel und Mönchspfeffer.

MITTAGESSEN

Denken Sie an die geringere Energiedichte. Wählen Sie zum Beispiel einen Salat als Vorspeise oder etwas Gemüse als Suppe. Ergänzen Sie Salat oder Hauptspeise fruchtig mit Obststücken oder genießen Sie Obst als Nachtisch. Nebenbei: Das alles ist mit seinen Ballaststoffen auch ein guter Herzschutz.

Das beste Dressing für Ihren Salat ist mit Leinöl gemacht, das einen hervorragenden Lignangehalt aufweist und Omega-3-Fettsäuren enthält. Verfeinern Sie so viele Gerichte wie möglich mit einem Löffel Leinöl, am besten täglich. Der tägliche Teelöffel Leinöl ist für Sie ein doppelter Gewinn und bringt mit seinem kräftigen Geschmack auch eine ganz besondere Note in Ihr Essen. Wenn Sie die nicht mögen: Es gibt speziell behandelte, sehr milde Leinöle.

Auch Sprossen, besonders Alfalfa-, Senf- und Kressesprossen, peppen Salate und Gemüsegerichte mit Phytoöstrogenen auf. Genießen Sie öfter mal die knackige Frische von Sprossen.

Wenn Sie auf Fleisch ganz verzichten wollen, ist das in Ihrer Situation eine gute Entscheidung. Doch versagen Sie sich nichts. Versuchen Sie aber, Fleisch – natürlich eher die mageren Sorten – sparsam einzusetzen. Also nicht das große Schnitzel oder den Braten als Hauptrolle auf den Teller bringen, sondern besser als eine Zutat von vielen: im Ragout mit viel Gemüse, in der Nudelsauce oder als Salatzutat. So kommen Sie in den fleischlichen Genuss, ohne zu viel davon zu essen.

Fisch ist wegen der Omega-3-Fettsäuren sehr gut, wenn es fetter Seefisch ist.

Bringen Sie statt Fleisch und Fisch öfter Sojaprodukte auf den Teller. Probieren Sie die vielen Möglichkeiten aus, die Tofu bietet. Experimentieren Sie mit Sojamilch und -mehl. Damit bekommen Sie viele Phytoöstrogene! Oder kehren Sie zum guten alten Erbsen-, Linsen- oder Bohneneintopf zurück, wie er früher einmal wöchentlich üblich war.

Getreide, Pseudogetreide wie Amaranth, Quinoa und Buchweizen sowie Getreideprodukte sind in allen Varianten gut, gerade wenn es sich um die Vollkornversion handelt. Besonders gut sind Sojanudeln wegen der Isoflavone.

ABENDESSEN

Ein knackiger Salat mit einem Leinöldressing als Begleiter zu Brot ist ideal. Für Ihr Brot verwenden Sie wieder die spezielle Butter vom Frühstück. Für Ihre Versorgung mit Omega-3-Fettsäuren eignet sich fettreicher Seefisch, zum Beispiel Räucheraal, eingelegte Makrelen oder Räucherlachs. Der Belag ist besser nicht zu kalorienreich, wählen Sie also magere Wurst- oder Käsesorten oder einen Aufstrich, wie er auch schon fürs Frühstück empfohlen wurde. Knabbern Sie dazu etwas rohes Gemüse, wenn das Ihre Verdauung nicht übel nimmt. Sonst können Sie das Gemüse auch kurz blanchieren.

Ein Shake mit Milch oder einem Milchprodukt wie Kefir oder Buttermilch stärkt Ihre Knochen mit Kalzium. Mit Sojamilch liefert er Ihnen Phytoöstrogene. Mixen Sie ein paar lignanreiche Beeren oder anderes Obst mit – und am besten noch etwas Leinsamen.

FAZIT: UNBESCHWERT DURCH DIE WECHSELJAHRE

Regelmäßige Bewegung hält Sie nicht nur fit, sondern bewahrt Sie auch vor einer Gewichtszunahme, die die veränderte Hormonsituation mit sich bringen kann. Wählen Sie außerdem Lebensmittel mit geringer Energiedichte, dann halten Sie Ihr Wohlfühlgewicht. Gegen die lästigen Wechseljahresbeschwerden helfen Phytohormone. Auch die Vorbeugung von Krankheiten, vor denen Sie bisher das Östrogen geschützt hat, ist mit den passenden Nahrungsmitteln möglich.

DIE REZEPTE

Viele Inhaltsstoffe können Ihre Wechseljahresbeschwerden lindern und einige Zutaten sind in der Lage, die Auswirkungen der Hormonumstellung aufzufangen.

Rezepte, die viel davon zu bieten haben, sind mit ++ gekennzeichnet. Manche werden durch Abwandlungen (mit * markiert) für Sie wertvoller.

Andere Rezepte haben für Sie keine besonderen positiven, aber auch auf keinen Fall negative Effekte. Sie sind mit + markiert.

Rezepte, die für Sie nicht so günstige Zutaten wie Fleisch beinhalten, sind mit – gekennzeichnet.

„Salbeitee hilft gegen Hitzewallungen. Kalt schmeckt er übrigens mit einem Schuss Zitronensaft richtig erfrischend!“

Ernährungsempfehlung bei Wechseljahresbeschwerden

(+)

FRÜHSTÜCK

+ Vollkornbrot (besonders getoastet)
+ Butter mit Leinöl gemischt
+ Aufstriche mit Nüssen, Samen, Sojaprodukten, Hülsenfrüchten, Getreide
+ fettarmer Käse (Frisch-, Hütten-, Hand-, Weichkäse)
+ Vollkorngrießbrei, Müsli
+ Obst (besonders Äpfel, Beeren, Birnen, Kirschen)
+ Soja-, Reis- oder Hafermilch
+ Milch, Joghurt, Kefir, Buttermilch
+ Dinkel- oder Hirseflockenbrei
+ Nüsse, Mandeln, Samen
+ Tee (Salbei-, Johanniskraut-, Hopfen-, Weißdorn-, Frauenmantel-, Mönchspfeffertee)

ZWISCHENMAHLZEITEN

+ Vollkornbrot (besonders getoastet)
+ Butter mit Leinöl gemischt
+ Aufstriche mit Nüssen, Samen, Sojaprodukten, Hülsenfrüchten, Getreide
+ fettarmer Käse (Frisch-, Hütten-, Hand-, Weichkäse)
+ Obst (besonders Äpfel, Beeren, Birnen, Kirschen)
+ Nüsse, Mandeln, Samen
+ Salat (besonders mit Leinöl)
+ Joghurt, Kefir, Buttermilch
+ Tee (Salbei-, Johanniskraut-, Hopfen-, Weißdorn-, Frauenmantel-, Mönchspfeffertee)

MITTAGESSEN

+ Tofu
+ Sojamehl, Sojanudeln
+ Hülsenfrüchte (besonders Sojabohnen, Kichererbsen und Bohnen)
+ Sprossen von Hülsenfrüchten und Getreide
+ Salat (besonders mit Leinöl)
+ fettreicher Seefisch (Makrele, Hering, Lachs, Aal, Sardine, Sardelle)

ABENDESSEN

+ Vollkornbrot (besonders getoastet)
+ Butter mit Leinöl gemischt
+ Aufstriche mit Nüssen, Samen, Sojaprodukten, Hülsenfrüchten, Getreide
+ fettarmer Käse (Frisch-, Hütten-, Hand-, Weichkäse)
+ fettreicher Seefisch (Makrele, Hering, Lachs, Aal, Sardine, Sardelle)
+ Salat (besonders mit Leinöl)
+ Obst (besonders Äpfel, Beeren, Birnen, Kirschen)
+ Kefir, Buttermilch
+ Tee (Salbei-, Johanniskraut-, Hopfen-, Weißdorn-, Frauenmantel-, Mönchspfeffertee)

(–)

FRÜHSTÜCK

– Müsli (bei Unverträglichkeit)
– rohes Obst (bei Unverträglichkeit)
– Hartkäse
– Wurst

ZWISCHENMAHLZEITEN

– Müsli (bei Unverträglichkeit)
– Hartkäse
– Wurst
– Rohkost (bei Unverträglichkeit)

MITTAGESSEN

– Fleisch
– Hartkäse
– Rohkost (bei Unverträglichkeit)

ABENDESSEN

– Hartkäse
– Rohkost (bei Unverträglichkeit)

S. 140

S. 184

S. 190

S. 212

S. 228

S. 234

S. 242

S. 254

S. 288

HOHER CHOLESTERIN-SPIEGEL

Lassen Sie sich nicht gleich aus der Ruhe bringen, wenn der Arzt bei der Auswertung Ihres Blutbildes einen erhöhten Cholesterinspiegel feststellt. Schätzungsweise liegt der Wert bei jedem zweiten Erwachsenen über dem, der von vielen Ärzten als Grenzwert akzeptiert wird – damit würde jeder zweite Erwachsene unter einer krankhaften Stoffwechselentgleisung leiden, die seine Gesundheit gefährdet. Ein Wert von bis zu 200 mg/dl gilt als normal, bis 240 mg/dl als grenzwertig. Werte, die darüberliegen, werden als gefährlich eingestuft.

Aber der Gesamtcholesterinwert allein ist noch nicht aussagekräftig, denn er setzt sich aus verschiedenen Faktoren zusammen. Dabei kommt es auf die Anteile der einzelnen sogenannten Lipoproteine an, in denen das Cholesterin gebunden ist. LDL-Cholesterin, oft auch „schlechtes" Cholesterin genannt, müssen wir genauer betrachten. Ist dieser Wert stark erhöht, ist tatsächlich Vorsicht geboten. Ein Wert von 130 bis 160 mg/dl gilt für Menschen ohne Vorbelastung als gerade noch akzeptabel. Wer weitere Risikofaktoren für Herz-Kreislauf-Erkrankungen hat, sollte nicht über 100 mg/dl liegen.

Noch in anderer Hinsicht müssen wir den Cholesterinwert sehr differenziert betrachten. Denn zusammen mit weiteren vorliegenden Risikofaktoren, wie sie Rauchen, Diabetes und Bluthochdruck, die koronare Herzkrankheit oder ein zurückliegender Herzinfarkt darstellen, sollte der Cholesterinspiegel niedriger gehalten werden, als wenn keine weiteren Belastungen vorhanden sind.

Sie selbst spüren von einem erhöhten Cholesterinwert gar nichts – und doch sollten Sie Ihrer Gesundheit zuliebe etwas dagegen unternehmen. Unbemerkt von Ihnen lagert sich im Lauf der Zeit Fett an den Innenwänden der Gefäße ab, verengt sie damit und verschlechtert die Durchblutung. Man bezeichnet das als Arteriosklerose, sie ist ein Risikofaktor für Herz-Kreislauf-Erkrankungen, Herzinfarkte und Schlaganfälle.

Wenn Ihr Cholesterinspiegel durch eine ungünstige Ernährung erhöht ist, können Sie ihn mit großer Wahrscheinlichkeit mit besserer Ernährung wieder auf ein normales Maß senken. Seien Sie aufmerksam, wenn Ihr Arzt cholesterinsenkende Medikamente, sogenannte Statine, verschreiben möchte. Statine sind die meistverschriebenen Medikamente weltweit und ein riesiges Geschäft – auch für den Arzt. Manche Mediziner verschreiben lieber solche Medikamente, die unangenehme und häufige Nebenwirkungen wie Muskelschmerzen haben können, statt ihre Patienten bei einer Ernährungsumstellung zu begleiten.

Gelingt es Ihnen, Ihre Ernährung auf eine gesunde, fettbewusstere Weise umzustellen, tun Sie Ihrem Herzen viel Gutes und erfahren ganz nebenbei den Genuss am Essen neu. Treiben Sie außerdem regelmäßig ein wenig Sport, können Sie Ihren Cholesterinspiegel auf ein gesundes Maß senken und damit Ihr Risiko für Herz-Kreislauf-Erkrankungen minimieren. Mit nur einer einzigen Nebenwirkung: Sie fühlen sich fitter, leichter und gesünder.

WAS IST CHOLESTERIN?

Zuerst sollten Sie wissen, dass Cholesterin eine fettähnliche Substanz ist, die der Körper braucht. Es ist nichts Schlechtes – im Gegenteil: Unser Körper stellt einen großen Teil davon selbst her, um daraus Teile der Zellwand, Vitamin D, Gallensäuren und bestimmte Hormone aufzubauen. Cholesterin ist damit unverzichtbar und lebenswichtig.

Damit das Cholesterin, das selbst schlecht wasserlöslich ist, im Blut zu seinen Zielorten, den Zellen, transportiert werden kann, muss es an Stoffe gebunden werden, die sowohl wasser- als auch fettlöslich sind. Diese „Lipoproteine" genannten Transportstoffe bestehen aus Eiweißen, an die sich das Cholesterin anlagert. Es gibt unterschiedliche: LDL-Cholesterin (Abkürzung für Low Density Lipoprotein, also ein Lipoprotein mit geringer Dichte) transportiert das Cholesterin im Blut von seinem Entstehungsort, der Leber, zu den Körperzellen, wo es gebraucht wird. Ein Überschuss in den Zellen wird von HDL (High Density Lipoprotein, ein Lipoprotein mit hoher Dichte) in die Leber gebracht, wo es zu Gallensäuren umgebaut wird.

An den verschiedenen Funktionen zeigt sich schon, warum LDL- als „schlechtes" und HDL-Cholesterin als „gutes" Cholesterin bezeichnet wird: Während sich ein Zuviel an LDL-Cholesterin beim Transport im Blut an den Zellwänden absetzen kann, wird ein Cholesterinüberschuss von HDL entfernt und schützt damit die Gefäße.

WIE ENTSTEHT EIN HOHER CHOLESTERINSPIEGEL?

Funktioniert dieses System einwandfrei, ist das Verhältnis von HDL und LDL im Lot und der Gesamtcholesterinspiegel nicht zu hoch. Genauso, wie das LDL nicht über einen bestimmten Wert steigen soll, sollte der HDL-Wert einen bestimmten Wert nicht unterschreiten, denn das HDL bietet einen Schutz von Arterienverengung.

Doch gibt es verschiedene genetische Veranlagungen, die eine Verschiebung des Verhältnisses von HDL und LDL und eine Erhöhung des gesamten Cholesterins zur Folge ▶

haben. In selteneren Fällen, bei der familiären Hypercholesterinämie, sind grundsätzlich zu wenige Rezeptoren für Cholesterin vorhanden, das sind die Andockstellen für Cholesterin an den Zellen. Das Cholesterin zirkuliert dann in zu großen Mengen im Blut und kann nur schlecht von den Zellen aufgenommen werden.

In den meisten Fällen liegen aber andere genetische Voraussetzungen zugrunde. Dann steigt der Spiegel erst bei Vorhandensein weiterer Risikofaktoren an. Das sind eine zu fettreiche Ernährung, zu wenig Bewegung, Übergewicht und ein zu hoher Alkoholkonsum.

Bis zu 90 Prozent der Cholesterinmenge, die wir brauchen, kann der Körper selbst produzieren, die restlichen mindestens zehn Prozent nehmen wir mit der Nahrung auf. Meistens kann der Körper recht gut regulieren: Wenn mehr Cholesterin mit der Nahrung aufgenommen wird, wird entsprechend weniger produziert. Deshalb muss die Cholesterinaufnahme über die Nahrung für den Cholesterinspiegel nicht besonders relevant sein und der komplette Verzicht auf Cholesterin würde keine wesentliche Auswirkung haben. Mit cholesterinarmen Lebensmitteln können Sie also unter Umständen Ihren Cholesterinspiegel nicht besonders beeindrucken, denn wenn viel Cholesterin von außen kommt, produziert der Körper eben einfach weniger.

Doch etwa die Hälfte der Betroffenen mit einem hohen Cholesterinspiegel ist cholesterinsensitiv. Bei ihnen zeigt die Cholesterinaufnahme dennoch eine sichtbare Erhöhung des Cholesterinspiegels. Für sie ist der Blick auf Cholesterinmengen aus der Nahrung angebracht. Deshalb wird für alle Betroffenen sicherheitshalber eine Höchstmenge von 300 Milligramm pro Tag empfohlen.

Für alle – ob cholesterinsensitiv oder nicht – gilt: Es sind die falschen und die in vielen verarbeiteten Lebensmitteln versteckten Nahrungsfette insgesamt, die den Cholesterinspiegel in die Höhe treiben. Wenn viele gesättigte Fettsäuren gegessen werden, vermindern sich die LDL-Rezeptoren an den Zellen und das Cholesterin wird schlechter aufgenommen. Die Folge: Mehr LDL schwirrt im Blut herum, der LDL-Cholesterinspiegel steigt. Dagegen bewirken mehrfach ungesättigte Fettsäuren, dass diese Rezeptoren vermehrt gebildet werden und der LDL-Cholesterinspiegel sinken kann. Einfach gesättigte Fettsäuren verhalten sich relativ neutral oder senken den LDL-Spiegel leicht.

Was kann ich mit Ernährung erreichen?

Eine geringe Cholesterinaufnahme über die Nahrung kann bei Ihnen den Cholesterinspiegel etwas senken, sie kann aber genauso gut kaum eine Auswirkung haben. Das ist individuell verschieden und Sie müssen es ausprobieren.

Wenn Sie zu den cholesterinsensitiven Menschen gehören, wird sich bei Ihnen eine Reduzierung der Cholesterinaufnahme sehr positiv bemerkbar machen. Durch eine Ernährungsumstellung und eine anschließende Cholesterinmessung über das Blut kann Ihr Arzt Ihnen sagen, ob sie cholesterinsensitiv sind.

Doch ob Sie nun zu dieser Gruppe gehören oder nicht: Es gibt eine ganze Reihe von Maßnahmen, mit denen Sie den Cholesterinspiegel, besonders den gefährlichen LDL-Cholesterinanteil, deutlich senken und damit Ihr Arterioskleroserisiko und die Gefahr einer Herz-Kreislauf-Erkrankung bannen können.

Besonders wirksam ist die Auswahl der Fettsäuren. Generell sind pflanzliche Nahrungsmittel meist besser als tierische. Denn in pflanzlichen Fetten und Ölen ist das Verhältnis von gesättigten und ungesättigten Fettsäuren automatisch zugunsten der für Ihren Cholesterinspiegel besseren, den mehrfach ungesättigten, Fettsäuren verschoben. Tierische Lebensmittel enthalten meistens mehr gesättigte als ungesättigte Fettsäuren. Dabei soll die Zufuhr an gesättigten Fettsäuren unter einem Drittel der Gesamtzufuhr liegen, die an ungesättigten entsprechend bei mindestens zwei Dritteln. Pflanzen bieten Ihnen in dieser Hinsicht also deutlich mehr.

Doch Sie müssen sogar noch etwas genauer hinsehen: Nicht nur auf gesättigte oder mehrfach ungesättigte Fettsäuren, sondern bei den mehrfach ungesättigten auch noch differenzieren. Das Verhältnis von Omega-3- und Omega-6-Fettsäuren ist für Sie besonders wichtig und sollte im Idealfall bei 5:1 liegen. Raps-, Lein- und Walnussöl kommen schon ziemlich nah an dieses ideale Verhältnis heran, während zum Beispiel Sonnenblumenöl mit 122:1 wirklich ungünstig ist. Bei vielen Snacks wie Kartoffelchips wird Sonnenblumenöl verwendet. Für Sie also nicht so gut.

Meiden Sie trans-Fettsäuren, das sind gehärtete Fette, die den Cholesterinspiegel in die Höhe treiben.

DOPPELWIRKUNG VON WASSERLÖSLICHEN BALLASTSTOFFEN

Ballaststoffe, also besonders die wasserlöslichen aus Obst und Gemüse, üben gleich auf zwei Arten einen positiven Effekt aus, denn sie bremsen zum einen schon die Cholesterinaufnahme aus dem Darm und verhindern zum anderen, dass Gallensäuren wieder zu Cholesterin abgebaut werden. Mit viel Obst und Gemüse bereichern Sie Ihren Speiseplan und weisen dabei überschießendes LDL-Cholesterin in die Schranken. Sehr wirksam ist der Ballaststoff Beta-Glucan, der sich zum Beispiel in Hafer befindet. Ganzer Hafer und Haferkleie enthalten viel Beta-Glucan.

VIELE WEITERE HELFER

Darüber hinaus gibt es noch viele weitere Wirkstoffe, die den Cholesterinspiegel positiv beeinflussen: Cholin ist ein fettähnlicher Stoff, der dafür sorgt, dass Cholesterin in den Zellen verwertet wird und nicht mehr im Blut zirkuliert. Sojalecithin, viel davon findet man in Soja, hemmt die Cholesterinaufnahme im Darm.

Auch in Eiern ist viel Lecithin enthalten, sodass Eier für Sie einen positiven Effekt haben können – vorausgesetzt, Sie sind nicht cholesterinsensitiv. Schwefelstoffe in Knoblauch, Zwiebeln, Lauch, Kohl und Radieschen sind ebenfalls als herzschützend bekannt. Und Saponine binden Cholesterin und machen es damit unschädlich.

Dazu kommen viele antioxidativ wirkende Substanzen, die die Adern vor Ablagerungen schützen: Dazu gehören die Carotinoide, also die gelben, roten und grünen Farbstoffe in Pflanzen. Außerdem Polyphenole, die in gelben, roten, blauen und schwarzen Obst- und Gemüsesorten vorwiegend in den Randschichten sitzen. Aber auch in vielen Gewürzen wie Kurkuma, im Kakao und im Rotwein sind diese zu finden.

EIN BISSCHEN BEWEGUNG

Finden Sie dann noch Freude an regelmäßiger Bewegung, und das müssen keine sportlichen Höchstleistungen sein, können Sie Ihren LDL-Spiegel um einiges reduzieren. Dreimal die Woche mäßige Ausdauersportarten wie Radfahren, Schwimmen oder Joggen drücken Ihren Cholesterinwert schon merklich nach unten. Jeweils 30 Minuten reichen aus. Zusammen mit guter Ernährung können Sie das Gesamtcholesterin so um 20 Prozent, in Einzelfällen sogar noch stärker senken.

Von morgens bis abends lecker essen

FRÜHSTÜCK

Eier enthalten zwar sehr viel Cholesterin, doch gehört das Frühstücksei nicht automatisch auf die Liste der Lebensmittel, die Sie jetzt schweren Herzens meiden müssen. Im Gegenteil: Manche Studien messen sogar einen sinkenden Cholesterinspiegel nach Eierverzehr, denn Eigelb enthält viel Lecithin. Verzichten sollten Sie nur, wenn Sie zu den cholesterinsensitiven Menschen gehören, sonst dürfen Sie ohne schlechtes Gewissen genießen.

Butter oder doch lieber cholesterinfreie Margarine aufs Toastbrot? Es kommt darauf an: Margarine ist gut, solange sie keine trans-Fettsäuren enthält. Doch es gibt gute Margarinen, die ohne diese produziert werden. Gegen Butter ist nichts einzuwenden, denn ihr Verhältnis von gesättigten zu ungesättigten Fettsäuren ist gut und ihr Cholesteringehalt fällt nicht ins Gewicht – es sei denn, Sie reagieren stark auf die Cholesterinzufuhr. Befindet sich unter dem Streichfett noch ein Vollkornbrot oder -brötchen, haben Sie ein gesundes Frühstück. Mögen Sie lieber Müsli? Wählen Sie eines mit Haferflocken, besser sogar mit geschrotetem Hafer, mit Haferkleieflocken oder Haferflakes – sehr gut und sehr gesund! Dazu ein paar Wal- oder Paranüsse und Obst, besonders gut sind Äpfel, ein Löffel Leinsamen – und Sie genießen ein wahres Cholesterinsenker-Wunder.

Grüner Tee enthält Catechine, die die Fettaufnahme hemmen – das ideale Heißgetränk am Morgen für Sie.

MITTAGESSEN

Gesunde einfach und mehrfach ungesättigte Fettsäuren können Sie beim Mittagessen sehr gut auswählen: Wenn Sie mit Fett braten, nehmen Sie eines der Öle, die viele gesunde Fettsäuren haben. Und essen Sie weniger Fleisch, dafür mehr Fisch. Zugunsten von fettreichem Meeresfisch wie Makrele, Aal, Lachs und Hering reduzieren Sie die ungünstigen tierischen Fette aus Fleisch. Wenn Sie Fleisch wählen, dann magere Sorten. Gerichte mit Leber machen sich durch ihren Cholingehalt gut.

Auch Soja und Sojaprodukte wie Tofu sind super für Sie, denn sie enthalten Sojalecithin. Probieren Sie das ruhig mal aus, denn Tofu lässt sich aufgrund seines geringen Eigengeschmacks sehr vielfältig und lecker zubereiten. ▸

- Lecker erfrischende Rohkostsalate mit Gemüse und Obst – immer mit einem guten Öl mit wertvollen Fettsäuren – sind für Sie besonders gesund und bringen viel Abwechslung auf den Tisch. Idealerweise geben Sie noch Nüsse, Sesam, Lein- oder Flohsamen hinein – dieser Knuspereffekt macht die Salate noch gesünder.

Auch zu Mittag können Sie Vollkorn wählen: Entscheiden Sie sich für Vollkornreis, -nudeln und -brot als Beilage oder bereiten Sie Semmelknödel einfach mal aus Vollkornbrötchen zu. In rotem Reis ist eine Substanz enthalten, die eine ähnliche Wirkung wie cholesterinsenkende Medikamente hat. Er schmeckt außerdem kräftig-nussig. Auch die saponinreiche Hirse ist eine tolle Beilage, die man nicht nur pikant, sondern auch süß zubereiten kann.

Bereichern Sie das Mittagessen mit viel frischen Gemüse- oder Obstsorten – sie haben nur gute Eigenschaften: viele Ballaststoffe, wenig Fett, kein Cholesterin. Das wertvolle Cholin befindet sich in größeren Mengen auch in Weizenkeimen, Sojabohnen und Shiitake-Pilzen – bringen Sie diese Lebensmittel häufiger auf Ihren Teller. Lassen Sie es ruhig deftig zugehen: Knoblauch, Zwiebeln, Lauch und Kohl schützen Sie mit ihren Schwefelstoffen. Auch Ingwer kann Ihr Cholesterin senken. Hülsenfrüchte haben tolle Eigenschaften, ganz besonders Kichererbsen, denn sie enthalten sowohl Saponine als auch Ballaststoffe. Auch Spinat und Spargel sind saponinreich.

Wenn Sie wenig Zeit haben und Sie ein Fertiggericht auf den Tisch bringen wollen, schauen Sie sich die Zutatenliste genau an. Meistens enthalten die Gerichte viel tierisches Fett. Das ist nicht gut für Sie, besonders dann nicht, wenn „gehärtete Fette“ auf der Liste stehen: ein Hinweis auf die besonders ungünstigen trans-Fettsäuren. Fast Food wie Burger oder Pommes sieht in dieser Hinsicht leider nicht viel besser aus. Wenn Sie irgendwo schnell etwas mitnehmen möchten, dann vielleicht einen fertigen Salat.

ABENDESSEN

Wie schon beim Frühstück wählen Sie bei Brot und Belag cholesterinfreundliche Nahrungsmittel aus, das heißt welche mit guten Fettsäuren und ballaststoffreich. Achten Sie besonders auf wenig tierisches Fett, also bei Wurst und Käse auf die fettarmen Sorten. Dazu ein paar knackige Radieschen, die mit ihren Schwefelverbindungen das Cholesterin senken können.

Ein frischer, saftiger Apfel-Möhren-Salat enthält eine Menge wasserlöslicher Ballaststoffe und ist – verfeinert mit einem Löffel Floh- oder Leinsamen – ein besonders guter Cholesterinsenker. Räucheraal oder ein anderer fetter Meeresfisch macht sich gut auf dem Abendbrottisch und ist gut zum Cholesterinspiegel.

Pikante Knabbereien wie Chips, die den Fernsehabend begleiten, enthalten gehärtete Fette, also trans-Fettsäuren. Diese ersetzen Sie besser durch ein paar Apfelschnitze. Besonders getrocknete Apfelringe haben sich in Studien als effektive Cholesterinsenker gezeigt.

FAZIT: UNBESCHWERT MIT EINEM ERHÖHTEN CHOLESTERINSPIEGEL

Moderate, aber regelmäßige Bewegung, dazu eine herzgesunde Ernährung – so kann der Cholesterinspiegel zu einem sehr hohen Prozentsatz gesenkt und das Risiko von Herz-Kreislauf-Erkrankungen reduziert werden. Die Wahl der Lebensmittel hat einen sehr großen Einfluss auf die Werte von LDL- und HDL-Cholesterin. Pflanzliche Lebensmittel in vielen Farben, Kräuter und Gewürze wirken sich äußerst positiv aus. Dabei ist es für viele Betroffene nicht nötig, auf den Cholesteringehalt der Lebensmittel zu achten, da die Zufuhr einen sehr geringen Einfluss auf den Cholesterinspiegel hat. Wer cholesteringesund lebt, kann seinen LDL-Wert in den Griff bekommen, benötigt keine cholesterinsenkenden Medikamente und gewinnt an Lebensqualität.

DIE REZEPTE

Unter den Rezepten finden Sie viele, die aktiv mit guten Inhaltsstoffen Ihren Cholesterinspiegel senken können. Es sind Rezepte mit vielen Ballaststoffen, mit guten Omega-3-Fettsäuren oder anderen Stoffen, die das Cholesterin, besonders das LDL, im Blut senken können. Diese Rezepte sind mit ++ gekennzeichnet.

Solche Rezepte, die keinen oder nur einen geringen positiven Einfluss auf Ihren Cholesterinspiegel haben, dürfen Sie ebenfalls genießen. Sie sind mit + gekennzeichnet. Einige davon eignen sich allerdings nur, wenn Sie auf den Cholesteringehalt in der Nahrung nicht mit einem höheren Cholesterinspiegel reagieren. Mögliche Änderungen, die dieses Rezept für Ihren Cholesterinspiegel besser verträglich machen, sind mit * markiert.

Für Cholesterinsensitive sind deshalb einige Rezepte mit einem – markiert. Doch wenn Ihr Cholesterinspiegel nicht oder nur sehr wenig auf Cholesterin aus der Nahrung reagiert, dürfen Sie auch bei diesen Rezepten zugreifen.

„Eier sind Gift bei zu hohem Cholesterinspiegel? Bei manchen Menschen können sie ihn sogar senken!“

Ernährungsempfehlung bei hohem Cholesterinspiegel

+

FRÜHSTÜCK

+ Vollkornbrot
+ Margarine (ohne gehärtete Fette)
+ Butter (wenn nicht cholesterinsensitiv)
+ fettarmer Käse (Frisch-, Hütten-, Hand-, Weichkäse)
+ magere Wurst (Kochschinken ohne Fettrand, Krakauer, Corned Beef, kalter Braten)
+ Eier (wenn nicht cholesterinsensitiv)
+ Müsli mit Haferflocken, -kleieflocken, -flakes
+ Nüsse (besonders Paranüsse und Walnüsse), Mandeln, Leinsamen
+ Äpfel
+ grüner Tee

ZWISCHENMAHLZEITEN

+ Vollkornbrot
+ Margarine (ohne gehärtete Fette)
+ Butter (wenn nicht cholesterinsensitiv)
+ fettarmer Käse (Frisch-, Hütten-, Hand-, Weichkäse)
+ magere Wurst (Kochschinken ohne Fettrand, Krakauer, Corned Beef, kalter Braten)
+ Müsli mit Haferflocken, -kleieflocken, -flakes
+ Nüsse (besonders Paranüsse und Walnüsse), Mandeln, Leinsamen
+ Äpfel, getrocknete Apfelringe
+ Sojajoghurt
+ Rohkostsalat

MITTAGESSEN

+ Fisch (besonders fettreicher Meeresfisch wie Makrele, Hering, Lachs, Aal, Sardine, Sardelle)
+ wenn Fleisch, dann mageres, Leber
+ Tofu
+ Sojajoghurt
+ magere Saucen
+ Hülsenfrüchte, besonders Kichererbsen
+ Rohkostsalat mit Oliven-, Raps-, Lein- oder Walnussöl
+ Gemüse (besonders Zwiebeln, Knoblauch, Lauch, Shiitake-Pilze, Spinat, Spargel)
+ Gewürze: Ingwer

ABENDESSEN

+ Vollkornbrot
+ Margarine (ohne gehärtete Fette)
+ Butter (wenn nicht cholesterinsensitiv)
+ fettarmer Käse (Frisch-, Hütten-, Hand-, Weichkäse)
+ magere Wurst (Kochschinken ohne Fettrand, Krakauer, Corned Beef, kalter Braten)
+ Rohkostsalat mit Olivenöl, Rapsöl, Leinöl oder Walnussöl
+ Radieschen
+ Fischkonserven, Räucherfisch (besonders fettreicher Meeresfisch wie Makrele, Aal, Lachs, Hering, Sardine, Sardelle)

–

FRÜHSTÜCK

– Eier (wenn cholesterinsensitiv)
– Butter (wenn cholesterinsensitiv)
– fetter Käse
– fette Wurst

ZWISCHENMAHLZEITEN

– Butter (wenn cholesterinsensitiv)
– fetter Käse
– fette Wurst
– Chips

MITTAGESSEN

– fettes Fleisch
– fette Saucen
– Fertiggerichte mit vielen tierischen Fetten
– Fast Food
– Eier (wenn cholesterinsensitiv)

ABENDESSEN

– fetter Käse
– fette Wurst
– Eier (wenn cholesterinsensitiv)
– Butter (wenn cholesterinsensitiv)
– Fast Food

S. 144

S. 170

S. 192

S. 226

S. 240

S. 254

S. 256

S. 258

S. 282

BLUTHOCH-DRUCK

Vermutlich geht es Ihnen so wie den meisten Menschen: Erst die Messung beim Arzt hat Sie auf Ihren erhöhten Blutdruck aufmerksam gemacht. Vielleicht kennen Sie aber Symptome wie Herzstolpern, häufige Kopfschmerzen, eine Art nervöse Atemlosigkeit und das unangenehme Wahrnehmen des Herzschlags, die sich allerdings meist erst bei schon über Jahre erhöhtem Blutdruck bemerkbar machen. Manchen Bluthochdruckpatienten sieht man den „Überdruck" auch an der roten Gesichtsfarbe an.

Es kann sein, dass Ihr Blutdruck allein durch die leichte Anspannung, die fast jeder von Arztbesuchen kennt, bei der Messung dort schon etwas erhöht ist. Der sogenannte Weißkitteleffekt wird von den Ärzten meistens schon berücksichtigt. Um Gewissheit zu haben, dass Ihr Blutdruck tatsächlich gefährlich erhöht ist, wird der Arzt vielleicht eine Langzeit-Blutdruckmessung mit Ihnen durchführen, bei der Sie für 24 Stunden ein mobiles Blutdruckgerät angelegt bekommen.

Dabei werden der Druck bei Kontraktion des Herzmuskels und der bei dessen Entspannung gegenübergestellt. Man nennt diese Werte Systole und Diastole. Als grenzwertig wird ein Blutdruck von 139/89 mm Hg (Millimeter auf der Quecksilbersäule) eingestuft, schweren Bluthochdruck definiert man bei Werten ab 180/110 mm Hg. Allerdings steigt der Blutdruck mit dem Alter etwas und Werte, die für 30-Jährige noch bedenklich wären, sind für 60-Jährige im Normalbereich.

Wenn sich bestätigt, dass Ihr Blutdruck erhöht ist, müssen Sie gegensteuern. Die dauerhafte Erhöhung führt zu Arteriosklerose und ist ein Risikofaktor für das gesamte Herz-Kreislauf-System. Folgen können unter anderem Schlaganfälle und Herzinfarkte sein. Meistens ist der Bluthochdruck primär, also nicht Ursache einer anderen Erkrankung. Sie müssen direkt gegen ihn und nicht gegen eine andere ursächliche Erkrankung angehen.

Bevor Sie sich blutdrucksenkende Medikamente verschreiben lassen, ist eine Kombination verschiedener Maßnahmen sehr wirksam. Dazu gehört die bewusste Auswahl der Nahrungsmittel, die Reduzierung des Körpergewichts, mehr Bewegung, weniger Alkohol und Nikotinverzicht – also kurz und einfach gesagt: ein gesunder Lebenswandel und damit ein Gewinn an Lebensqualität.

WAS IST DER BLUTDRUCK?

Unser Herzmuskel ist eine unheimlich leistungsstarke und dabei fein regulierbare Pumpe. Das Herz erzeugt durch das hintereinandergeschaltete Öffnen und Schließen seiner verschiedenen Herzklappen einen Druck, der das Blut zum Fließen bringt, und macht so den Transport sämtlicher Stoffe im Körper über das Blut erst möglich. Über das zentrale Nervensystem bekommt es die Information, wie viel Druck es je nach Bedarf und Situation erzeugen soll.

Gleich mehrere Aspekte beeinflussen unseren Blutdruck: Pumpt unsere Pumpe schneller, zum Beispiel bei körperlicher Anstrengung, aber auch bei Stress und Aufregung, steigt damit auch der Druck – wie bei einer Wasserpumpe, bei der stärkeres Pumpen einen kräftigeren Wasserstrahl erzeugt. Daneben bringen Hormone wie Adrenalin, die bei Stress ausgestoßen werden, kleine Adern dazu, sich durch Zusammenziehen zu verengen. Der Strömungswiderstand steigt dort dann an und erhöht den Druck ebenfalls. Nicht zuletzt ist es auch das gesamte Blutvolumen, das den Blutdruck reguliert: Je mehr Blut vorhanden ist, desto stärker muss der Druck sein, mit dem es durch den Körper transportiert werden muss. Für die Regulation des Volumens gibt es ein spezielles System im Körper. Bestimmte Hormone aus der Niere können bewirken, dass Wasser im Blut gehalten wird. Dadurch erhöht sich das Blutvolumen und damit auch der Blutdruck.

WIE ENTSTEHT BLUTHOCHDRUCK?

In mehr als 50 Prozent der Fälle ist die Neigung zu erhöhtem Blutdruck erblich bedingt. Wurde also bei Personen in Ihrem engeren Verwandtenkreis hoher Blutdruck diagnostiziert, sollten Sie Ihre Werte prüfen lassen. Natürlich ist es dann besonders wichtig, weitere Risikofaktoren zu meiden. Treffen mehrere Risikofaktoren zusammen, ist die Entwicklung eines Bluthochdrucks sehr viel wahrscheinlicher.

Auch andere äußere Einflüsse wie Stress können unseren Blutdruck in die Höhe treiben. Dauerstress hält ihn dauerhaft auf Hochtouren und ist damit ein Risiko für das Herz-Kreislauf-System. Es ist bekannt, dass Menschen, die eine genetische Voraussetzung für einen hohen Blutdruck haben, besonders empfindlich auf Stresshormone reagieren und dann auch große Mengen dieser Hormone bilden.

Übergewicht gehört zu den Risikofaktoren, die ganz direkt den Blutdruck beeinflussen, und zwar aus mehreren Gründen: Mehr Körpermasse braucht auch mehr Blut, das sie versorgt – ganz klar. Darüber hinaus hat das Herz bei Übergewichtigen mehr zu tun, um das große Blutvolumen durch den Körper zu transportieren. Besonders gefährlich ist das Bauchfett. Seine Fettzellen senden dem Körper Signale, die ihn zum Zusammenziehen der Blutgefäße bringen. Das erhöht den Druck noch weiter. ▶

- Auch Alkohol treibt den Blutdruck in die Höhe, und das gleich aus mehreren Gründen: Zum einen schaufelt er mit seinem hohen Kaloriengehalt Fettpölsterchen auf die Hüften und dorthin, wo es noch gefährlicher wird, nämlich in den Bauchraum und um die inneren Organe. Aber er beeinflusst auch den Fettstoffwechsel negativ und erhöht damit das Risiko für Arteriosklerose. Nikotin steigert zwar kaum unmittelbar den Druck des Blutes, schädigt aber die Gefäßwände – ebenfalls ein Arterioskleroserisiko.

Bluthochdruck wird unmittelbar mit zu hoher Salzzufuhr in Verbindung gebracht. Salz bindet Wasser, auch im Blut. Weil sich dadurch das Blutvolumen erhöht, steigt nach den Gesetzen der Physik der Druck. Gleichzeitig gibt das Salz den Adern den Befehl, sich zusammenzuziehen. Der Druck erhöht sich weiter.

WAS GESCHIEHT AUF DAUER BEI ZU HOHEM BLUTDRUCK?

Ist der Blutdruck zu hoch, wird das gesamte Gefäßsystem stark belastet. Schließlich müssen die Gefäße einem höheren Druck standhalten. Es entstehen kleinste Risse in der Gefäßinnenhaut und in der Folge von Stoffwechselprozessen kommt es zur Verdickung und Verhärtung der Gefäßwände, der Arteriosklerose. Bluthochdruck ist der wichtigste Risikofaktor für ihre Entstehung – mit dem Ergebnis, dass ganze Organe unterversorgt sein können.

Sind die Herzkranzgefäße beeinträchtigt, kann es im schlimmsten Fall zum Herzinfarkt kommen. Sind Nierenarterien verengt, können die Nieren ihrer Aufgabe, das Blut von giftigen Stoffwechselprodukten zu befreien, nicht mehr nachkommen und es entwickelt sich eine sogenannte Niereninsuffizienz. Und im Gehirn kann eine Unterversorgung einen Schlaganfall zur Folge haben.

Dazu kommt, dass das Herz durch die erhöhte Leistung, die es erbringen muss, größer, gleichzeitig aber auch schwächer wird und die Betroffenen nur noch wenig belastbar sind. Es entsteht die sogenannte Herzinsuffizienz.

Und damit ist es noch nicht genug. Haben Sie Übergewicht, sorgen mehrere Faktoren für eine weitere Gefäßverengung: zu viel Cholesterin, Botenstoffsignale aus den Fettzellen und eine verminderte Reaktion aus Insulin. Das alles kann eine Krankheitenkaskade nach sich ziehen, die Sie auf jeden Fall stoppen sollten.

Was kann ich mit Ernährung erreichen?

Falls Sie Übergewicht haben, können Sie durch Abnehmen eine Menge für Ihren Blutdruck erreichen. Es ist nicht unwahrscheinlich, dass Sie ihn sogar auf das normale Niveau senken können. Jedes Kilo Körperfett, das Sie nicht mehr auf die Waage bringen, zahlt sich mit einem niedrigeren Blutdruck und damit einem reduzierten Risiko für Arteriosklerose aus. Und wie geht das mit dem Abnehmen? Mit regelmäßiger Bewegung – es reichen drei- bis viermal wöchentlich jeweils 30 Minuten –, gesunder Ernährung und – ganz wichtig – Genuss am Essen. Quälen Sie sich auf keinen Fall durch Sensationen versprechende Blitzdiäten, bei denen der Jojo-Effekt vorprogrammiert ist. Essen Sie regelmäßig und gesund, dann nehmen Sie automatisch ab. Mehr dazu im Kapitel „Richtig essen" ab Seite 12.

Schalten Sie alle anderen Risikofaktoren aus: Ernennen Sie alkoholische Getränke zu Genussmitteln, auf die Sie sich zu besonderen Gelegenheiten freuen dürfen. Wenn Sie rauchen, verabschieden Sie sich von dieser Gewohnheit. Das hat übrigens einen tollen Nebeneffekt, denn Sie werden merken, dass Ihr Geschmacksempfinden mit der Zeit wieder intensiver wird.

Ein sensibleres Geschmacksempfinden kann Ihnen auch dabei helfen, den Salzgehalt Ihres Essens genauer unter die Lupe zu nehmen. Wer auf Salz sensibel reagiert, für den ist ein länger andauernder hoher Salzkonsum unmittelbar mit Bluthochdruck verbunden, denn das Natrium aus dem Salz verengt die Adern und erhöht das Blutvolumen. Für jeden, nicht nur für Bluthochdruckpatienten, reicht eine tägliche Menge an Kochsalz von zwei Gramm aus, höchstens sollten es fünf oder sechs sein. Die Realität sieht aber anders aus. Nicht selten ist es die doppelte oder sogar die dreifache Menge an Salz, die wir täglich essen. Wir verwechseln den salzigen Geschmack schnell mit würzigem, dabei ist ein angenehm deftiges und kräftiges Aroma durch geschicktes Würzen mit Kräutern und Gewürzen viel raffinierter und diffiziler zu erreichen. Für Sie reichen sechs Gramm Salz am Tag beziehungsweise 2,4 Gramm Natrium.

Der Gegenspieler von Natrium aus Kochsalz ist Kalium. Deshalb ist das ein guter Mineralstoff für Sie, denn wo Kalium ist, kann Natrium nicht sein. Achten Sie auf einen hohen Kaliumgehalt und gleichzeitig darauf, weniger Salz zu essen, können Sie Ihren Blutdruck in die Schranken weisen. Durch eine hohe Kaliumzufuhr können Sie im

Übrigen mehr erreichen als durch reine Salzreduktion. Viel Kalium befindet sich in vielen Obst- und Gemüsesorten. Statt Salz können Sie mal das Kochsalzersatzmittel Kaliumchlorid ausprobieren, das für Sie gesünder ist. Wenn Sie der leicht metallische, bittere Geschmack nicht stört, ist das eine gute Alternative.

Von morgens bis abends lecker essen

FRÜHSTÜCK

Frühstücken Sie ausgewogen, gesund und ausgiebig, dann müssen Sie keine Hungerattacken fürchten, die Ihnen letztlich Ihren Hüft- und Bauchspeck aufpolstern. Ein vollwertiges Müsli ist super für Sie, denn es hält durch die Ballaststoffe lange satt, ohne Sie mit überflüssigen Kalorien zu belasten. Nüsse dürfen sich gern darin tummeln, denn sie enthalten viel Kalium.

Brot gehört leider zu den Lebensmitteln mit den höchsten Salzmengen, deshalb sind zwei bis drei Scheiben am Tag für Sie schon genug. Doch wenn Sie morgens auf Brot nicht verzichten möchten, dann entscheiden Sie sich für ein kräftiges Vollkornbrot. Meistens hat es etwas weniger Salz als solches aus weißem Mehl und es macht außerdem schneller satt. Es gibt auch natriumarme Brotsorten, die aber geschmacklich nicht für jeden akzeptabel sind. Matzen, ein knäckebrotähnliches ungesäuertes Brot, kommt ganz ohne Salz aus. Wenn Sie morgens Brot frühstücken, versuchen Sie, dafür tagsüber und auch abends nur noch wenig davon zu essen.

Achten Sie beim Belag ein wenig auf die Kalorien und wählen Sie fettarme Käsesorten, also Frisch-, Hütten- und Handkäse. Seien Sie bei Wurst besonders vorsichtig, darin ist meistens viel Salz enthalten. Steigen Sie am besten auf pflanzliche Aufstriche um, zum Beispiel Nussmus, Avocadomus oder Grünkernaufstrich. Manche sind auch geschmacklich ein würdiger Ersatz für Wurst.

Sind Sie ein Fan von englischem oder amerikanischem Frühstück mit Ei und Speck? Hier kann es in Sachen Salz schon heikel werden, denn gepökelte Räucherwaren wie Speck sind zu salzig. Lassen Sie sie lieber weg. Dafür darf es ein Ei oder eine andere gesündere Zutat mehr sein. Und den Salzstreuer stellen Sie am besten gleich ans andere Ende des Tisches oder verbannen ihn in den Küchenschrank.

Dazu darf es gern Kaffee geben. Entgegen der lange gehegten Befürchtung, Koffein belaste den Blutdruck, entwickelt der Körper bei regelmäßigem Kaffeekonsum eine Toleranz und reagiert nicht mit Blutdruckerhöhung. Auch Kakao tut Ihnen gut, denn er hat einen hohen Kaliumgehalt.

MITTAGESSEN

Wenn man zeitlich eingespannt ist und keine Lust oder Zeit zum Kochen hat, bieten sich Fertiggerichte und Konserven an. Doch für Sie leider weniger, denn sehr häufig sind hier hohe Salzmengen enthalten. Weist die Zutatenliste mehr als ein halbes Gramm Salz pro 100 Gramm aus, verzichten Sie. Dazu kommt, dass meistens viel Fett verwendet wird und nicht selten dort Zucker zugefügt wird, wo keiner reingehört. Für die Lebensmittelindustrie sind das billige Geschmacksgeber, für Sie aber leider Dickmacher und dazu noch Gift für Ihren Blutdruck. Schnell gewöhnen wir uns an den intensiven Geschmack dieser stark gesalzenen Gerichte und übernehmen die stark salzige Komponente in unsere eigenen Kochgewohnheiten. Aus diesem Kreislauf müssen Sie ausbrechen.

Kochen Sie selbst, haben Sie den Salzgehalt in der Hand. Lernen Sie die vielfältigen Aromen aller Lebensmittel wieder zu schätzen, würzen Sie statt mit viel Salz lieber mit den unzähligen Gewürzen und Kräutern, die die Küchen dieser Welt zu bieten haben. Toll sind zum Beispiel Schabzigerklee und Liebstöckel. Aber nehmen Sie keine fertigen Gewürzmischungen, denn hier wird in der Regel mit Salz nicht gegeizt. Auch auf Würzsaucen wie Sojasauce, Worchestersauce und Maggi trifft das zu. Knoblauch, Zwiebeln oder Sellerie sind aromatische Geschmacksgeber ohne Salz. Sie werden schnell herausfinden, dass Geschmack nicht nur Salz ist, sondern eine wunderbare Vielfalt unterschiedlichster Aromen. Sehen Sie es als Abenteuer, diese näher kennenzulernen. Die köstlichen Rezepte in diesem Buch geben Ihnen ein paar Anregungen.

Auch Fertigsuppen und fertige Brühen als Würfel oder in Pulverform können viel Salz enthalten. Achten Sie beim Kauf von Brühpulvern auf die Verpackungsangaben. Es gibt salzarme Produkte, oft auch als natriumarm gekennzeichnet – die sollten Ihre Wahl sein.

Das gute Stück Fleisch sollte nicht gerade ein gepökeltes wie Eisbein, Kassler oder Räucherfleisch sein, denn darin ist zu viel Salz enthalten. Kaufen Sie auch kein fertig gewürztes Fleisch – hier steckt das viele Salz in der Würzmischung. Lieber selbst mit Kräutern und Gewürzen experimentieren. Dafür dürfen Sie bei kaliumreichen Lebensmitteln gern ▶

▸ und viel zugreifen. Viele Gemüsesorten enthalten jede Menge Kalium, beispielsweise Fenchel, Spinat, Avocados, Grünkohl und Pilze. Hülsenfrüchte dürfen auch reichlich auf den Tisch kommen, denn auch sie besitzen viel Kalium. Und schwelgen Sie in leckeren Kartoffelgerichten, natürlich mit wenig Salz gewürzt, denn auch Kartoffeln besitzen große Kaliummengen.

Gewöhnen Sie sich an, immer erst am Ende des Kochvorgangs zu salzen. So brauchen Sie geringere Salzmengen. Wird zu früh gesalzen, verliert sich der Salzgeschmack während des Kochens – und man braucht mehr davon, um das gleiche Geschmacksempfinden auszulösen.

ABENDESSEN

Brot ist mit seinem hohen Salzgehalt heikel, deshalb sollten Sie abwägen, ob Sie lieber abends oder morgens Brot essen möchten – bei beiden Mahlzeiten wird es schnell zu viel. Können Sie auf salzarmes oder -loses Brot wie Matzen ausweichen und es geschmacklich akzeptieren, ist das umso besser. Das gewohnte Abendbrot mit Wurst und Käse sollte für Sie eine kleine Abwandlung erfahren: Wurst am besten generell meiden, vor allem die gepökelten Sorten. Das sind zum Beispiel roher und gekochter Schinken, viele Fischkonserven sowie Räucherfisch. Auch hier ist zu viel Salz im Spiel.

Leider enthalten auch Schnitt- und Hartkäsesorten oft viel Salz. Das trifft besonders auf die mageren Sorten zu. Auch fertige Frischkäsezubereitungen sind recht salzhaltig. Besser sind Weichkäsesorten. Doch noch besser ist es, wenn Sie einen eigenen Brotbelag anrühren: Ein frischer Kräuterquark zum Beispiel kann jede Frischkäsezubereitung geschmacklich um Längen schlagen. Eine Guacamole mit Avocado enthält viel gutes Kalium. Fertige Aufstriche, die Sie natürlich auch selbst zubereiten können, sind eine vielseitige Alternative. Ob mit Paprika, Pilzen, Kichererbsen, Linsen oder vielem mehr: Hier kommt das Aroma aus der Grundzutat und nicht vom Salz. Und Kalium bringen sie zusätzlich mit. Fischkonserven sind in den meisten Fällen ebenfalls zu stark salzhaltig, besonders Lachsersatz, ebenso Räucherlachs und anderer Räucherfisch.

Gewohnheiten wie die zwei oder drei Feierabendbierchen oder die Flasche Wein zum Abendbrot sollten sie ad acta legen. Vielleicht fallen Ihnen andere schöne Rituale als Ersatz ein? Ein entspannender Kräutertee zum Beispiel? Oder eine nicht zu süße Limonade? Doch keine Cola, denn sie enthält, kaum zu glauben, ebenfalls Salz. Besonders viel Salz steckt in isotonischen Getränken, die den Mineralstoffgehalt des Körpers wieder auffüllen sollen. Selbst gekaufte Gemüsesäfte enthalten Salz. Bei Mineralwasser müssen Sie nicht unbedingt auf das Kennzeichen „natriumarm" achten, denn die Mengen sind in fast jedem Wasser so gering, dass sie nichts ausmachen.

Salzbrezeln, Chips, Cracker und andere stark salzhaltige Knabbereien ersetzen Sie besser. Vielleicht durch Gemüsesticks, etwas Obst, ungesalzene Nüsse, selbst gemachtes Popcorn oder auch ein paar Grissini mit Sesam.

FAZIT: UNBESCHWERT MIT BLUTHOCHDRUCK

Mit der Reduzierung des Körpergewichts bei Übergewicht und mit einer salzbewussten und kaliumreichen Ernährung können Sie Ihren Blutdruck auf ein gesundes Maß senken. Damit ist Ihr Risiko für Arteriosklerose und daraus resultierende Herz-Kreislauf-Erkrankungen stark reduziert, Sie fühlen sich wieder besser, fitter und gesünder.

DIE REZEPTE

Mit ++ gekennzeichnete Rezepte enthalten Zutaten mit hohem Kaliumgehalt, die geeignet sind, Ihren Blutdruck zu senken.

Rezepte, die Ihren Blutdruck weder in die Höhe treiben noch ihn aktiv senken können, sind mit + gekennzeichnet. Wenn Sie salzsensitiv sind, achten Sie bei diesen Rezepten immer auch besonders darauf, mit möglichst wenig Salz zu würzen. Verwenden Sie stattdessen je nach Vorliebe mehr von den Kräutern und Gewürzen, die in den Rezepten angegeben sind. Abänderungen machen die Rezepte für Sie besser verträglich; diese sind mit * gekennzeichnet.

Alle Rezepte, die mit – gekennzeichnet sind, eignen sich für Bluthochdruckpatienten nicht. Dabei wurde nicht zwischen salzsensitiven Menschen und solchen, die auf Salz nicht oder nur gering mit einer Blutdruckerhöhung reagieren, unterschieden. Sind Sie nicht salzsensitiv, sind solche Rezepte unter Umständen für Sie geeignet. Prüfen Sie die Zutaten genau und wägen Sie ab, ob das Rezept für Sie infrage kommt.

„Tiere streicheln streichelt auch die Seele. Und senkt nachweislich den Blutdruck.“

Ernährungsempfehlung bei Bluthochdruck

⊕

FRÜHSTÜCK

+ Müsli
+ Nüsse, Mandeln, Samen
+ wenn Brot: natriumarmes Spezialbrot, Vollkornbrot, Matzen
+ fettarmer Käse (Frisch-, Hütten-, Hand-, Weichkäse)
+ Aufstriche mit Nüssen, Samen, Sojaprodukten, Hülsenfrüchten, Getreide, Gemüse
+ Kräuterquark
+ Kaffee, Kakao, Kräutertee

ZWISCHENMAHLZEITEN

+ Müsli
+ ungesalzene Nüsse, Mandeln, Samen
+ wenn Brot: natriumarmes Spezialbrot, Vollkornbrot, Matzen
+ fettarmer Käse (Frisch-, Hütten-, Hand-, Weichkäse)
+ Aufstriche mit Nüssen, Samen, Sojaprodukten, Hülsenfrüchten, Getreide, Gemüse
+ Kräuterquark
+ Gemüsesticks mit Dip
+ Obst
+ selbst gemachtes Popcorn
+ Sesamgrissini

MITTAGESSEN

+ Gemüse (besonders Fenchel, Spinat, Grünkohl, Avocados, Pilze)
+ Hülsenfrüchte
+ Kartoffeln
+ Gewürze: Salz durch Kräuter, Gewürze, Knoblauch, Zwiebeln, Sellerie ersetzen

ABENDESSEN

+ wenn Brot: natriumarmes Spezialbrot, Vollkornbrot, Matzen
+ fettarmer Käse (Frisch-, Hütten-, Hand-, Weichkäse)
+ Aufstriche mit Nüssen, Samen, Sojaprodukten, Hülsenfrüchten, Getreide, Gemüse
+ Kräuterquark
+ Kräutertee, Limonade (nicht zu süß)
+ fettarmer Käse (Frisch-, Hütten-, Hand-, Weichkäse)
+ Aufstriche mit Nüssen, Samen, Sojaprodukten, Hülsenfrüchten, Getreide, Gemüse

⊖

FRÜHSTÜCK

- Brot (besonders aus Weißmehl)
- Wurst
- Speck
- fertige Frischkäsezubereitungen

ZWISCHENMAHLZEITEN

- Brot (besonders aus Weißmehl)
- Wurst
- fertige Frischkäsezubereitungen
- Salzbrezeln, Chips, Cracker
- isotonische Getränke
- Cola

MITTAGESSEN

- Fertiggerichte
- gepökeltes Fleisch und gepökelte Wurst
- Gewürze: wenig Salz
- Brühpulver und -würfel
- Würzsaucen wie Sojasauce, Worchestersauce, Maggi

ABENDESSEN

- Brot (besonders aus Weißmehl)
- Wurst
- Speck
- fertige Frischkäsezubereitungen
- Fischkonserven
- Bier
- Wein
- Cola
- isotonische Getränke

S. 134

S. 164

S. 166

S. 188

S. 196

S. 198

S. 272

S. 280

S. 284

DIABETES TYP 2

Meistens fängt Typ-2-Diabetes völlig unbemerkt und harmlos an. Was Sie vielleicht als Erstes stutzig macht, ist der ungewöhnliche Harndrang. Gleichzeitig haben Sie ein starkes Durstgefühl. Doch das wird von vielen Erkrankten fehlinterpretiert, die glauben, wer viel trinkt, müsse schließlich auch viel ausscheiden. Der große Wasserverlust führt über die Zeit dazu, dass Sie austrocknen und die Durchblutung nicht mehr richtig funktioniert. Das zeigt sich durch trockene Haut und Juckreiz sowie durch Infektionsanfälligkeit.

Seien Sie bei solchen Symptomen aufmerksam, sie können ein Hinweis auf Typ-2-Diabetes sein. Sind Sie übergewichtig, ist die Wahrscheinlichkeit eines Diabetes noch erhöht, denn Übergewicht und Diabetes hängen eng zusammen. Viele Betroffene nehmen solche Symptome nicht ernst genug und es kann Jahre dauern, bis der Diabetes entdeckt wird. Haben Sie diesen Verdacht, dann gehen Sie auf jeden Fall zum Arzt, der mit Ihnen einen Nüchtern-Blutzuckertest durchführt. Wenn der Blutzuckerspiegel über einem bestimmten Wert (126 mg/dl) liegt, haben Sie Diabetes.

Ihr Arzt wird Ihnen sagen, ob Sie auf jeden Fall Insulin spritzen beziehungsweise Medikamente nehmen müssen oder ob eine Ernährungsumstellung, Gewichtsabnahme und mehr Bewegung in Ihrem Fall schon reichen können. Rät er Ihnen gleich zu Medikamenten, haken Sie ruhig nach, ob er das wirklich für unumgänglich hält. Manche Ärzte empfehlen die Medikation vielleicht nur deshalb, weil sie glauben, dass das der Patient erwartet, oder weil sie ihm nicht zutrauen, sich aktiv mit der Krankheit zu beschäftigen.

In vielen Fällen ist es aber möglich, den Typ-2-Diabetes nur durch eine Lebensumstellung im Zaum zu halten. Die Krankheit ist zwar nicht heilbar und jede kleine Zuckersünde zeigt sich schnell in einer Blutzuckerspitze. Aber mit guter Ernährung, Gewichtsabnahme bei Übergewicht und regelmäßiger Bewegung können Sie den Blutzuckerspiegel in den Griff bekommen und ein beschwerdefreies Leben führen. Nicht nur das: Sie gewinnen mit einem fitteren Körper an Lebensqualität und Lebensfreude. Sie müssen keine Folgeerkrankungen befürchten und bleiben symptomfrei.

WAS IST DIABETES?

Der Diabetes ist eine Stoffwechselerkrankung, bei der zwischen zwei Formen unterschieden werden muss:

Diabetes Typ 1 ist genetisch bedingt und beginnt schon in jungen Jahren mit entsprechenden Symptomen. Diesen Diabetikern fehlt das Insulin, das den Blutzucker aus dem Blut in die Zellen transportiert. Sie sind meistens schlank, müssen auf jeden Fall Insulin spritzen und können ihre Erkrankung nicht durch Ernährung beeinflussen.

Anders sieht es bei den Typ-2-Diabetikern aus, die mit 90 Prozent den weitaus größten Anteil ausmachen. Lange nannte man diese Form auch Altersdiabetes, weil fast nur ältere und alte Menschen davon betroffen waren. Heute allerdings erkranken auch immer mehr jüngere Leute – und das hat viel mit falscher Ernährung und damit verbundenem Übergewicht zu tun. Betroffene erkranken im Lauf der Zeit, sofern sie eine genetische Veranlagung dazu besitzen. Aber nicht jeder, der sich schlecht ernährt und Übergewicht hat, muss erkranken.

Bei Typ-2-Diabetikern liegt eine sogenannte Insulinresistenz vor. Es ist unter Umständen genug Insulin vorhanden, aber dieses hat über die Zeit die Wirkung verloren und kann seine Funktion, den Blutzucker in die Zellen zu transportieren, nicht mehr ausreichend wahrnehmen. Das Blut wird praktisch von Zucker überschwemmt. Durst und Harndrang lassen sich dadurch erklären, dass der Körper versucht, den Zucker durch Ausscheidung über den Harn wieder loszuwerden.

Längerfristige Folgen von Diabetes resultieren aus der schlechten Durchblutung. Es beginnt bei den Extremitäten, die taub werden und absterben können (diabetischer Fuß). Auch die Sehfähigkeit leidet, was zur Erblindung führen kann. Das Risiko für Herzinfarkte steigt und die Nieren werden geschädigt. Die Erkrankung wird lebensgefährlich. Es muss so schnell wie möglich etwas geschehen.

WIE ENTSTEHT DIE ERKRANKUNG?

Insulinresistenz kann entstehen, wenn das Blutzucker-Insulin-System über lange Zeit zu stark belastet wird. Immer wiederkehrende Blutzuckerspitzen bringen es auf Dauer an seine Grenzen.

Wie kommt es dazu? Mit jeder Kohlenhydratzufuhr, also im Grunde immer, wenn wir etwas gegessen haben, muss Insulin seine Arbeit verrichten. Sind die aufgenommenen Kohlenhydrate nach dem Essen als Blutzucker im Blut angekommen, wird Insulin ins Blut ausgeschüttet, um den Transport des Blutzuckers in die Zellen zu gewährleisten.

Insulin sorgt so dafür, dass der Blutzuckerspiegel immer möglichst wenig schwankt und die Zellen mit Energie versorgt werden. Das kann ein gemächliches, aber stetiges Abarbeiten sein oder aber ein blitzschneller Katastropheneinsatz unter Aufbietung aller zur Verfügung stehenden Möglichkeiten – abhängig davon, welche Lebensmittel und welche Art von Kohlenhydraten wir aufgenommen ▶

Gebühr belasten und dabei einfach lecker sind. Generell ist es gut, bei allen Zutaten, die viele Kohlenhydrate enthalten, die Vollkornvariante zu wählen. Sie dürfen gern öfter auf dem Speiseplan stehen. In Hülsenfrüchten ist der Kohlenhydratanteil zwar teilweise recht hoch, wegen der hohen Ballaststoffgehalte haben sie sich aber in Diabetikerstudien schon als blutzuckersenkend gezeigt. Sie sind also gut für Sie. Auch Gemüse dürfen Sie genießen, so viel Sie mögen, ebenso Kartoffeln. Topinambur, auch „Diabetikerknolle“ genannt, besitzt das Kohlenhydrat Inulin, das insulinunabhängig aufgenommen wird. Ideal für Sie, denn dieses Kohlenhydrat belastet den Blutzuckerspiegel nicht.

Wegen der guten Omega-3-Fettsäuren darf fettreicher Seefisch hin und wieder auf den Tisch kommen.

Wenn Sie übergewichtig sind, essen Sie nicht zu viel Fett. Eiweißreiche Mahlzeiten machen Sie schneller satt, aber nicht dick. Viel Eiweiß haben Milch und Milchprodukte, Ei, Fisch, Geflügel und Soja. Doch überlasten Sie nicht Ihre Nieren mit zu viel Eiweiß. Schneller satt sind Sie auch mit Vollkornprodukten.

Sind Sie auf Kantinenessen angewiesen, wählen Sie möglichst fettarme Gerichte, viel Gemüse, Salate und Vollkornprodukte. Meiden Sie Frittiertes und Fast Food.

Seien Sie vorsichtig mit Fertiggerichten. Hier ist Zucker oft gut versteckt, dazu sind viele Gerichte sehr fettreich. Auf Zutatenlisten ist Zucker jedoch oft nicht aufgeführt, denn die Lebensmittelindustrie ist sehr fantasievoll, wenn es um das Verstecken der Süßungsmittel geht – 70 Namen kann die süße Zutat haben. Für den Laien ist er deshalb nicht immer zu identifizieren, zumal er sich selbst in pikanten Fertigprodukten befindet, wo wir ihn gar nicht vermuten. Deshalb besser auf Fertiggerichte verzichten und die Freude am Selberkochen entdecken.

ABENDESSEN

Auch beim Abendessen sollten Sie auf Vollkorn umsteigen und auf fettarme Beläge achten. Gern auch Fischkonserven oder Räucherfisch mit Omega-3-Fettsäuren. Salat mit viel Gemüse ist eine tolle Ergänzung, auch Rührei oder Strammer Max auf Vollkorntoast.

SPEZIELLE DIABETIKER-LEBENSMITTEL

Seit Oktober 2012 ist die Kennzeichnung spezieller Lebensmittel für Diabetiker nicht mehr erlaubt. Diese Lebensmittel waren zwar zuckerfrei, hatten aber teilweise sogar höhere Kalorien- und Fettgehalte als normale und förderten damit sogar noch Übergewicht. Da Restbestände verkauft werden dürfen, findet man sie gelegentlich noch in den Geschäften. Dort sollten sie auch bleiben.

SÜSSSTOFFE, ZUCKERAUSTAUSCHSTOFFE, STEVIA

Für Diabetiker können Süßstoffe eine Alternative sein. Doch diese Stoffe stehen unter dem Verdacht, das Sättigungsgefühl auszutricksen, denn ihr Geschmack signalisiert die Zufuhr von Zucker, worauf der Stoffwechsel reagiert – aber ohne wirkliche Zuckerzufuhr auch kein Sättigungsgefühl. Daneben verführen Süßstoffe Sie womöglich dazu, mehr zu essen, schließlich sind ja keine Zuckerkalorien im Spiel. Letztlich könnte möglich sein, dass diese Stoffe das Gegenteil bewirken, was sie sollen: Sie machen dick. Verlassen Sie sich lieber auf natürliche Süße, genießen Sie sie in Maßen mit gesunden Begleitern.

Zuckeraustauschstoffe wie Fruktose lassen den Blutzuckerspiegel nicht so stark steigen, bringen jedoch auch Kalorien mit, die sich auf die Hüften legen. Stevia, das relativ neu entdeckte natürliche Süßungsmittel, ist für Diabetiker dagegen eine gute Süßungsalternative.

FAZIT: UNBESCHWERT MIT TYP-2-DIABETES

Mit einer ausgewogenen, gesunden Ernährung ist es möglich, einen leichten Typ-2-Diabetes in den Griff zu bekommen und ohne spürbare Einschränkungen aus dem reichhaltigen Angebot natürlicher Lebensmittel zu schöpfen. Unter regelmäßiger Eigenkontrolle des Blutzuckerspiegels und Kontrolle durch den Arzt gestalten Sie Ihren Speiseplan. Regelmäßige Bewegung sollte für Diabetiker ein ganz wichtiger Teil des Lebens werden, um Übergewicht abzubauen, die Insulinresistenz zu verbessern und damit die Lebensqualität zu erhöhen. Der Blutzucker normalisiert sich und dadurch lockern sich auch die Ernährungsregeln nach und nach.

DIE REZEPTE

Rezepte, die blutzuckersenkende Zutaten verwenden, finden Sie unter der Kennzeichnung ++.

Solche Rezepte, die Ihren Blutzucker nicht in die Höhe treiben, sind mit + gekennzeichnet. Hier dürfen Sie ohne Reue genießen.

Auf mit – markierte Rezepte verzichten Sie besser, denn die Kohlenhydrate sind für Sie ungünstig.

„Topinambur wird auch ‚Diabetikerknolle‘ genannt. Sein Kohlenhydrat Inulin belastet den Blutzuckerspiegel nicht.“

Ernährungsempfehlung bei Diabetes Typ 2

(+)

FRÜHSTÜCK

- + Vollkornbrot
- + Konfitüre mit Stevia
- + fettarmer Käse (Frisch-, Hütten-, Hand-, Weichkäse)
- + magere Wurst (Kochschinken ohne Fettrand, Krakauer, Corned Beef, kalter Braten)
- + Eier
- + Quark, Joghurt, Kefir, Buttermilch (ohne Zucker)
- + Müsli aus Sojaflocken (wenig Flocken, viel Obst und Milch oder Joghurt)
- + Obst (Äpfel, Birnen, Beeren; nicht zu süß)
- + Kaffee

ZWISCHENMAHLZEITEN

- + Obst (Äpfel, Birnen, Beeren; nicht zu süß)
- + Vollkornbrot
- + Konfitüre mit Stevia
- + Müsli aus Sojaflocken (wenig Flocken, viel Obst und Milch oder Joghurt)
- + fettarmer Käse (Frisch-, Hütten-, Hand-, Weichkäse)
- + magere Wurst (Kochschinken ohne Fettrand, Krakauer, Corned Beef, kalter Braten)
- + Quark, Joghurt, Kefir, Buttermilch (ohne Zucker)
- + Gemüsesticks mit Dip, Salat

MITTAGESSEN

- + Vollkornreis, Vollkornnudeln
- + Hülsenfrüchte
- + Gemüse (besonders Topinambur), Kartoffeln
- + Salat
- + Fisch (besonders fettreicher Meeresfisch wie Makrele, Aal, Lachs, Hering, Sardine, Sardelle)
- + Geflügel, Tofu

ABENDESSEN

- + Vollkornbrot
- + fettarmer Käse (Frisch-, Hütten-, Hand-, Weichkäse)
- + magere Wurst (Kochschinken ohne Fettrand, Krakauer, Corned Beef, kalter Braten)
- + Kräuterquark
- + Kefir, Buttermilch
- + Fischkonserven, Räucherfisch (besonders fettreicher Meeresfisch wie Makrele, Aal, Lachs, Hering, Sardine, Sardelle)
- + Eier

(–)

FRÜHSTÜCK

- – Müsli (besonders mit Trockenfrüchten und Rosinen)
- – Haferflocken
- – Honig
- – Konfitüre mit Zucker
- – Schoko-Aufstrich

ZWISCHENMAHLZEITEN

- – Trockenfrüchte
- – sehr süßes Obst
- – Honig
- – Konfitüre mit Zucker
- – Schoko-Aufstrich

MITTAGESSEN

- – Fertiggerichte
- – Frittiertes
- – Fast Food

ABENDESSEN

- – Fertiggerichte
- – Frittiertes
- – Fast Food

S. 150

S. 172

S. 206

S. 232

S. 234

S. 252

S. 262

S. 272

S. 280

GICHT

Wenn Sie eines Nachts – scheinbar praktisch aus dem Nichts – heftige Gelenkschmerzen bekommen, typischerweise im Grundgelenk des großen Zehs, das Gelenk anschwillt, rot und unheimlich berührungsempfindlich wird, könnte es sich um einen Gichtanfall handeln. Manchmal sind die Schmerzen auch von Fieber begleitet. Sie erreichen nach sechs bis zwölf Stunden ihren Höhepunkt und klingen unbehandelt nach drei Tagen wieder ab. Doch so geduldig werden Sie nicht abwarten wollen.

Der Gang zum Arzt – so schnell wie möglich – wird für Sie selbstverständlich sein, um die Schmerzen loszuwerden, aber auch, um eine andere Erkrankung auszuschließen. Das ist gut, denn es ist unbedingt notwendig einzugreifen. Die Schmerzen sind die Folge von schon länger andauernden Prozessen im Körper, die sich für Sie erst viel später auf diese Weise bemerkbar machen.

Dazu kommt, dass das vorliegende Stoffwechselungleichgewicht der erste Stein in einem umfassenden Stoffwechseldomino sein kann, bei dem ein großer Teil des Stoffwechsels entgleist, was in einer ganzen Batterie von Krankheiten endet: Übergewicht, Bluthochdruck, Diabetes und Fettstoffwechselstörungen können folgen, das sogenannte metabolische Syndrom.

Sehr wahrscheinlich wird der Arzt aufgrund Ihrer Symptome schon eine Vermutung haben und über eine Blutentnahme den Harnsäurewert bestimmen. Erhöht sind die Harnsäurewerte, wenn sie über 6,5 mg/dl liegen. Dann ist auch das Risiko für Gicht erhöht und die Wahrscheinlichkeit, dass Sie einen Gichtanfall haben, recht hoch. Von Gicht spricht man aber erst, wenn Harnsäurekristalle in den Gelenken ausfallen, von Gichtanfall, wenn es zu akuten Entzündungen kommt.

Gegen die akuten Schmerzen wird Ihnen Ihr Arzt Medikamente verschreiben. Bestätigt sich die Diagnose, können Sie jedoch selbst aktiv werden, um der Gicht ein Schnippchen zu schlagen. Denn Gicht ist die Folge einer Kombination von genetischer Veranlagung zu der Krankheit, einer jahrelangen einseitigen Ernährung und womöglich noch Übergewicht.

Für Sie steht jetzt mehr Abwechslung in der Ernährung an. Und keine Sorge: Keine Nahrungsmittel sind tabu, doch sollten manche in Zukunft für Sie zu den Lebensmitteln gehören, die Sie nur hin und wieder ganz bewusst und nicht so regelmäßig wie bisher genießen. Das schafft Platz für neue Entdeckungen auf Ihrem Teller.

Doch es muss nicht erst so weit kommen, dass Sie wegen der Schmerzen zum Arzt getrieben werden. Wenn Sie regelmäßig zum Gesundheitscheck gehen, werden erhöhte Harnsäurewerte rechtzeitig entdeckt. Dann kann vorgesorgt werden, bevor es zu schmerzhaften Folgeerscheinungen kommt, denn die Harnsäurewerte werden bei der Erstellung eines Blutbildes automatisch erfasst.

WAS IST GICHT?

„Der Dicke aber – autsch! mein Bein! – hat wieder heut' das Zipperlein." Was Wilhelm Busch schon Mitte des 19. Jahrhunderts beschreibt, ist ein Symptom der einstigen Wohlstandskrankheit Gicht. Gicht war über viele Jahrhunderte die Krankheit der Könige und der Reichen, sie war eine Folge maßloser Völlerei.

Heute hat die Krankheit nichts mehr mit individuellem Wohlstand zu tun, denn die Mitverursacher sind neben einer Veranlagung hauptsächlich solche Lebensmittel, die sich heute jeder leisten kann: zu viel Fleisch und zu viel Alkohol. Kommen noch zu viele Pfunde dazu, sind das neben der Veranlagung gleich drei Risikofaktoren. Dementsprechend weitverbreitet ist die Krankheit heute, durchschnittlich sind ein bis zwei Prozent von uns betroffen, bei den über 65-Jährigen sogar noch mehr.

Bei Männern ist das Risiko für eine Gichterkrankung zehnmal so hoch wie bei Frauen – aus verschiedenen Gründen: Die Veranlagung zu erhöhten Harnsäurewerten (Hyperurikämie) kann weitervererbt werden, meistens auf das männliche Geschlecht. Zudem sind Frauen vor den Wechseljahren noch durch das Hormon Östrogen ganz gut geschützt. Und wer weiß: Vielleicht kommt dazu, dass Männer im Schnitt bei Fleisch und Alkohol gern etwas beherzter zugreifen als Frauen.

Gicht ist eine Störung des Harnstoffwechsels, bei der sich Harnsäure in den Gelenken ablagert. Dort ruft sie schmerzhafte Entzündungen hervor. Der Harnstoffwechsel ist ein notwendiger Abbauprozess für bestimmte Stoffe, die etwa zur Hälfte im Körper gebildet, zur anderen Hälfte aber auch über die Nahrung zugeführt werden: die Purine.

WAS SIND PURINE?

Die Purine sind Bestandteile der DNA in den Zellen, von Enzymen und energieübertragenden Stoffen. Sie kommen in allen Nahrungsmitteln vor – jedoch in ganz verschiedenen Mengen.

Ein Ei zum Beispiel ist sehr purinarm, weil es nur aus einer einzigen Zelle besteht. Zellreiche Lebensmittel, die eine hohe Stoffwechselaktivität haben, wie Innereien, enthalten dagegen sehr viele Purine. ▶

▸ *WIE ENTSTEHT GICHT?*

Zu viele Purine überfordern den Harnstoffwechsel derart, dass mehr Harnsäure gebildet wird, als der Körper ausscheiden kann. Normalerweise kommt Harnsäure gelöst im Blut vor. Das muss so sein, denn es gehört zum Abbauprozess dazu und ist völlig harmlos. Wird es aber zu viel Harnsäure und ist der pH-Wert durch die entsprechende Ernährung dazu noch ungünstig, kann sie nicht mehr komplett gelöst werden und fällt in Form winziger Kristalle aus, die sich in den Geweben niederlassen.

Probieren Sie es selbst mal aus: Geben Sie löffelweise Salz in ein Glas Wasser. Die ersten Löffel lösen sich noch gut auf. Doch irgendwann ist die Lösung gesättigt und noch mehr Salz bleibt in seiner kristallinen Form bestehen.

Genau das passiert auch mit der Harnsäure im Blut. Für die Zellen sind diese Kristalle Fremdkörper, die Abwehrstoffe auf den Plan rufen und den Entzündungsprozess damit weiter verschlimmern. Gelenke, Schleimbeutel, Sehnen, sogar Ohrknorpel sind die Orte, wo sich die Kristalle festsetzen und wo dann heftige Schmerzen entstehen. Auch die Niere kann betroffen sein, dann kommt es zu Nierensteinen und -schäden, sogar zur sogenannten Gichtniere.

Sehr häufig liegt eine angeborene Neigung zu einem erhöhten Harnsäurespiegel vor. Steckt dieser Stoffwechseldefekt hinter der Krankheit, spricht man von der primären Form. Doch muss das nicht automatisch in einer Gichterkrankung enden; nur jeder Zehnte entwickelt auch eine Gicht. Kommen jedoch weitere Auslöser wie Übergewicht, zu wenig Bewegung und falsche Ernährung hinzu, vielleicht noch bestimmte Medikamente, kann der Harnsäurespiegel so stark steigen, dass irgendwann Gicht entsteht.

Die sekundäre Form, die seltener vorkommt, kann eine Begleiterscheinung von anderen Krankheiten sein, bei denen viele Zellen abgebaut werden, wie von Leukämie oder Nierenerkrankungen, aber auch bei zellzerstörenden Krebstherapien und Blutverlust. Viel Zellabbau gibt es auch beim Fasten sowie bei einer schnellen und drastischen Gewichtsabnahme.

Was kann ich mit Ernährung erreichen?

PURINFALLEN VERMEIDEN

Wenn Sie erfahren haben, dass Sie erhöhte Harnsäurewerte haben, können Sie sofort mit Ihrer Ernährung gegensteuern. Sie reduzieren Ihren Harnsäuregehalt im Blut zuverlässig, indem Sie hauptsächlich purinarme Lebensmittel essen und den purinreichen sowie denen, die indirekt den Harnsäurespiegel erhöhen, weitgehend die Rote Karte zeigen. Auf diese Weise haben Sie eine gute Chance, Ihren Harnsäurewert in den Griff zu bekommen, müssen keine Medikamente nehmen und haben keine Gichtattacken oder gar Nierenschäden zu befürchten.

Allem voran gehören Innereien mit ihrem sehr hohen Gehalt an Purinen auf die Negativliste. Aber die hat man ja ohnehin nicht allzu häufig auf dem Speiseplan stehen. Schwieriger wird es mit den Lebensmitteln, die auf der Liste der purinreichen Lebensmittel gleich danach kommen: Fleisch und Wurst, Fisch und Meeresfrüchte. Kurz: Für Sie wäre eine vegetarische Ernährung gut. Denn bis auf wenige Ausnahmen, wie Hülsenfrüchte, enthalten pflanzliche Lebensmittel, Eier, Milch und Milchprodukte viel weniger Purine. Wenn Sie also Lust haben, die vielen Möglichkeiten von Gemüse, Obst, Getreide, Eiern und Milchprodukten kennen und genießen zu lernen, Fleisch und Fisch ein Tellerverbot zu erteilen und dabei auch noch Ihre Gesundheit profitieren zu lassen, ist das ideal.

Doch Sie müssen keinesfalls darben, wenn Ihnen das zu radikal erscheint. Sie sollten nur Ihre Ernährungsschwerpunkte etwas verschieben. Fleisch und Fisch sind nicht verboten, aber es ist gut, wenn Sie diese Lebensmittel reduzieren und darauf achten, dass der Rest der Mahlzeit besonders purinarm ist. Verringern Sie Ihrer Gesundheit zuliebe die tägliche Fleischmenge auf 150 Gramm am Tag und legen Sie auch öfter einen fleisch-, fisch- und wurstfreien Tag ein.

Die gesamte Purinmenge sollte bei höchstens 500 Milligramm pro Tag liegen. Haben Sie einen akuten Gichtschub, müssen Sie etwas strenger mit sich sein und die purinreichen Lebensmittel für ein paar Tage komplett weglassen. Dann sind 300 Milligramm die tägliche Höchstgrenze.

Zur Orientierung über Puringehalte einzelner Lebensmittel finden Sie im Internet verschiedene Listen und Purinrechner – sogar zur Bestimmung ganzer Mahlzeiten. Alkohol sollten Sie generell zum Genussmittel erklären, das Sie sich nur hin und wieder zu besonderen Anlässen gönnen. Denn er erhöht den Harnsäuregehalt, indem er einerseits die Harnsäureproduktion anregt und gleichzeitig die Harnsäureausscheidung hemmt – eine fatale Kombination. Und noch eine Nebenwirkung von Alkohol könnte Ihnen zu schaffen machen: Er macht Lust auf ein deftiges Essen mit viel Fett und Fleisch. Doch reichlich Bier, Grillwürstchen und -steaks können für Ihren Harnsäurewert ein Fiasko bedeuten: Nicht selten geht einem akuten Gichtschub mit Schmerzattacken ein feucht-fröhlicher Grillabend voraus.

Wenn Sie sich immer vor Augen halten, dass Sie mit einer Ernährungsumstellung schmerzhafte Symptome vermeiden können, fällt Ihnen eine veränderte Ernährungsweise vermutlich leichter, als Sie glauben. Vielleicht werden Sie staunen, welche Vielfalt unsere Lebensmittel bieten. Wenn Sie Fleisch und Fisch öfter mal weglassen, wird auf Ihrem Teller auf einmal ein Platz frei, den Sie jetzt mit ganz neuen Verheißungen füllen können.

WENIGER FETTREICH ESSEN, KÖRPERGEWICHT REDUZIEREN, VIEL TRINKEN

Ohne die genauen Gründe zu kennen, hat man einen engen Zusammenhang zwischen Körpergewicht und Gicht festgestellt. Zwei von drei Gichtpatienten sind übergewichtig. Fest steht, dass fettreiches Essen Gicht fördern kann, denn die Stoffwechselprodukte, die beim Fettabbau entstehen, hemmen den Harnsäureabbau.

Wenn Sie purinarm essen, also hauptsächlich weniger Fleisch und Fisch, haben Sie gleichzeitig schon eine potenzielle Fettfalle umgangen. Eine ausgewogene und gesunde Ernährung, die größtenteils aus pflanzlichen Lebensmitteln besteht, hilft Ihnen beim Abnehmen.

Trinken Sie viel, jedoch alkoholfreie und zuckerarme Getränke. Viel Flüssigkeit spült die Harnsäure aus Ihrem Körper. Und es sollten saure oder kohlensäurehaltige Getränke sein, auch saures Obst ist gut. Bereits einige Tropfen Zitronensaft im Wasser wirken Wunder, denn die Säure hält die Harnsäure flüssig, sodass sie weniger schnell auskristallisieren kann.

AUFPASSEN BEI RADIKALDIÄTEN, EXTREMSPORT UND STRENGEM FASTEN

Doch übertreiben Sie es nicht mit dem Abnehmen. Radikaldiäten, bei denen Sie schnell viel Körpermasse verlieren, setzen viele Purine frei, denn schließlich werden Zellen abgebaut. Dasselbe passiert beim strengen Fasten und auch bei extremen sportlichen Belastungen wie einem Marathonlauf. Extremes Fasten, das viele als körperreinigenden Prozess empfinden, bei dem entschlackt werden soll, kann bei Ihnen einen Gichtanfall auslösen. Strenges Fasten ist also nichts für Sie, aber gut geführte und weniger radikale Fastenkuren können dabei helfen, den Harnsäurespiegel zu reduzieren. Sport zu treiben ist gut für Sie, auch wegen der Gewichtsreduktion, aber auch hier nicht übertreiben.

Es ist also gar nicht so schwer, den Harnsäurespiegel zu senken und die Lebensqualität damit enorm zu steigern. Sehen Sie die purinarme Diät nicht nur als eine wirkungsvolle Methode, die Krankheit in den Griff zu bekommen, sondern auch als eine Möglichkeit, Ihren Horizont bezüglich Ihres kulinarischen Genusses zu erweitern.

Von morgens bis abends lecker essen

FRÜHSTÜCK

Ein purinarmes Frühstück ist möglichst ein vegetarisches Frühstück. Marmeladenbrote, Käsebrötchen, Fruchtquark, Rührei, Spiegelei, Omelette: Alles ist erlaubt, solange Fleisch und Wurst nicht im Spiel sind. Bei einem akuten Gichtanfall müssen diese tierischen Lebensmittel wirklich tabu sein und in den symptomfreien Phasen sollten sie nicht täglich auf dem Tisch stehen.

Weil Sie auch ein bisschen auf die Pfunde achten müssen und Fettreiches schlecht für den Harnsäurespiegel ist, schauen Sie auch auf den Fettgehalt. Magere Käsesorten sind Frischkäse, Hüttenkäse und Handkäse. Magerquark bekommen Sie mit kohlensäurehaltigem Mineralwasser in der gleichen Menge schön luftig-cremig.

Vollkornprodukte sind übrigens purinhaltiger als die entsprechenden Weißmehlprodukte. Da sie aber sonst wegen der vielen Ballast- und Mineralstoffe, der Vitamine und Spurenelemente gesund sind, können sie hin und wieder sein, dürfen aber gern auch gegen Baguette oder Brötchen aus weißem Mehl getauscht werden. Auch Müsli kann wegen der Haferflocken relativ purinreich sein.

Lange Zeit dachte man, dass Kaffee, schwarzer Tee sowie Kakao bei Gicht nicht zu empfehlen sind, doch heute ist bekannt, dass sie zwar Purine enthalten, diese aber nicht zu Harnsäure abgebaut werden. Hier haben Sie also freie Wahl. ▶

„Bei Gicht tut vegetarische Ernährung gut. Denn Fleisch und Fisch enthalten mehr Purin als pflanzliche Lebensmittel.“

MITTAGESSEN

Auch mittags gilt der kritische Blick auf den Fleisch- oder Fischanteil einer Mahlzeit. Wenn Fleisch für Sie bisher täglich auf dem Tisch stand, ist es an der Zeit, purinärmeren Lebensmitteln mehr Chancen zu geben. Für die Zubereitung von Fleisch gibt es ein paar Tricks, die den Puringehalt vermindern: Dünsten oder Kochen sind auf jeden Fall die besseren Methoden als Braten oder Grillen, denn die Purine gehen teilweise ins Kochwasser über und werden damit weggeschüttet. Verwenden Sie das Kochwasser also nicht für Saucen oder anderes.

Fisch- und Geflügelhaut sowie die Schwarte von Schweinefleisch sind besonders purinreich, deshalb immer entfernen. Innereien wie Leber, Bries, Nierchen sind gar nicht für Sie geeignet. Rinderbrust, Schweinebauch und -kotelett, Wild, Hähnchenschenkel (ohne Haut), Putenbrust oder -schnitzel, Weißwurst und Wiener Würstchen sind noch relativ purinarm.

Bei Fisch sind es fettarme weiße Sorten wie Kabeljau, Rotbarsch, Seelachs oder Seeteufel, aber auch Räucheraal, Scholle und Makrele (alle immer ohne Haut), die noch relativ geringe Gehalte aufweisen. Meeresfrüchte haben immer sehr hohe Purinwerte, sind also ungeeignet für Sie. Wenn Sie sich mal etwas Besonderes gönnen wollen, dürfen es ganz ausnahmsweise Krabben sein, die noch die geringsten Werte unter den Meeresfrüchten aufweisen. Wollen Sie Fleisch, Fisch oder Meeresfrüchte auf den Tisch bringen, wissen Sie jetzt, welche Sorten Sie möglichst bevorzugen sollten. Gut ist, wenn Fleisch oder Fisch nicht den größten Anteil an der Mahlzeit ausmachen. Statt eines Koteletts mit ein bisschen Beilage können Sie ja einen Auflauf mit Rindfleischstreifen zubereiten, eine Pizza mit etwas Schinken belegen, Mettklößchen als Suppeneinlage aus Bratwurstmasse machen und, und, und.

Fleischersatzprodukte, die aus Sojabohnen hergestellt werden, beispielsweise Tofu, sind leider auch purinreich, doch die Werte liegen noch unter denen der purinärmsten Fleischsorten. Deshalb dürfen Sie bei Fleischeslust auch gern mal etwas aus Tofu probieren – doch auch das besser nicht zu häufig.

Gemüse ist in der Regel purinarm. Von Hülsenfrüchten wird oft abgeraten, denn die getrockneten Früchte haben hohe Purinwerte. Da man getrocknete Erbsen, Linsen und Bohnen aber vor dem Verzehr in viel Wasser kocht und sie etwa das Vierfache ihres Gewichts an Wasser aufnehmen, relativieren sich die Werte schnell. Dazu kommt, dass sie Stoffe enthalten, die die Ausscheidung der Harnsäure unterstützen. Sie sind also keinesfalls tabu, sondern sogar ganz gut für Sie. Kohlsorten wie Blumenkohl haben ebenfalls recht hohe Gehalte, genauso wie Spinat und Spargel sowie verschiedene Pilzsorten (unter anderem Steinpilze und Champignons).

Selbst innerhalb eines Gemüses variieren die Puringehalte: Spargelspitzen haben höhere Werte als die Stangen und Spinatstiele höhere als die Blätter. Wenn Sie purinreiches Gemüse essen möchten, verzichten Sie besser auf die purinreichsten Teile und kombinieren den Rest mit purinarmen Sorten wie Tomaten, Kürbis, Möhren, Salat, Paprika, um den Puringehalt der ganzen Mahlzeit nicht zu hoch werden zu lassen.

Bei stärkehaltigen Beilagen gibt es bei Kartoffeln keine Beschränkungen, bei Nudeln liegen Sie mit Eiernudeln besser als mit Hartweizenpasta und polierter Reis ist eher zu empfehlen als die Vollkornversion, was im Übrigen auch für andere Getreideprodukte gilt.

Bei Kräutern gibt es erhebliche Unterschiede. Normalerweise macht es nichts, wenn Sie die Kräuter nur in kleinen Mengen zum Würzen verwenden. Bei Pesto allerdings macht es sich bemerkbar, dass Basilikum relativ purinreich ist. Petersilie oder Rucola ist ein würdiger und purinärmerer Ersatz.

Hefe ist übrigens auch sehr purinreich. Deshalb lieber mit Backpulver oder Ei gelockertes Gebäck dem Hefegebäck und -kuchen vorziehen. In bemerkbaren Mengen ist Hefe auch in Hefeprodukten zu finden, also in Hefeextrakt und Instantbrühwürfeln. Wenn Sie Saucen zubereiten, dann mit hefefreien Produkten. Zum Binden von Saucen sind übrigens Mais- oder Reismehl oder Stärke sehr purinarme Alternativen zu Mehl.

Bei Fertigprodukten achten Sie ebenfalls auf die Verwendung von Hefeextrakt, der gern zum Würzen eingesetzt wird. Wenn Sie auf Ihr Gewicht achten müssen, können Fertigprodukte auch schnell zu fettreich für Sie sein. Schauen Sie sich den Kaloriengehalt genau an.

ABENDESSEN

Sie können es sich schon denken: Auch zum Abendbrot häufen Sie sich lieber weder Fleisch noch Fisch auf den Teller. Und wenn doch, dann achten Sie darauf, dass es möglichst purinarme Sorten sind. Bei Wurst dürfen Sie sich eine Scheibe Blut- oder Mettwurst gönnen, bei Fisch ist ein Stück Räucheraal erlaubt oder fettarm eingelegte Weißfischsorten. Aber sorgen Sie für Abwechslung und belegen Sie Ihr Brot besser mit Käse oder bestreichen es mit einem Kräuterquark. Knabbern Sie dazu ein paar Radieschen oder Gurken. Rühr- oder Spiegelei zum Abendbrot ist auch eine tolle Wahl. Bei vegetarischen Aufstrichen sehen Sie sich die Zutatenliste genau an: Wenn Hefeextrakt verwendet wurde, Tofu oder Hülsenfrüchte, können viele Purine enthalten sein.

Dazu ein kühles Helles? Lieber nicht, denn wie Sie schon wissen, ist bei Alkohol in Ihrem Fall Vorsicht geboten. Wenn Sie auf das Bierchen zum Abendbrot oder später vor dem Fernseher nicht verzichten wollen, sollte es ein alkoholfreies sein. Besser verzichten Sie jedoch komplett. Denn Bier hat neben dem Alkohol- auch einen hohen Puringehalt.

Auch der Weingenuss wird größer, wenn Wein kein täglicher Essensbegleiter ist, sondern ein Highlight für besondere Fälle. Zwar ist Wein relativ purinarm, dafür ist sein Alkoholgehalt höher als der von Bier und hat für Sie gegenüber Bier keine Vorteile. Hochprozentiges natürlich auch nicht.

Auch mit Fruktose oder mit Sorbit oder Xylit gesüßte Getränke wie Cola und Limonaden haben ihre Tücken. Sie sind zwar alkoholfrei, haben aber einen hohen Zuckergehalt. Haushaltszucker besteht zur Hälfte aus Fruktose, einige Getränke werden auch nur mit Fruktose gesüßt, die manchmal mit dem harmlos klingenden Begriff „Fruchtzucker“ deklariert wird – und Fruchtzucker erhöht den Harnsäurespiegel auf indirektem Weg. Dasselbe gilt für die Süßstoffe Sorbit und Xylit. Die damit gesüßten Getränke stehen sogar im Verdacht, maßgeblich für die steigenden Zahlen Gichtkranker verantwortlich zu sein. Der Fruktosegehalt macht den Fruchtjoghurt zum Abschluss eines Mahls auch für Gichtpatienten heikel.

FAZIT: UNBESCHWERT MIT GICHT

Wer die Purinfallen kennt, bei purinreichen Lebensmitteln vorsichtig ist und ausreichend (Alkoholfreies) trinkt, hat den Harnsäurespiegel im Griff und muss keine Gichtattacken fürchten. Gewichtsreduktion ist ein wesentlicher Faktor zur Bekämpfung der Stoffwechselkrankheit. Jedes Kilo Körperfett, das Sie nicht mehr auf die Waage bringen, verbessert Ihren Harnsäurewert, schützt so Ihre Nieren und lässt die Diagnose „Gicht“ Vergangenheit werden.

DIE REZEPTE

Mit + gekennzeichnete Rezepte dürfen Sie genießen, wenn Sie einen erhöhten Harnsäurespiegel haben beziehungsweise unter Gicht leiden. Darunter finden Sie auch einige Fleisch- und Fischrezepte mit Sorten, deren Puringehalte vergleichsweise niedrig sind und die hin und wieder auch für Sie auf den Teller kommen dürfen. Bei einem akuten Gichtanfall verzichten Sie aber auf diese Rezepte.

Manche Rezepte werden durch kleine Abwandlungen (mit * markiert) für Sie besser verträglich.

Mit – markierte Rezepte treiben Ihren Harnsäurespiegel zu sehr in die Höhe. Verzichten Sie lieber darauf.

„Würden sich die Menschen ab morgen gesünder ernähren, wären ab übermorgen viele Wartezimmer leerer.“

Ernährungsempfehlung Gicht

+

FRÜHSTÜCK

+ Brot (besser aus Weißmehl als aus Vollkorn)
+ Konfitüre, Honig
+ fettarmer Käse (Frisch-, Hütten-, Hand-, Weichkäse)
+ Eier
+ Früchtequark
+ Kaffee
+ schwarzer Tee
+ Kakao
+ Kräutertee

ZWISCHENMAHLZEITEN

+ Brot (besser aus Weißmehl als aus Vollkorn)
+ Konfitüre, Honig
+ fettarmer Käse (Frisch-, Hütten-, Hand-, Weichkäse)
+ Früchtequark
+ Kräuterquark
+ Gemüsesticks mit Dip
+ Obst (besonders die sauren Sorten)
+ saure Getränke

MITTAGESSEN

+ Gemüse (besonders Tomaten, Kürbis, Paprika, Möhren)
+ Salat
+ Kartoffeln
+ Eiernudeln
+ weißer Reis

ABENDESSEN

+ Brot (besser aus Weißmehl als aus Vollkorn)
+ fettarmer Käse (Frisch-, Hütten-, Hand-, Weichkäse)
+ Kräuterquark
+ Eier
+ Kräutertee
+ saure Getränke
+ Wasser mit einem Schuss Zitronensaft

−

FRÜHSTÜCK

- Hefebrot
- Wurst
- Müsli

ZWISCHENMAHLZEITEN

- Hefegebäck und -brot
- Wurst
- Müsli

MITTAGESSEN

- Fertigprodukte mit Hefeextrakt
- Fleisch (wenn, dann Rinderbrust, Schweinebauch und -kotelett, Wild, Hähnchenschenkel, Putenbrust und -schnitzel)
- Innereien
- Wurst (wenn, dann Weißwurst, Wiener, Blut- oder Mettwurst)
- Fisch (wenn, dann Kabeljau, Rotbarsch, Seelachs, Seeteufel, Räucheraal, Scholle, Makrele)
- Tofu
- Kohl (besonders Blumenkohl)
- Spinat (besonders die Stiele)
- Spargel (besonders die Spitzen)
- Steinpilze, Champignons
- Hartweizennudeln
- Vollkornreis
- Gewürze: Hefeextrakt, Brühwürfel

ABENDESSEN

- Wurst (wenn, dann Weißwurst, Wiener Würstchen, Blut- oder Mettwurst)
- Fisch (wenn, dann Kabeljau, Rotbarsch, Seelachs, Seeteufel, Räucheraal, Scholle, Makrele, Räucheraal oder fettarm eingelegter Weißfisch)
- Bier, Wein
- Cola, Limonade mit Fruktose, Xylit oder Sorbit

S. 136

S. 138

S. 142

S. 162

S. 178

S. 216

S. 248

S. 274

S. 292

ARTHROSE

Schmerzen in den Gelenken, besonders in den Knie-, Hüft- und Wirbelgelenken, sind die ersten spürbaren Anzeichen einer Arthrose. Doch kennzeichnen die Schmerzen nicht den Beginn der Krankheit. Sie treten vielmehr erst dann auf, wenn mit der Erkrankung entzündliche Prozesse einhergehen. Es ist also wahrscheinlich, dass Sie jahrelang so gut wie symptomfrei sind, die Erkrankung aber schon längst begonnen hat. Man spricht dann davon, dass die Arthrose geruht hat.

Hat der Arzt über das Röntgenbild einen Gelenkverschleiß erkannt, wird er Ihnen verschiedene Maßnahmen vorschlagen. Die gezielte individuelle Bewegungstherapie gilt als Basistherapie bei Arthrose, um die Beweglichkeit zu erhalten oder zu verbessern. Und sie sorgt auch dafür, dass die Gelenke so gut wie möglich mit allen notwendigen Nährstoffen versorgt werden, damit der Abbau nicht noch schneller passiert.

Massagen, Wärme- und Kältetherapie sowie viele andere physikalische Methoden können Schmerzen lindern und sind auch bei akuten Schmerzattacken in vielen Fällen hilfreich. Medikamente gegen den Knorpelabbau sind in der Entwicklung, solche zum Knorpelaufbau gibt es aber noch nicht. Heute erhältliche Medikamente können lediglich Entzündungsprozesse bremsen und Schmerzen lindern.

Gegen Abnutzung ist also kein Kraut gewachsen, das stimmt. Verschleiß lässt sich nicht aufhalten und die Krankheit ist nicht heilbar, denn abgenutzte Knochen und Knorpel lassen sich kaum wieder aufbauen. Und doch ist es möglich, Symptome zu lindern, also Schmerzen und Schwellungen zu reduzieren, und die eingeschränkte Beweglichkeit zu verbessern – und zwar nicht nur mit Medikamenten, sondern auch über moderate Bewegung und eine gute, ausgewogene Ernährung.

Und: Bestimmte Wirkstoffe aus Nahrungsmitteln können schmerzhafte Prozesse lindern. Ist es nicht schön, wenn der Genuss von gutem Essen auch noch positive Nebenwirkungen hat?

WAS IST ARTHROSE UND WIE ENTSTEHT SIE?

Das Risiko für die chronische Gelenkerkrankung nimmt in der zweiten Lebenshälfte erheblich zu, denn Arthrose ist eine typische Alterskrankheit. Sie beruht auf der Abnutzung der Gelenkknorpel, der elastischen Schutzschicht der Knochen, die täglich beansprucht werden. Ab 60 Jahren aufwärts sind wir fast alle davon betroffen und die ersten Abnutzungserscheinungen sind schon bei jedem zweiten 35-Jährigen festzustellen.

Gelenkfehlstellungen, Verletzungen, einseitige Bewegungsabläufe und Bewegungsmangel bedeuten weitere Risikofaktoren. Daneben auch Übergewicht, denn die Gelenke werden natürlich mehr belastet, wenn sie mehr zu tragen haben.

Was passiert bei der Entstehung einer Arthrose genau? Elastizität und Widerstandskraft des Knorpels lassen mit der Zeit nach und die Gelenkknorpel rauen sich durch Bewegung auf, das ist ganz natürlich. Abgeriebene Partikel können sich auf der Knorpeloberfläche sammeln und dort wie Schmirgelpapier dafür sorgen, dass Knorpel und Knochen noch schneller abgenutzt werden. Der Knochen steuert dagegen, indem er mehr Knochenmasse aufbaut, und verdickt sich dadurch. Gleichzeitig treten knorpelabbauende Substanzen aus dem Knorpel aus, die diesen weiter abtragen. In dieser Phase ist die Erkrankung in der Regel schmerzfrei, denn Knorpel haben keine Nervenzellen. Doch irgendwann beginnen die Knochen, direkt aneinanderzureiben.

Bis dahin hat die Arthrose geruht und noch keine oder kaum Beschwerden verursacht. Erst wenn die Gelenkinnenhaut auf die Veränderung reagiert, wird die Erkrankung schmerzhaft, sie ist aktiviert. Denn jetzt werden Abwehrsubstanzen und Entzündungszellen (weiße Blutkörperchen) ins Gelenk geschleust, um abgesonderte Zellstücke zu entfernen. Der Entzündungsprozess hat begonnen und es werden schmerzauslösende Entzündungsstoffe, die Prostaglandine, ausgeschüttet. Das Gelenk erwärmt sich, schwillt an und schmerzt stark.

Diese Entzündungsprozesse müssen nicht zwangsläufig auftreten, manche Betroffene sind ihr Leben lang beschwerdefrei. In der Regel verläuft die Krankheit auch schubweise mit beschwerdefreien Phasen.

Übrigens: Bei einer akuten Entzündung spricht man auch von einer Arthritis. Hier muss aber kein Gelenkverschleiß vorliegen.

In der schmerzhaften Phase neigen Arthrosepatienten dazu, das Gelenk zu schonen. Das ist nachvollziehbar, beschleunigt aber den Prozess noch. Denn wenn Sie Ihr Gelenk nicht mehr bewegen, ist die Durchblutung vermindert, das Gelenk wird dann nicht mehr ausreichend mit den notwendigen Nährstoffen versorgt und die Knorpelzellen sterben noch schneller ab. So schwer es fällt: Gerade jetzt ist gezielte, moderate Bewegung wichtig. ▶

Was kann ich mit Ernährung erreichen?

Es gibt keine seriöse Ernährungstherapie, die Heilung versprechen könnte. Selbst mit Medikamenten ist die Krankheit nicht heilbar. Der Aufbau von Knorpeln und Knochen ist durch Ernährung nicht möglich. Das ist die schlechte Nachricht. Die gute ist, dass Entzündungsprozesse und damit Schmerzen durch die geeignete Ernährung reduziert werden können. Sie können die Arthrose damit ein wenig aufhalten und Ihre Lebensqualität verbessern. Sie müssen dabei nicht befürchten, auf gutes Essen verzichten zu müssen – das Gegenteil ist der Fall: Sie dürfen mit den richtigen Lebensmitteln genießen.

KÖRPERGEWICHT REDUZIEREN

Neben der Verbesserung der Symptome durch Bewegung hat diese noch einen anderen positiven Effekt: Sie kann Ihr Körpergewicht reduzieren. Sind Sie übergewichtig, ist es für Sie ganz wichtig abzunehmen. Die Belastung der Gelenke ist umso größer, je mehr Gewicht auf ihnen lastet. Sie können Ihre Beschwerden schon dadurch deutlich lindern, indem Sie Ihren Gelenken weniger Masse aufbürden. Eine ausgewogene, gesunde Ernährung und der Aufbau von gelenkstützender Muskulatur helfen Ihnen dabei.

WIRKUNG VON GELATINE UMSTRITTEN

Ob knorpelähnliche Substanz als Nahrungsergänzung oder aus der Nahrung den Knorpelaufbau fördern kann, ist sehr umstritten. In Apotheken, Drogerien und Reformhäusern bekommt man zur Behandlung von Arthrose Gelatine in Kapselform angeboten. Sie wird aus Häuten, Knochen und Knorpeln von Rind und Schwein extrahiert und besteht damit aus der gleichen Substanz wie unsere Knochen und Knorpel.

Die Zusammensetzung ihrer Aminosäuren entspricht der unserer Knorpel. Allerdings können die Eiweiße, die sich aus diesen Aminosäuren zusammensetzen, unsere Darmwand nicht unbeschadet passieren, denn sie werden im Magen-Darm-Trakt in ihre Einzelteile zerlegt. Doch in Studien wurde festgestellt, dass sich Arthroseschmerzen durch die regelmäßige Zufuhr von zehn Gramm Gelatine täglich teilweise lindern lassen. Die Vermutung ist daher nicht völlig unberechtigt, dass auch die Eiweißbruchstückchen helfen könnten, Arthrose zu lindern, wenn sie auch nicht die Knorpel aufbauen können. Auch Hildegard von Bingen kannte schon die positive Wirkung von Gelatine und empfahl bei Arthroseschmerzen eine Suppe aus ausgekochten Knochen und Knorpeln.

Wenn Sie Gelatine als Arthrosetherapie ausprobieren möchten, können Sie nichts falsch machen. Im schlimmsten Fall wird sie keinen Effekt zeigen, Ihnen aber auch nicht schaden. Gelatine befindet sich in Gummibärchen, Wackelpudding sowie in Sülzen und Aspik.

Doch wäre es keine gute Idee, diese Lebensmittel täglich zu essen, schließlich bringen sie Kalorien mit, die auf Dauer dick machen würden – und eine Gewichtszunahme belastet schließlich die Gelenke mehr. Bei Sülzen und Aspik müssen Sie dann noch genauer hinschauen, denn wenn viel Fleisch im Spiel ist, nehmen Sie damit die ungünstige Arachidonsäure auf, über die Sie im folgenden Absatz mehr erfahren.

GUTE UND SCHLECHTE FETTSÄUREN

Über die Ernährung können Sie auch entzündliche Prozesse in den Gelenken lindern. Eine gesunde, ausgewogene Ernährung ist natürlich immer eine gute Basis, mit der Sie die optimale Versorgung Ihres gesamten Organismus gewährleisten können. Doch um die Entzündungen zu bekämpfen, können Sie Ihre tägliche Nahrung noch etwas gezielter auswählen.

Ein zentraler Inhaltsstoff, den Sie möglichst meiden sollten, heißt Arachidonsäure. Sie ist eine mehrfach ungesättigte Fettsäure, die nur in tierischen Lebensmitteln vorkommt und eine Ausgangssubstanz von Botenstoffen im Körper sein kann, die Entzündungsreaktionen hervorrufen. Deshalb sollte man bei Arthrose möglichst wenige Lebensmittel essen, in denen diese Fettsäure vorhanden ist. Dazu gehören Fleisch und Eier. Während akuter Entzündungsschübe lassen Sie beides lieber ganz weg. Die höchsten Gehalte befinden sich in Schweinefleisch, -schmalz und -leber, Geflügel, Eigelb, Thunfisch und Leberwurst. Milch und fettarme Milchprodukte sind dagegen arm an Arachidonsäure und dürfen gern und oft genossen werden. Fettreiche Käsesorten enthalten wiederum größere Mengen der Fettsäuren, also hier wieder aufpassen.

Gegenspieler der Arachidonsäure sind die Omega-3-Fettsäuren, denn diese können ihre Umwandlung in die Entzündungsstoffe verhindern. Fette Seefische wie Makrele, Hering, Aal und Lachs dürfen mindestens zweimal wöchentlich den Speiseplan bereichern. Auch Nüsse und Samen, Lein-, Raps- und Walnussöl bringen viele gesunde Omega-3-Fettsäuren mit.

GEGEN ENTZÜNDUNGEN: BIOFLAVONOIDE, ANTIOXIDANTIEN UND ANDERE STOFFE

In Studien ließ sich feststellen, dass eine vegetarische Ernährung mit viel Obst und Gemüse gelenkschützend wirkt. Natürlich, Fleisch ist bei Arthrose nicht gut, das wissen wir jetzt. Aber es ist nicht nur das Weglassen des einen, sondern auch das Hinzufügen des anderen, was den positiven Effekt bei Vegetariern ausmacht. Denn meistens leben und essen Vegetarier gesundheitsbewusster. Sie essen häufig mehr Frisches, weniger Süßes, mehr Obst und Gemüse. Gleich mehrere mögliche Inhaltsstoffe von Obst und Gemüse sind es, die deren positiven Effekt erklären können.

Da sind zum einen die Antioxidantien, denn auch sie können Entzündungsprozesse hemmen. Wir kennen sie auch unter dem Begriff „Radikalfänger". Antioxidantien durchbrechen die Kettenreaktion freier Radikale im Körper, die Zellen zerstören können. Diese Zerstörung muss natürlich bei Arthrose gerade in Bezug auf Knochen und Knorpel verhindert werden. Viele Antioxidantien finden sich in der kunterbunten Palette von Obst und Gemüse. Es sind zum Beispiel die Vitamine C und E, die Vorstufe von Vitamin A, das Beta-Carotin und das damit verwandte Lycopin. Aufpassen muss man allerdings bei stark säurehaltigem Obst und Gemüse – dazu gehören Zitrusfrüchte, Erdbeeren, Spargel und Tomaten.

Auch die Spurenelemente Selen und Zink sind Antioxidantien sowie die Gruppe der Bioflavonoide, das sind zum Beispiel bestimmte natürliche Farbstoffe in Obst und Gemüse. Vitamine und Spurenelemente stehen sehr häufig im Wechselspiel und entfalten deshalb oft erst dann ihre positive Wirkung, wenn sie nicht isoliert aufgenommen werden. So benötigt Vitamin E beispielsweise Vitamin C und Selen als Partner. Ohne diese könnte es sogar eine Entzündung begünstigen.

KNOCHEN SCHÜTZEN

Viele weitere Inhaltsstoffe werden in Bezug auf ihre positive Wirkung auf Arthrose aufgeführt, aber meistens fehlen wissenschaftliche Belege. Doch solange es Inhaltsstoffe gesunder Lebensmittel sind, spricht gar nichts dagegen, wenn Sie sie ausprobieren möchten. Auch wenn die gepriesenen Inhaltsstoffe ihre versprochene Wirkung bei Ihnen nicht zeigen, so tragen die Lebensmittel doch zu einer guten und ausgewogenen Ernährung bei. Hier können Sie also nichts falsch machen.

Lauchgewächse, zu denen Lauch, Knoblauch und Zwiebeln gehören, enthalten schwefelhaltige Stoffe. Besonders das schwefelhaltige Allicin, das sich in Knoblauch befindet, hat sich in einer Studie als wirksam bei Hüftgelenksarthrose herausgestellt. Allicin wirkt hemmend auf ein Enzym, das bei Arthrose verstärkt aktiv ist und die Knorpelsubstanz schädigt. Warum sich bei Arthrose von Knien und Händen kein Effekt zeigte, ist noch nicht erforscht.

KNORPEL AUFBAUEN

Kieselsäure hilft dabei, Knorpel aufzubauen. Sie regt den Stoffwechsel von noch vorhandenen Knorpelzellen dazu an, sich zu vermehren. Essen Sie kieselsäurereiche Lebensmittel, verhelfen Sie Ihrem Körper zu Baumaterial für gesunde Knorpel. Vollkornreis, Haferflocken, Braunhirseflocken, Teffmehl, Kartoffeln mit Schale (am besten neue Ernte) und Bananen sind kieselsäurereiche Nahrungsmittel.

Von morgens bis abends lecker essen

FRÜHSTÜCK

Beginnen Sie den Tag mit einem arthrosefreundlichen Frühstück. Aus kieselsäurereichen Hirseflocken, Bananen, Milch und ein paar Nüssen mit viel Omega-3-Fettsäuren – besonders Walnüsse tun sich hier hervor – mixen Sie sich das perfekte Anti-Arthrose-Müsli. Dazu dürfen Sie natürlich auch andere Obstsorten genießen, besonders Äpfel, Kirschen, Trauben, Brombeeren und Johannisbeeren. Fünfmal in der Woche eine Portion Haferflocken ist ideal. Das ist mit dem täglichen Müsli locker zu schaffen. Mit seinen Antioxidantien kann Hafer übrigens Entzündungsschübe bremsen.

Wenn Sie eine Müsli-Alternative suchen, bereiten Sie eine Grundlage aus gemahlenem und über Nacht eingeweichtem Dinkel zu. Mit Milch oder Sojamilch, Früchten und Nüssen wird daraus ein prima Frühstück. Als Getränk dazu ist grüner Tee unschlagbar, denn auch er ist als entzündungshemmend bekannt.

Mögen Sie lieber Quark, dann wählen Sie Magerquark, den Sie halbe-halbe mit kohlensäurehaltigem Mineralwasser mischen und in den Sie für den guten Fettsäuregehalt noch einen Teelöffel Lein-, Nuss- oder Rapsöl rühren. Das macht ihn wunderbar cremig, aber sehr kalorienarm. Achten Sie auf Ihr Gewicht und bürden Sie Ihren Gelenken keine zusätzlichen Pfunde auf. ▶

- Lieber Brot oder Brötchen? Dann wählen Sie möglichst die Vollkornvariante, zum Beispiel Dinkelbrot. Bei den Aufstrichen wieder auf die Kalorien achten und nicht zu viel Marmelade oder Honig nehmen. Weichen Sie besser auf Fruchtaufstriche mit weniger Zucker aus, hier haben Sie außerdem den volleren Fruchtgeschmack. Mögen Sie es morgens lieber deftig, entscheiden Sie sich am besten für magere Käsesorten wie Frisch-, Hütten- und Handkäse. Wollen Sie nicht auf Wurst verzichten, achten Sie ebenfalls auf magere Sorten wie Diät-Geflügelwurst, mageren Schinken oder Aspik. Wurst aus Schweinefleisch sollten Sie weglassen. Auch Aufstriche mit Nüssen, Samen, Hülsenfrüchten und Gemüse sind gut. Ein Frühstücksei gönnen Sie sich idealerweise zu besonderen Anlässen, aber nicht öfter.

MITTAGESSEN

Auch mittags können Sie sich so richtig verwöhnen. Das geht sogar mit weniger Fleisch sehr gut und abwechslungsreich. Fleisch reduzieren Sie am besten, so weit es geht, besonders Schweinefleisch. Können Sie während akuter Entzündungsschübe ganz darauf verzichten, ist das gut. Essen Sie dafür häufig Omega-3-Säure-reichen Meeresfisch. Kochen Sie viel mit Lauch, Knoblauch und Zwiebeln, das schützt die Gelenke. Essen Sie reichlich Antioxidantien aus Obst und Gemüse, außerdem Hülsenfrüchte, besonders grüne Bohnen, Linsen und Erbsen.

Gewürze haben sehr häufig einen entzündungshemmenden Effekt. Freuen Sie sich also auf neue Aromen und verwenden Sie Gewürze wie Kurkuma, Petersilie, Fenchel, Dill, Anis, Kreuzkümmel, Minze, Kerbel, Oregano, Rosmarin, Thymian, Koriander, Majoran, Ingwer, Chili und Zimt. Viel Kieselsäure steckt in ungeschälten Kartoffeln – so schmecken sie auch viel intensiver. Auch Hirse besitzt viel von dieser wertvollen Säure. Wenn Sie Öl zum Backen, Braten und für Salate benutzen (zum Frittieren lieber nicht, das wird schnell zu fett), dann die guten Öle mit vielen Omega-3-Fettsäuren wie Olivenöl, Walnussöl, Sesamöl, Distelöl oder Rapsöl. Leinöl ist die beste Wahl für die kalte Küche, eignet sich aber nicht zum Erhitzen.

Fertiggerichte eignen sich nur, wenn sie sich nicht auf den Hüften niederschlagen. Achten Sie auf versteckte Fette und auf nicht zu hohe Zuckermengen. Schauen Sie sich im Tiefkühlregal nach vegetarischen Mahlzeiten oder solchen mit leckerem Meeresfisch um.

ABENDESSEN

Wer Fisch mag, darf gern ein Dose mit Omega-3-Fettsäure-reichem Fisch öffnen, der in gutes Öl eingelegt ist: Raps- oder Olivenöl sind besser als Sonnenblumenöl. Dazu etwas Vollkornbrot – perfekt und lecker.

Reduzieren Sie wie schon beim Frühstück den Wurstanteil und tischen Sie keine fetten Käsesorten auf.

Wenn Sie Wurst essen möchten, entscheiden Sie sich für magere Sorten und genießen Sie diese ganz bewusst und selten. Probieren Sie doch mal Wurst in Aspik oder Corned Beef.

Dazu können Sie Gemüse mit einem leckeren Dip oder einen Salat servieren. Gut ist für Sie auch milchsauer eingelegtes Gemüse.

Haben Sie vielleicht vom Frühstück den grünen Tee lieb gewonnen? Dann genießen Sie ihn auch zum Abendessen.

FAZIT: UNBESCHWERT MIT ARTHROSE

Auch mit angepasster Ernährung ist die Gelenkerkrankung nicht heilbar. Doch Beschwerden, die von Entzündungen herrühren, sind über entzündungshemmende Stoffe in unserer Nahrung zu bekämpfen. Verschiedene Inhaltsstoffe aus Lebensmitteln sind Nährstoffe für Knochen und Knorpel, die Ihre Gelenke versorgen können. Zusammen mit einer individuellen Bewegungstherapie ist eine deutliche Linderung von Beschwerden möglich.

DIE REZEPTE

Einige Zutaten können Arthroseschmerzen lindern, indem sie Entzündungen entgegenwirken oder Knochen und Knorpeln Nährstoffe zuführen. Rezepte mit solchen Zutaten sind mit ++ gekennzeichnet.

Rezepte, die Ihre Beschwerden nicht durch geeignete Zutaten lindern können, Ihnen aber keinesfalls schaden, sind mit + gekennzeichnet.

Wenn eine für Sie gesündere Abwandlung des Rezepts möglich ist, dann finden Sie diese mit * markiert.

Andere Rezepte enthalten Zutaten, die in Ihrem Fall die Symptome verstärken könnten. Diese sind mit – markiert.

„Verschiedene Inhaltsstoffe aus Lebensmitteln sind Nährstoffe für Knochen und Knorpel. Zusammen mit einer individuellen Bewegungstherapie ist eine deutliche Linderung von Beschwerden möglich."

Ernährungsempfehlung bei Arthrose

(+)

FRÜHSTÜCK

+ Vollkornbrot
+ Aufstriche mit Nüssen, Samen, Hülsenfrüchten, Gemüse
+ Milch, fettarmer Joghurt, Magerquark
+ fettarmer Käse (Frisch-, Hütten-, Hand-, Weichkäse)
+ Nüsse, Mandeln, Samen (besonders Walnüsse)
+ Obst (besonders Bananen, Äpfel, Kirschen, Trauben, Brombeeren, Johannisbeeren)
+ grüner Tee

ZWISCHENMAHLZEITEN

+ Vollkornbrot
+ Aufstriche mit Nüssen, Samen, Hülsenfrüchten, Gemüse
+ fettarmer Joghurt, Magerquark
+ fettarmer Käse (Frisch-, Hütten-, Hand-, Weichkäse)
+ Nüsse, Mandeln, Samen (besonders Walnüsse)
+ Obst (besonders Bananen, Äpfel, Kirschen, Trauben, Brombeeren, Johannisbeeren)
+ grüner Tee

MITTAGESSEN

+ fettreicher Seefisch (Makrele, Hering, Lachs, Aal, Sardine, Sardelle)
+ Gemüse (besonders Lauch, Knoblauch, Zwiebeln)
+ Hülsenfrüchte
+ Vollkornreis
+ Haferflocken, Hirse, Teff
+ Salat mit Lein-, Raps- und Walnussöl
+ Kartoffeln (besonders mit Schale)
+ Gewürze: Kurkuma, Petersilie, Fenchel, Dill, Anis, Kreuzkümmel, Minze, Kerbel, Oregano, Rosmarin, Thymian, Koriander, Majoran, Ingwer, Chili, Zimt

ABENDESSEN

+ Vollkornbrot
+ Aufstriche mit Nüssen, Samen, Hülsenfrüchten, Gemüse
+ fettarmer Joghurt, Magerquark
+ fettarmer Käse (Frisch-, Hütten-, Hand-, Weichkäse)
+ Salat mit Lein-, Raps- und Walnussöl
+ Obst (besonders Bananen, Äpfel, Kirschen, Trauben, Brombeeren, Johannisbeeren)
+ Gemüse
+ grüner Tee

(–)

FRÜHSTÜCK

- Eier
- Wurst (besonders Leberwurst)
- fettreicher Käse
- Erdbeeren

ZWISCHENMAHLZEITEN

- Wurst (besonders Leberwurst)
- fettreicher Käse
- Erdbeeren

MITTAGESSEN

- Fertiggerichte
- Eier
- Fleisch (besonders Schweinefleisch, -schmalz, -leber, Geflügel)
- Thunfisch
- Spargel
- Tomaten

ABENDESSEN

- Eier
- Thunfisch
- fettreicher Käse
- Tomaten

S. 144

S. 158

S. 160

S. 168

S. 190

S. 220

S. 224

S. 228

S. 276

„Für die Motoren und Getriebe in unseren Autos greifen wir gern zum besten Öl. Und für uns selbst?“

6-Wochen-Plan

Gesünder essen und gesund werden

Die wichtigsten Grundlagen für eine abwechslungsreiche, wohlschmeckende und einfach rundum gute Ernährung haben Sie jetzt schon kennengelernt.

Ihr Plan ist, mehr Wohlbefinden und ein verbessertes Körpergefühl zu erlangen und dabei vielleicht sogar noch ein paar überflüssige Pfunde zu verlieren? Ihr Plan ist, Ihren Körper bei der Mobilisierung seiner Selbstheilungskräfte zu unterstützen und sich gegen drohende oder schon bestehende Krankheiten und Beschwerden zu behaupten? Sie möchten möglichst beschwerdefrei werden und dabei auf Medikamente verzichten, die Sie vielleicht einnehmen?

Um diese Pläne umzusetzen, brauchen Sie einen Plan. Dieser heißt: eine gute, gesunde und individuell auf mich und meine Beschwerden abgestimmte Ernährung genießen. Und Genießen wird dabei großgeschrieben. Ihr Plan soll lauten: Schritt für Schritt eine neue Ernährungsweise kennenlernen, sich konsequent daran halten und so besser leben.

Es ist individuell sehr verschieden, wie schnell Sie sich an diese neue Ernährung gewöhnen können. Nicht für jeden ist eine radikale Umstellung von einem Tag auf den anderen geeignet. Es hängt sehr von Ihrer bisherigen Ernährungsweise ab und auch von Ihren gesundheitlichen Voraussetzungen, wie schnell Sie umstellen können und sollen. Dabei gibt es zwei Aspekte zu betrachten: das Weglassen und das Hinzufügen.

WEGLASSEN UND HINZUFÜGEN

Weglassen können – und sollten – Sie sofort alle Lebensmittel, die Ihrem Körper nicht gut tun. Fangen Sie auf der Stelle damit an. Seien Sie hier konsequent und lassen Sie Ausnahmen, bei denen Sie schwach werden, auch Ausnahmen bleiben.

Vielleicht wird die Gewohnheit dieses Vorhaben erschweren, aber es wird Ihnen garantiert an nichts fehlen. Konzentrieren Sie sich nicht auf das, was jetzt nicht mehr da ist, sondern vielmehr auf das, was neu dazukommt – also auf das Hinzufügen. Freuen Sie sich auf neue Entdeckungen und darauf, dass Sie sich bald besser fühlen werden.

Neue, für Sie ungewohnte Lebensmittel führen Sie am besten Schritt für Schritt ein. Gerade die Inhaltsstoffe, die eine wichtige Basis für Ihre Gesundheit darstellen, sind vielleicht für Sie gewöhnungsbedürftig. Testen Sie auch, ob Sie neue Lebensmittel, die Ihr Körper noch nicht kennt, wirklich vertragen. Brechen Sie nichts übers Knie, probieren Sie aus und gehen Sie gemäß der Geschwindigkeit Ihres Körpers vor.

Der 6-Wochen-Plan für ein besseres Körpergefühl, mehr Gesundheit und wirksame Selbstheilungskräfte

Nehmen Sie sich eine überschaubare Zeitspanne vor, in der Sie die Ernährungsumstellung konsequent angehen. Sechs Wochen sind ideal. In dieser Zeit können Sie Ihren Körper gut an die neue Ernährung gewöhnen und haben die realistische Chance, schon erste gesundheitliche Verbesserungen wahrzunehmen.

Das hängt natürlich davon ab, unter welchen Beschwerden Sie leiden. Magen-Darm-Probleme wie Verstopfung oder Sodbrennen werden recht schnell durch die angepasste Ernährung gelindert, doch die schmerzhaften Folgen degenerativer Erkrankungen wie Arthrose sind in dieser Zeit vielleicht noch nicht reduziert worden. Aber umso mehr Gründe haben Sie dann, am Ball zu bleiben und Ihrem Körper weiterhin eine ihm gerecht werdende Ernährung zu gönnen.

Unabhängig von Ihren individuellen Beschwerden ist es sehr wahrscheinlich, dass sich Ihr Allgemeinbefinden in dieser Zeit bessert. Schließlich tun Sie in der Zeit Ihrem Körper nur Gutes! Die ersten positiven Folgen können Sie vielleicht schon nach wenigen Tagen spüren. Einen besseren Ansporn als das kann es nicht geben.

EIN LEITFADEN FÜR BESSERES ESSEN

Bei einem Plan denken wir schnell an feste Vorgaben, die uns einen Teil der Verantwortung aus der Hand nehmen. Doch leider ist es nicht möglich, einen detaillierten 6-Wochen-Plan aufzustellen, der Ihnen eine Menüzusammenstellung vorschlägt und genau vorgibt, was Sie wann zu sich nehmen sollen. Zu unterschiedlich sind die Voraussetzungen: Es kommt sowohl auf Ihren persönlichen Ernährungsstatus an als auch auf die Beschwerden, unter denen Sie leiden.

Dieser 6-Wochen-Plan funktioniert deshalb anders. Sie bekommen einen Leitfaden an die Hand, der ein gewisses Maß an Eigeninitiative verlangt. Wann für Sie der richtige Zeitpunkt gekommen ist, müssen Sie selbst herausfinden. Probieren Sie aus, lassen Sie Ihre Neugierde auf Neues mitbestimmen und rudern Sie erst mal wieder zurück, wenn Sie sich überfordert haben.

DER ERSTE SCHRITT: RAUS AUS DER KÜCHE

Eine der besten Methoden, nicht wieder in alte Ernährungsgewohnheiten zu verfallen, ist, erst gar keine Möglichkeit dafür zu haben. Das fängt zu Hause an. Durchforsten Sie gleich am ersten Tag Ihre Lebensmittelvorräte und entsorgen Sie, was nicht zu Ihrer gesunden Ernährung passt. Alle Fertiggerichte gehören dazu, ob Konserven oder Tiefkühlware, Tütensuppen und -saucen, fertige Dips und Saucen, Mayonnaisen – alles, was viele ungesunde Fette, Zucker, Geschmacksverstärker und Zusatzstoffe besitzt. Ab jetzt wird selbst gekocht! Nur Tiefkühlgemüse und -obst sowie Gemüse- und Obstkonserven, natürlich ungezuckert, dürfen bleiben. Süßigkeiten und fettige Knabbereien wie Chips müssen leider auch gehen. Und die Fritteuse kommt gleich in den Keller.

DER ZWEITE SCHRITT: REIN IN DIE KÜCHE

Bevor Sie auf Einkaufs- und Entdeckungsreise gehen, schauen Sie sich die allgemeinen Ernährungsempfehlungen in diesem Buch, aber auch die für Ihre tägliche Ernährung in Ihrer individuellen Situation noch einmal genau an. Wählen Sie zwei oder drei der Rezepte in diesem Buch aus, die bei Ihrer Beschwerde empfohlen werden, die zu Ihnen passen und Ihnen gefallen, und schreiben Sie sich eine Einkaufsliste.

Dann besuchen Sie einen Wochenmarkt in Ihrer Nähe oder einen Bioladen. Lassen Sie sich dabei Zeit. Sie wissen nun, welche Lebensmittel zu einer guten Ernährung gehören und was Sie bei Ihrer Krankheit oder Beschwerde besonders brauchen. Gehen Sie auf die Suche danach und wählen Sie das aus, was Sie interessiert und anspricht: frisches Gemüse und Obst, Milchprodukte, getrocknete Hülsenfrüchte, ungewohnte Getreidesorten oder bekannte Sorten in der Vollkornvariante, Nüsse und Samen.

Kaufen Sie gute Öle für die kalte Küche und zum Braten und Backen. Halten Sie nach leckeren Aufstrichen Ausschau. Wählen Sie Tees nach Ihrem Geschmack aus, Säfte und Schorlen, die Sie mögen. Kaufen Sie ausreichend Mineralwasser ein. Je nach Experimentierlaune greifen Sie auch bei Tofu und Sojaprodukten zu. Legen Sie sich eine gute Basis für den Vorrat und die tägliche Verwendung zu.

ES GEHT LOS

Begutachten Sie Ihre Schätze zu Hause und freuen Sie sich erst einmal darüber, dass Sie so viel Neues entdecken dürfen. Lesen Sie jetzt noch einmal durch, was eine gute Ernährung bei Ihrer Beschwerde für Sie bedeutet.

DER ERSTE SCHRITT: TRINKEN

Gehen Sie bei Ihrer Ernährungsumstellung nach der Ernährungspyramide vor – und deren Basis besteht aus Getränken. Achten Sie also ab sofort stets auf Ihre Flüssigkeitszufuhr. Am besten stellen Sie sich bei der Arbeit oder dort, wo Sie gerade sind, immer eine Flasche Wasser oder Schorle oder eine Kanne ungesüßten Tee hin. So werden Sie immer ans Trinken erinnert. Nehmen Sie sich auch ein Getränk mit, wenn Sie unterwegs sind. Ab jetzt übergehen Sie Ihr Durstgefühl nicht mehr, sondern achten bewusst darauf, ausreichend zu trinken.

DER ZWEITE SCHRITT: FÜNF AM TAG

Als Nächstes erhöhen Sie den Anteil von Gemüse, Salat, Obst und Hülsenfrüchten. Sie haben von Ihrer kulinarischen Entdeckungsreise viel Frisches mitgebracht. Fangen Sie sofort damit an, es zu entdecken. Denken Sie ab dem ersten Tag in den Kategorien der Regel „Fünf am Tag“. Ihr Mittagessen sollte ab jetzt täglich einen großen Anteil an frischem Gemüse haben und ein- bis zweimal wöchentlich Hülsenfrüchte beinhalten.

Nach und nach fangen Sie auch an, einen Teil Ihrer Gemüseportionen ungekocht zuzubereiten. Probieren Sie mittags, später auch abends, hin und wieder einen Rohkostsalat aus. Reduzieren Sie Fleisch bei den Hauptmahlzeiten. Mehr als dreimal sollten Sie in dieser Woche und in der folgenden Zeit kein Fleisch essen.

DER DRITTE SCHRITT: VOLLKORNPRODUKTE

Leiden Sie unter Beschwerden, bei denen Vollkornprodukte nachteilig sein können, essen Sie diese nur hin und wieder. Das ist zum Beispiel bei Reizdarm der Fall, aber auch bei Blähungen könnte Ihnen Vollkorn Probleme bereiten. Ganz darauf verzichten sollten Sie jedoch nicht, denn die vielen gesundheitlichen Vorteile überwiegen auch für Sie.

Die Umstellung auf Vollkorn und andere Lebensmittel mit wasserunlöslichen Ballaststoffen lassen Sie in jedem Fall lieber langsam angehen, besonders wenn Sie solche ▸

Produkte nicht kennen. Wenn Ihr Darm nicht auf die ungewohnte Kost eingestellt ist, sollten Sie ihn langsam daran gewöhnen, sonst rebelliert er gegen die plötzliche Herausforderung. Sind Sie Vollkorn gar nicht gewöhnt, beginnen Sie nach einigen Tagen damit, die Hälfte Ihrer Frühstücksbrotration durch Vollkornbrot oder Müsli zu ersetzen.

Morgens ist die Verdauung noch am aktivsten und kann besondere Anforderungen am besten wegstecken. Fangen Sie mit einem Brot an, das einen hohen Haferanteil hat und stets aus fein gemahlenem Mehl besteht, mit einem Vollkorndinkelbrot oder einem guten Sauerteigbrot. Das ist besonders in der Umstellungsphase am besten verträglich. Es darf gern mit leckeren Sonnenblumenkernen, Sesam oder anderen Samen verfeinert sein. Wenn Sie das dennoch nicht gut vertragen, reduzieren Sie den Vollkornanteil zunächst und steigern ihn erst langsam wieder. Beobachten Sie dabei immer, ob Ihnen das bekommt, und reduzieren Sie im Zweifelsfall lieber wieder etwas. Wenn Sie beim Frühstück dann gut mit den Ballaststoffen zurechtkommen, dürfen Sie mittags und noch etwas später auch abends allmählich darauf umsteigen.

WAS GIBT ES SONST NOCH ZU BEACHTEN?

Gewöhnen Sie sich an, zwischen den Hauptmahlzeiten regelmäßig etwas zu essen, um bei den Hauptmahlzeiten nicht vor lauter Heißhunger zu viel zu verschlingen und damit die Verdauung zu belasten. Am besten suchen Sie sich eiweißreiche Zwischenmahlzeiten mit Joghurt, Quark, Kefir oder Buttermilch aus. Dazu ein paar Nüsse und frisches Obst. Achten Sie auch hier immer auf die Empfehlungen!

Lassen Sie sich von den Rezepten inspirieren, wenn Ihnen Ideen für diese neue Art des Kochens fehlen. Sie können täglich aus diesem Buch kochen, wenn Sie die für Sie passenden Rezepte auswählen – diese sind mit ++ und + gekennzeichnet. Nehmen Sie sich vor, in jeder Woche mindestens drei Rezepte nachzukochen, die bei Ihrer Beschwerde besonders geeignet sind. Es dürfen natürlich auch mehr sein.

Halten Sie sich bei den übrigen Mahlzeiten an die Empfehlungen in diesem Buch. Doch überfordern Sie sich und Ihre Verdauung nicht.

Wenn die Rezepte und Empfehlungen Vollkornprodukte vorsehen, die Sie noch nicht so gewöhnt sind, ersetzen Sie diese zunächst durch Produkte, die Sie schon kennen. Es hilft Ihnen auch bei der Umstellung, wenn Ihre Ernährung weiterhin durch gewohnte Geschmäcker geprägt ist.

BEWEGEN UND FITTER WERDEN

Legen Sie sich für die Dauer der sechs Wochen ein neues Hobby zu, das Sie auch danach gern weiterführen: regelmäßige Bewegung. Wenn Sie Ihre Freizeit bisher lieber auf dem Sofa verbracht haben, soll sich das jetzt ändern. Planen Sie dreimal pro Woche eine halbe Stunde ein, in der Sie Ihren Körper in Schwung bringen.

Aber vorher überlegen Sie sich genau, welche Art der körperlichen Betätigung zu Ihnen passt und Ihnen am meisten Spaß machen könnte. Entscheiden Sie sich auf keinen Fall aus Bequemlichkeits- oder anderen Gründen für etwas, was Ihnen widerstrebt. Schließlich sollen Sie Spaß daran haben, denn Spaß ist die beste Motivation. Wenn Sie eher der spontane und unkomplizierte Typ sind, könnte Joggen zu Ihnen passen. Das erfordert wenig Vorbereitung und Sie können direkt von zu Hause loslaufen. Brauchen Sie mehr Planung und ein wenig mehr Druck, besorgen Sie sich eine Dauerkarte für das Schwimmbad oder das Fitnessstudio. Doch wenn Sie der Gedanke an Sport schon abschreckt: Sie müssen keinen „Sport" machen. Es ist auch gut, wenn Sie dreimal die Woche mindestens eine halbe Stunde zügig spazieren gehen. Auch Walking könnte für Sie eine Möglichkeit sein, ohne dass Sie das Gefühl haben, exzessiven Sport zu treiben.

Wofür auch immer Sie sich entscheiden: Bleiben Sie dran! Sie werden merken, dass Sie schnell fitter werden. Das ist eine tolle Motivation, nicht aufzugeben.

WIE DURCHHALTEN?

Stellen Sie sich die Frage nicht auf diese Weise, auch wenn der Abschiedsschmerz von manch lieb gewonnener Ernährungsgewohnheit jetzt schon groß und das Aufraffen zu Ihrem neuen Hobby schwierig ist. Denken Sie positiv: Sie dürfen Neues entdecken und genießen. Sie dürfen aus dem reichhaltigen Angebot an natürlichen Lebensmitteln schöpfen, die Ihrem Körper alles geben, was er braucht. Sie dürfen durch regelmäßige Bewegung ein besseres Körpergefühl entwickeln und fitter werden. Sie dürfen Ihrem Körper und sich Gutes tun.

Halten Sie sich immer wieder Ihre Motive vor Augen. Formulieren Sie ein eindeutiges Ziel: „Ich möchte sechs Wochen lang konsequent an einer besseren Gesundheit arbeiten und danach meine Beschwerden los sein. Dafür koche ich sechs Wochen lang nach den neuen Regeln und sorge jeden zweiten Tag dafür, mich mindestens 30 Minuten zu bewegen." Je nachdem, unter welcher Beschwerde Sie leiden, benennen Sie ganz konkret, was Sie von der

Kur erwarten: „Ich will einen normalen Blutzuckerspiegel erreichen", wenn Sie Diabetes haben. „Ich will meine Harnsäurewerte normalisieren", wenn Sie unter Gicht leiden. „Ich will wieder voller Energie sein", wenn Sie erschöpft sind. Oder: „Ich will wieder beruhigt durchschlafen, ohne von schmerzhaften Muskelkrämpfen geplagt zu werden."

Stellen Sie sich auch vor, wie es Ihnen gehen wird, wenn Sie an Ihrer gewohnten Ernährungsweise festhalten: Sie müssen vielleicht Medikamente nehmen, die Nebenwirkungen haben. Vielleicht leiden Sie weiterhin unter den Beschwerden, die Ihnen das Leben schwer machen und Sie an vielen Dingen hindern, die Sie gern täten.

Aber martern Sie sich auch nicht, wenn Sie mal einen Durchhänger und ungesund gegessen haben. Fragen Sie sich dann lieber, warum es dazu gekommen ist. War es die Gewohnheit, war es Frustessen, haben Sie zu lange nichts gegessen und dann voller Heißhunger unüberlegt zugegriffen? Für alle Fälle können Sie sich Strategien überlegen, die Sie beim nächsten Mal einsetzen können. Vielleicht machen Sie bei Stress und Frust lieber einen erholsamen Spaziergang oder laufen eine Runde, als eine Tafel Schokolade zu essen. Und lassen Sie es nicht zu Heißhungerattacken kommen, sondern essen Sie regelmäßig. Gegen Heißhunger kann übrigens auch Trinken helfen.

All diese Methoden helfen Ihnen, während der sechs Wochen eisern zu sein und Ausnahmen von der Regel nur sehr selten zuzulassen. Sie werden vermutlich innerhalb dieser sechs Wochen schon eine gesundheitliche Verbesserung bemerken, je nachdem, unter welchen Beschwerden Sie leiden. Das macht es für Sie leichter, am Ball zu bleiben.

NACH SECHS WOCHEN

Alle Jahre wieder zu Jahresbeginn sind wir voller optimistischer Vorsätze. Ab jetzt soll vieles besser werden: Wir wollen ein paar Pfunde abnehmen, weniger Junkfood essen, mehr Sport treiben, uns endlich wieder ausgiebig der Familie widmen und überhaupt ein viel besserer Mensch werden.

Aber schneller, als wir „Prost Neujahr!" sagen können, sind wir wieder in die alten Gewohnheiten zurückgefallen. Denn meistens haben diese Vorsätze etwas an sich, was eine gewisse Disziplin abverlangt – und dazu kann schon gehören, aus dem gewohnten Trott auszubrechen. Selbst eine Ernährungsumstellung erscheint uns dann wie eine schwierige Aufgabe, obwohl sie in keiner Weise mit Einschränkungen verbunden sein muss. Im Gegenteil: Sie soll uns ja nicht nur fitter und gesünder machen, sondern uns auch neue Genüsse aufzeigen. Doch das Gewohnheitstier in uns schreit: Lass das! Alles soll bleiben, wie es ist!

Hier hilft die psychologische Erkenntnis, dass die ersten sechs Wochen die ausschlaggebenden und alles entscheidenden sind, wenn wir etwas Neues in unser Leben integrieren wollen, das wir als unangenehm einschätzen. Während dieser sechs Wochen müssen wir uns immer wieder selbst motivieren und unsere eingefahrenen Gewohnheiten überwinden. Sind die kritischen Wochen geschafft, flutscht es wie von selbst. Ein neuer Lebensrhythmus hat sich eingestellt, die neuen Gewohnheiten sind schon zu alten geworden und fügen sich wie selbstverständlich in den Tag ein. Wir denken nicht mehr darüber nach, sondern machen es einfach. Das gilt fürs Joggen genauso wie für den Wochenendausflug mit der Familie. Und es gilt auch für eine neue Ernährungsweise.

Was anfangs wie eine Aufgabe wirkt, die schwer umzusetzen ist, wird nach den „magischen" sechs Wochen also ganz selbstverständlich. Auch deshalb ist dieser Plan für die Dauer von sechs Wochen angelegt, denn Sie werden seine Regeln vermutlich auch danach ganz automatisch befolgen. In dieser Zeit haben Sie schon längst die vielen Vorteile gesunder Ernährung kennengelernt. Sie haben festgestellt, wie abwechslungsreich eine gute Ernährung ist, wie lecker frische, bunte und vor lauter guten Inhaltsstoffen strotzende Nahrungsmittel schmecken. Und Sie fühlen sich leichter, gesünder und fitter. Seien Sie versichert: Sie wollen es nicht mehr anders.

Alle Gerichte in diesem Buch sind für mehrere Beschwerdebilder gemäß der Kennzeichnung geeignet. Deshalb sind sie nicht nach den Beschwerdebildern sortiert, sondern nach dem Anfangsbuchstaben der ersten Zutat.

Rezepte

von A bis Z

Anishuhn mit Fenchelgemüse

(+)

++ BLUTHOCHDRUCK
++ DARMTRÄGHEIT, VERSTOPFUNG
++ ERSCHÖPFUNG
++ MUSKELKRÄMPFE *
++ REIZDARM **
+ DIABETES TYP 2
+ GLUTEN-UNVERTRÄGLICHKEIT
+ HOHER CHOLESTERINSPIEGEL
+ SODBRENNEN **
+ WECHSELJAHRESBESCHWERDEN **

(-)

– ARTHROSE
– GICHT
– LAKTOSE-INTOLERANZ

REZEPT FÜR 2 PERSONEN

1 unbehandelte Bio-Zitrone, gewaschen und in 6 längliche Stücke geschnitten
4 Stiele Petersilie, gewaschen, Blätter von 2 Stielen gehackt
1 EL Anissaat
Meersalz
2 Hähnchenbrüste à 150 g, ohne Haut, Fett und Sehnen
300 g Fenchel, geputzt, gewaschen und in Stücke geschnitten
Olivenöl
Pfeffer
250 g Naturjoghurt, 3,5 % Fett
Saft von ½ Zitrone
½ Stange Frühlingslauch, geputzt, gewaschen und dünn aufgeschnitten
1 Chicorée, geputzt, gewaschen und die Blätter gelöst

Einen Topf mit Wasser, den Zitronenstücken, 2 ganzen Petersilienstielen, Anis und Salz aufkochen. Hähnchenbrüste kalt abwaschen und in den Sud geben, einmal aufwallen lassen und auf kleiner Hitze 10–12 Minuten ziehen lassen. Herausnehmen und kurz abtropfen lassen.
Den Fenchel in einem Topf in Olivenöl anschwitzen. Mit Salz und Pfeffer würzen, einen Schuss Wasser angießen und in 2–3 Minuten fertig garen.
Den Joghurt mit Zitronensaft und Frühlingslauch verrühren.
Das Geflügel aufschneiden und mit Chicorée, Fenchel, gehackter Petersilie und den Zitronenstücken aus dem Sud auf Tellern anrichten. Falls noch vorhanden, den Joghurt mit Frühlingslauch bestreuen und separat servieren.

Man ist ganz überrascht von der Leichtigkeit und Bekömmlichkeit dieser Speise. Sie wird bei uns jetzt öfter auf dem Speiseplan stehen.

---

* dazu Portulak servieren

** bei Unverträglichkeit Frühlingslauch weglassen

Anis-Kümmel-Kartoffeln mit frischem Salat und grüner Joghurtsauce

⊕

++ BLUTHOCHDRUCK *
++ DARMTRÄGHEIT, VERSTOPFUNG
++ MUSKELKRÄMPFE **
++ REIZDARM
+ ARTHROSE ***
+ DIABETES TYP 2
+ ERSCHÖPFUNG
+ GICHT
+ GLUTEN-UNVERTRÄGLICHKEIT
+ HOHER CHOLESTERINSPIEGEL
+ SODBRENNEN
+ WECHSELJAHRESBESCHWERDEN ****

⊖

– LAKTOSE-INTOLERANZ

REZEPT FÜR 2 PERSONEN

12–14 Bio-Drillinge (sehr kleine Kartoffeln)
Salz
1 TL Anissaat
1 TL Kümmel
250 g Naturjoghurt, 3,5 % Fett
Pfeffer
½ Bund Petersilie, gewaschen und die Blätter abgezupft
100 g Feldsalat, geputzt, gewaschen und gut abgetropft
1 Chicorée, geputzt, gewaschen, die Blätter abgetrennt und alle auf eine Länge geschnitten, das Herz halbiert
40 g Fenchel, geputzt, gewaschen und sehr dünn aufgeschnitten

Die ungeschälten Kartoffeln mit Salz, Anis und Kümmel in einem Topf zum Kochen bringen und 16–18 Minuten garen. Abgießen, die Gewürze kurz mit Wasser abspülen und dann die Kartoffeln auf dem Herd ausdämpfen lassen.
Den Joghurt mit Salz, Pfeffer und Petersilie gut durchmixen, bis eine wunderbare, hellgrüne Sauce entstanden ist.
Die Pellkartoffeln mit Feldsalat, Chicorée und Fenchel auf Tellern anrichten und die Joghurtsauce dazugeben.

---

* Kartoffeln mit wenig Salz kochen
** Joghurt mit Nüssen oder Samen verrühren
*** Kartoffeln mit der Schale essen
**** etwas Leinöl in den Joghurt rühren

Aprikosenschlupfer mit Vanillesauce

(+)

- ARTHROSE
- BLUTHOCHDRUCK
- ERSCHÖPFUNG
- GICHT
- HOHER CHOLESTERINSPIEGEL
- MUSKELKRÄMPFE
- REIZDARM
- SODBRENNEN
- WECHSELJAHRESBESCHWERDEN

(-)

- DARMTRÄGHEIT, VERSTOPFUNG
- DIABETES TYP 2
- GLUTEN-UNVERTRÄGLICHKEIT
- LAKTOSE-INTOLERANZ

REZEPT FÜR 2 PERSONEN

2 Eier, Größe M
70 g feiner Zucker
Salz
55 g Dinkelmehl (Type 630)
500 ml Vollmilch
Fett für die Formen
3 frische Aprikosen, ca. 150 g, gewaschen, halbiert und entsteint
¼ Vanilleschote
5 g Maisstärke
etwas Puderzucker

2 mittelgroße Auflaufformen

Eier, 60 g Zucker und 1 Prise Salz in einer Schüssel am besten mit einem Stabmixer oder im Blender gut vermischen. Dann das Mehl löffelweise in die Masse rühren. 350 ml Milch nach und nach zugeben und mixen, bis ein sämiger, dünner Teig entstanden ist.
Backofen auf 220 Grad Ober- und Unterhitze vorheizen. Die Auflaufformen leicht mit etwas Fett ausstreichen. Je 3 Aprikosenhälften mit der Öffnung nach oben in die Auflaufformen setzen und für 5 Minuten in den Backofen stellen. Dann den Teig über die Aprikosen gießen und den Auflauf weitere 5 Minuten backen. Die Backtemperatur auf 180 Grad reduzieren, 30 Minuten weiterbacken. Eventuell mit etwas Alufolie abdecken, damit die Kruste nicht zu dunkel wird. Den Auflauf herausnehmen und ganz auskühlen lassen.
Die Vanilleschote auskratzen. 125 ml Milch mit 10 g Zucker, Vanillemark und -schote in einen kleinen Topf geben und aufkochen. Die restlichen 25 ml Milch mit der Stärke verrühren und in die heiße Milch rühren. 1 Minute köcheln lassen. Vanilleschote herausfischen.
Die Aprikosenschlupfer auf Teller geben und mit der Vanillesauce servieren. Etwas Puderzucker aufstreuen.

Aubergine mit Gemüse-Haferflocken-Füllung

(+)

++ DARMTRÄGHEIT, VERSTOPFUNG
++ HOHER CHOLESTERINSPIEGEL *
++ WECHSELJAHRESBESCHWERDEN **
+ BLUTHOCHDRUCK ***
+ DIABETES TYP 2
+ ERSCHÖPFUNG ****
+ GICHT
+ LAKTOSE-INTOLERANZ
+ MUSKELKRÄMPFE
+ REIZDARM *****

(-)

– ARTHROSE
– GLUTEN-UNVERTRÄGLICHKEIT
– SODBRENNEN

REZEPT FÜR 2 PERSONEN

1 große Aubergine, gewaschen und halbiert
Salz
300 g gemischtes Gemüse, z. B. grüne Bohnen, Brokkoli, Kohlrabi, Paprika, Lauch, Karotten und Fenchel, alles geputzt und gewaschen
Olivenöl
125 g Tomatenstückchen („Pizzatomaten" aus Tetrapack oder Dose)
Pfeffer
1 Prise Chiliflocken
1 EL getrocknete gemischte Kräuter, z. B. Kräuter der Provence oder eine italienische Mischung
50 g Haferflocken
20 g Leinsaat
je 2 Stiele Rosmarin und Thymian, gewaschen
3 Knoblauchzehen, geschält, halbiert und der Keim entfernt

1 mittelgroße Auflaufform
Alufolie

Die Auberginenhälften mit einem Esslöffel aushöhlen und überall einen gleichmäßig dünnen Rand stehen lassen. Von innen leicht salzen, damit die Aubergine Wasser zieht und Geschmack bekommt.
Das frische Gemüse gleichmäßig klein schneiden, am besten mit einem Gemüseschneider. In einer Pfanne in etwas Olivenöl anbraten. Nun die Tomatenstücke zugeben und alles mit Salz, Pfeffer, Chiliflocken und getrockneten Kräutern würzen. Nach 5 Minuten die Haferflocken und die Leinsaat zugeben. Kurz aufkochen und abschmecken.
Den Backofen auf 190 Grad Umluft vorheizen und die Auflaufform mit Olivenöl einfetten. Kräuterstiele und Knoblauch hineinlegen und die Auberginenhälften mit der Öffnung nach oben hineinsetzen. Das Gemüse einfüllen und Auberginen für 25 Minuten in den Ofen schieben. Nach 12–15 Minuten die Auberginen mit Alufolie abdecken.
Die Auberginen auf vorgewärmte Teller setzen. Mit den Kräuterstielen und Knoblauchhälften verzieren.

---

* nur grünes Gemüse wählen
** bei empfindlicher Verdauung Chiliflocken weglassen
*** Gemüse: viel grüne Bohnen verwenden
**** grünes Gemüse wählen, z. B. Brokkoli oder Rosenkohl
***** Gemüse: bei Unverträglichkeit auf Bohnen und Kohl verzichten

Basilikumcrêpes mit Käse und warmen Tomaten

(+)

- \+ DARMTRÄGHEIT, VERSTOPFUNG
- \+ ERSCHÖPFUNG
- \+ GICHT
- \+ MUSKELKRÄMPFE
- \+ REIZDARM
- \+ WECHSELJAHRESBESCHWERDEN

(–)

- – ARTHROSE
- – BLUTHOCHDRUCK
- – DIABETES TYP 2
- – GLUTEN-UNVERTRÄGLICHKEIT
- – HOHER CHOLESTERINSPIEGEL *
- – LAKTOSE-INTOLERANZ
- – SODBRENNEN

FÜR 2 PERSONEN BZW. 6 BASILIKUM-CRÊPES

220 ml Vollmilch
2 Eier, Größe M
130 g Dinkelmehl (Type 630)
70 g flüssige Nussbutter (zur Bräune erhitzte Butter)
10–15 große Basilikumblätter
Meersalz
Olivenöl zum Braten
2–3 feste Tomaten, gewaschen und in dicke Scheiben geschnitten
3 EL Polentagrieß
Pfeffer
200 g Fetakäse, zerbröselt

Die Milch mit den Eiern am besten in einen Blender geben oder in einem hohen Gefäß mit einem Stabmixer mixen. Dabei das Mehl löffelweise zugeben. Zum Schluss die Nussbutter hinzufügen, Basilikum einmixen und alles mit Salz würzen. Nun den Teig 30 Minuten quellen lassen und dann noch einmal durchmixen. In einer flachen Pfanne in etwas Olivenöl zu Crêpes dünn ausbacken.
Die Tomaten in Polentagrieß wenden und in einer nicht zu heißen Pfanne in Olivenöl von beiden Seiten knusprig braten. Zum Schluss mit Meersalz und Pfeffer würzen.
Die Crêpes auf Teller legen und die Tomaten darin etwas einschlagen. Den Feta um die Tomaten drapieren. Mit Basilikumblättern, falls vorhanden, verzieren.

---

* geeignet für Nicht-Cholesterinsensitive

Berglinsensalat im Wirsingblatt mit Kichererbsenfischchen

(+)

++ ARTHROSE
++ DARMTRÄGHEIT, VERSTOPFUNG *
++ ERSCHÖPFUNG
++ HOHER CHOLESTERINSPIEGEL
++ MUSKELKRÄMPFE
++ WECHSELJAHRESBESCHWERDEN
+ BLUTHOCHDRUCK
+ GICHT
+ GLUTEN-UNVERTRÄGLICHKEIT

(-)

– DIABETES TYP 2
– LAKTOSE-INTOLERANZ
– REIZDARM
– SODBRENNEN

REZEPT FÜR 2 PERSONEN

125 ml Milch
50 g Butter
250 g Kichererbsenmehl
½ TL Meersalz
Cayennepfeffer
evtl. etwas Sesamsaat
2 schöne, große Wirsingblätter
1 EL Olivenöl
1 Stiel Rosmarin
1 Knoblauchzehe, geschält, halbiert und der Keim entfernt
100 g Zwiebeln, geschält und fein gewürfelt
100 g Karotten, geschält und fein gewürfelt
150 g Berglinsen
Pfeffer
feiner Essig
2 Stangen Frühlingslauch, geputzt und in Ringe geschnitten

Fischausstecher

Die Milch mit der Butter erwärmen. Kichererbsenmehl, Salz und etwas Cayennepfeffer in eine Schüssel geben. Mit der Milch-Butter-Mischung zu einem Teig verkneten. Großzügig in Klarsichtfolie schlagen. Im Kühlschrank 30 Minuten ruhen lassen.
Den Backofen auf 180 Grad Umluft vorheizen. Den Teig 5–7 mm dick ausrollen und mit einem etwa 5–6 cm langen Ausstecher in Fischform Fische ausstechen. Die Teigstücke auf ein mit Backpapier ausgelegtes Blech legen, leicht mit Wasser befeuchten und eventuell mit Sesam bestreuen. Im Backofen 15–20 Minuten backen.
Wirsingblätter 1–2 Minuten in kochendes Salzwasser geben, kurz in Eiswasser tauchen und abtropfen lassen.
In einem Topf das Olivenöl mit dem Rosmarin und dem Knoblauch erhitzen. Ganz leicht anrösten. Zwiebeln und Karotten zugeben und anschwitzen. Nun die Linsen zufügen und ebenfalls mit anschwitzen. So viel Wasser angießen, dass die Linsen gut bedeckt sind. Mit geschlossenem Deckel auf mittlerer Temperatur 25 Minuten köcheln lassen. Dabei gelegentlich umrühren und bei Bedarf etwas Wasser nachfüllen. Das Linsengemüse mit Salz, Pfeffer und Essig abschmecken und den Frühlingslauch zugeben und unterrühren.
Je ein Wirsingblatt auf einen Teller legen, den Linsensalat hineinfüllen und die gebackenen Fischchen dazulegen.

---

* nur geeignet, wenn Hülsenfrüchte nicht blähungsauslösend sind

Bulgogi vom Rind mit Vollkornreis und Kimchi

(+)

- ++ DARMTRÄGHEIT, VERSTOPFUNG *
- ++ ERSCHÖPFUNG
- + DIABETES TYP 2
- + GLUTEN-UNVERTRÄGLICHKEIT
- + LAKTOSE-INTOLERANZ
- + MUSKELKRÄMPFE
- + REIZDARM *
- + WECHSELJAHRESBESCHWERDEN

(-)

- – ARTHROSE **
- – BLUTHOCHDRUCK
- – GICHT **
- – HOHER CHOLESTERINSPIEGEL ***
- – SODBRENNEN

REZEPT FÜR 2 PERSONEN

Für das Fleisch
300 g Rinderhüftsteak oder Roastbeef
50 ml Sojasauce
15 g Zucker
10 ml Sesamöl
10 g Sesamsaat, geröstet
15 ml Reiswein
30 g Ingwer, geschält und frisch gerieben
50 g Zwiebeln, geschält und fein gehackt
½ koreanische Tafelbirne (Nashi), gewaschen und gerieben, oder eine andere saftige, weiche und süße Birne
2 Stangen Frühlingslauch, geputzt, gewaschen, in dünne Ringe geschnitten
Öl

Für den Reis
Salz
160 g Vollkornreis
Öl, z. B. Erdnussöl

150–200 g Kimchi (fertig gekauft oder nach dem Rezept auf Seite 148 zubereitet)

FLEISCH
Fleisch erst in Streifen und dann in dünne Stücke schneiden. Sojasauce mit Zucker, Sesamöl, Sesamsaat, Reiswein, Ingwer, Zwiebeln, Birne und Frühlingslauch (einige Lauchringe zum Verzieren beiseitelegen) verrühren. Das Fleisch in die Marinade geben und mindestens 1–2 Stunden ziehen lassen.
Auf ein Sieb geben, abtropfen lassen und die Marinade dabei auffangen. Fleisch in einer Pfanne in Öl anbraten. Die aufgefangene Marinade angießen und aufkochen lassen.

REIS
420 ml gesalzenes Wasser zum Kochen bringen. Den Reis auf einem Sieb unter kaltem Wasser abwaschen, abtropfen lassen und in das Wasser geben. Ohne Deckel und bei mittlerer Temperatur ca. 25 Minuten garen.

Fleisch, Reis und Kimchi auf Tellern anrichten, mit Lauchringen verzieren und sofort servieren.

Weitere Zutaten und Fortsetzung der Zubereitung siehe Seite 148

---

* fermentiertes Kimchi verwenden
** hin und wieder akzeptabel, wenn Fleisch gewünscht ist
*** geeignet für Nicht-Cholesterinsensitive

Bulgogi vom Rind mit Vollkornreis und Kimchi

Fortsetzung der Zubereitung von Seite 146

KIMCHI

Ein schnelles Kimchi bereite ich nach diesem Rezept selbst zu:

½ Chinakohl, gewaschen und gut abgetropft
2 TL Salz
2 EL koreanische Chilipaste (es sollte die typisch koreanische Chilipaste sein)
½ TL Chiliflocken
2 EL Reiswein oder 1 EL Ahornsirup
3 Knoblauchzehen, geschält und durchgepresst

Den Chinakohl in dicke Stücke schneiden. Salz in 1 l Wasser auflösen und den Kohl für mindestens 3–4 Stunden hineingeben. Danach den Kohl auf einem Sieb abtropfen lassen.
Aus den restlichen Zutaten eine Marinade anrühren und diese gut in den Kohl einmassieren – das klappt mit Einweghandschuhen am besten. Den Kohl noch einmal 1–2 Stunden stehen lassen. Und keine Sorge wegen der Schärfe: Wenn koreanische Chilipaste nicht erhitzt wird, ist sie recht mild, bleibt aber würzig.

Der Kohl ist dann natürlich nicht fermentiert, was eigentlich das Kennzeichen eines richtigen Kimchis ist. Doch im Internet kursieren auch Rezepte ohne Fermentation, diese Art der Zubereitung scheint demnach verbreitet zu sein. Also nichts wie ran ans eigene Kimchi!

Caldo verde mit gebratener Chorizo

(+)

- ++ ERSCHÖPFUNG
- ++ MUSKELKRÄMPFE
- + ARTHROSE *
- + DIABETES TYP 2
- + GICHT *
- + GLUTEN-UNVERTRÄGLICHKEIT
- + HOHER CHOLESTERINSPIEGEL **
- + WECHSELJAHRESBESCHWERDEN *

(-)

- – BLUTHOCHDRUCK
- – DARMTRÄGHEIT, VERSTOPFUNG
- – LAKTOSE-INTOLERANZ
- – REIZDARM
- – SODBRENNEN

REZEPT FÜR 4 PERSONEN

1 EL Olivenöl
100 g Zwiebeln, geschält und grob gewürfelt
2 Knoblauchzehen, geschält und grob gehackt
650 g mehligkochende Kartoffeln, geschält und in grobe Stücke geschnitten
Salz
Pfeffer, frisch aus der Mühle
Muskatnuss, frisch gerieben
250 g schöne Grünkohlblätter, ohne Strunk klein geschnitten
100–150 g Chorizo, schräg in dicke Scheiben geschnitten
4–6 EL Crème fraîche

In einem großen Topf das Öl erhitzen. Zwiebeln und Knoblauch darin 3–5 Minuten anschwitzen. Kartoffeln zugeben und mit Salz, Pfeffer und Muskat würzen. Mit 500 ml Wasser ablöschen und bei aufgelegtem Deckel 10 Minuten kochen.
Durchrühren und 500 ml Wasser angießen. Erneut aufkochen und den Grünkohl zugeben. Bei aufgelegtem Deckel weitere 10 Minuten kochen. Zuletzt mit einem Stabmixer fein pürieren.
In der Zwischenzeit die Chorizo in einer heißen Pfanne ohne Öl von beiden Seiten knusprig braten.
Die Suppe mit kreisförmig eingezogener Crème fraîche und der Chorizo in vorgewärmten tiefen Tellern servieren.

Die schmeckt nicht nur bei Erschöpfung – und noch ein bisschen besser, wenn sie am nächsten Tag aufgewärmt wird.

---

* Chorizo weglassen

** Cholesterinsensitive: Chorizo weglassen

Chinakohl-Gemüse-Pfanne mit marinierter Hähnchenbrust und gebackenem Ingwer

(+)

++ ERSCHÖPFUNG
+ DARMTRÄGHEIT, VERSTOPFUNG
+ DIABETES TYP 2
+ GLUTEN-UNVERTRÄGLICHKEIT
+ LAKTOSE-INTOLERANZ
+ MUSKELKRÄMPFE

(–)

– ARTHROSE
– BLUTHOCHDRUCK
– GICHT
– HOHER CHOLESTERINSPIEGEL *
– REIZDARM
– SODBRENNEN
– WECHSELJAHRESBESCHWERDEN

REZEPT FÜR 2 PERSONEN

1 rote Chilischote, entkernt, gewaschen und in Stücke geschnitten
60 g frischer Ingwer, geschält
6 EL Sojasauce
2 Tropfen Sesamöl (falls vorhanden)
Saft von 1 Zitrone
300 g Hähnchenbrust, ohne Fett und Sehnen
Salz
½ TL Pflanzenöl
6 Pfefferminzblätter, gewaschen
600 g Chinakohl, gewaschen und dünn aufgeschnitten
½ Karotte, geschält und in dünne Stifte geschnitten
Pfeffer

Der Hälfte der Chilischote mit 10 g geriebenem Ingwer, Sojasauce, Sesamöl und Zitronensaft in einer Schüssel vermengen. Das Hähnchenfleisch in längliche Streifen schneiden. Mit der Marinade vermengen und 15–20 Minuten ziehen lassen.
Die Hähnchenstücke mit der Gabel aus der Marinade nehmen und in einer gut vorgeheizten beschichteten Pfanne von allen Seiten knusprig braten. Das Fleisch aus der Pfanne nehmen. Etwas Wasser in die heiße Pfanne geben, den Sud leicht salzen und durch ein kleines Sieb geben – fertig ist das leichte Sößchen.
Restlichen Ingwer erst längs in dünne Scheiben und diese dann in sehr dünne Streifen (Julienne) schneiden. Mit Pflanzenöl beträufeln und in einer sehr heißen Pfanne 2–3 Minuten gut anbraten. Dabei ständig wenden, damit sie nicht verbrennen. Zum Abtropfen auf Küchenpapier geben, leicht salzen und dann mit frisch geschnittener Minze vermengen.
Den Chinakohl mit den Karottenstiften in einer heißen Pfanne mit wenig, besser aber ohne Fett anbraten – lieber etwas Wasser zugeben. Die restliche Chili zufügen und alles mit Salz und Pfeffer würzen.
Das Hühnchen mit dem Kohl auf vorgewärmten Tellern anrichten und mit Minz-Ingwer bestreuen.

* geeignet für Nicht-Cholesterinsensitive; ohne Geflügelhaut

Datteln mit Brieﬁllung in mediterraner Panade, dazu Früchtebrot

(+)

++ DARMTRÄGHEIT, VERSTOPFUNG
++ ERSCHÖPFUNG
+ ARTHROSE *
+ BLUTHOCHDRUCK
+ GICHT
+ MUSKELKRÄMPFE
+ REIZDARM
+ WECHSELJAHRESBESCHWERDEN

(–)

– DIABETES TYP 2
– GLUTEN-UNVERTRÄGLICHKEIT
– HOHER CHOLESTERINSPIEGEL **
– LAKTOSE-INTOLERANZ
– SODBRENNEN

REZEPT FÜR 2 PERSONEN

100 getrocknetes Mischobst
12 große Datteln, eingeschnitten und die Kerne entfernt
100 g fettreduzierter Brie, in 12 gleich große Stücke geschnitten
50 g getrocknete Tomaten (trocken, nicht aus dem Öl)
je 1 Stiel Rosmarin und Thymian, gewaschen, die Nadeln bzw. Blätter abgezupft
1 EL Paniermehl
150 g Vollmilchjoghurt
1–2 EL gehackte Kräuter nach Wunsch
Salz
Pfeffer
300 g Dinkel- oder Buchweizenmehl plus Mehl für die Arbeitsfläche
3 EL Olivenöl

Das Trockenobst in einen Topf geben und mit kaltem Wasser bedecken. Aufkochen, Deckel auflegen und die Herdplatte ausschalten. 1–2 Stunden ziehen lassen. Dann auf ein Sieb gießen, abtropfen lassen und klein schneiden.
Jede Dattel mit einem Briestück füllen, leicht zusammendrücken. Tomaten, Rosmarin, Thymian und Paniermehl in einem elektrischen Zerkleinerer zu einer feinen Panade verarbeiten. Die Masse in eine Schüssel geben und mit 1 EL Wasser verkneten. Ist sie zu trocken, noch etwas Wasser zufügen. Portionsweise zwischen den Händen glatt drücken, die Datteln darin einhüllen.
Backofen auf 180 Grad Ober- und Unterhitze vorheizen. Datteln auf ein kleines Blech setzen und 4–5 Minuten im Ofen backen.
Den Joghurt mit Kräutern sowie etwas Salz und Pfeffer anrühren.
Mehl mit 150 ml Wasser, Öl und Salz in eine Schüssel geben und am besten mit dem Knethaken der Küchenmaschine zu einem seidigen Teig verarbeiten. In Klarsichtfolie wickeln und 20 Minuten im Kühlschrank ruhen lassen. Dann den Teig auf einer leicht mehlierten Arbeitsfläche großflächig ausrollen und mit den eingeweichten Mischobststücken bestreuen. Den Teig nun viermal einschlagen: von rechts und links zur Mitte hin und von oben und unten zur Mitte hin. Mit dem Nudelholz leicht über den ganzen Teig rollen.
Backofen auf 230 Grad Ober- und Unterhitze vorheizen. Den Teig 12–15 Minuten knusprig backen (siehe Tipp am Ende des Rezepts). Herausnehmen und auf einem Kuchengitter abkühlen lassen.
Das Früchtebrot mit den Datteln servieren. Mit Kräutern dekorieren.

Zum Backen des Früchtebrots schiebe ich das Backblech vor dem Vorheizen mit der Öffnung nach unten in den Ofen. Den Teig lege ich dann auf das heiße Blech, so bekommt er eine schönere Kruste. Oder ich backe das Brot auf einem Back- bzw. Brotstein, der natürlich auch vorgeheizt werden muss.

* getrocknete Tomaten weglassen

** geeignet für Nicht-Cholesterinsensitive

Dinkelflockenbratlinge mit Kürbis, Rosenkohlgemüse und leichtem Schafskäse

(+)

- ++ ERSCHÖPFUNG
- ++ WECHSELJAHRESBESCHWERDEN *
- \+ ARTHROSE
- \+ DARMTRÄGHEIT, VERSTOPFUNG
- \+ DIABETES TYP 2
- \+ GICHT
- \+ HOHER CHOLESTERINSPIEGEL
- \+ MUSKELKRÄMPFE

(−)

- – BLUTHOCHDRUCK
- – GLUTEN-UNVERTRÄGLICHKEIT
- – LAKTOSE-INTOLERANZ
- – REIZDARM
- – SODBRENNEN

REZEPT FÜR 2 PERSONEN
BZW. 6 SCHÖNE BRATLINGE

200 g Zwiebeln, geschält und fein gewürfelt
Rapsöl
150 g Dinkelflocken
250 ml Gemüsebrühe
1 EL Hefeflocken
1 EL Paprikapulver
1 Msp. Chiliflocken
1 großer EL Honigsenf
½ Bund Petersilie, gewaschen, die Blätter abgezupft und gehackt
Salz
Pfeffer
2 EL Polentagrieß
1 Knoblauchzehe, geschält und gehackt
250 g Hokkaidokürbis, geschält, entkernt und in sehr kleine Stücke geschnitten
250 g Rosenkohl, geputzt, gewaschen und halbiert
50 g Soja Cuisine
60 g leichter Fetakäse, gewürfelt
etwas Gartenkresse, vom Beet geschnitten

100 g Zwiebeln in etwas Rapsöl hell anschwitzen. Die Dinkelflocken zugeben und kurz mit anrösten. Mit Gemüsebrühe ablöschen und ca. 3 Minuten unter ständigen Rühren garen lassen. In eine Schüssel geben und etwas auskühlen lassen.
Nun Hefeflocken, Paprika, Chili, Senf und Petersilie zugeben und alles mit der Hand gut vermengen. Mit Salz und Pfeffer würzen. Aus der Masse mit feuchten Händen 6 Bratlinge formen und in Polentagrieß wälzen. In einer Pfanne mit Rapsöl von beiden Seiten knusprig braten.
Die restlichen Zwiebeln mit Knoblauch in etwas Öl anschwitzen. Den Kürbis zugeben und angehen lassen. Nach 2 Minuten den Rosenkohl zugeben und alles mit Salz und Pfeffer würzen. 1–2 Minuten garen lassen und mit einem guten Schuss kaltem Wasser ablöschen. Aufkochen und die Soja Cuisine zugeben. Noch 1 Minute gut durchköcheln.
Die Bratlinge mit Gemüse und Fetakäse anrichten und mit Kresse ausdekorieren.

---

* mit frischen Sprossen verfeinern

Dinkel-Karotten-Leinsaat-Brot mit Raukequark

(+)

++ ARTHROSE
++ DARMTRÄGHEIT, VERSTOPFUNG
++ HOHER CHOLESTERINSPIEGEL *
++ MUSKELKRÄMPFE **
++ WECHSELJAHRESBESCHWERDEN *
+ DIABETES TYP 2
+ ERSCHÖPFUNG **
+ GICHT ***

(-)

– BLUTHOCHDRUCK
– GLUTEN-UNVERTRÄGLICHKEIT
– LAKTOSE-INTOLERANZ
– REIZDARM ****
– SODBRENNEN

REZEPT FÜR 1 BROT

Für die Karotten
400 g Karotten, geschält und in dünne Scheiben geschnitten
Salz
1 EL Olivenöl

Für das Brot
440 g Dinkelvollkornmehl
40 g Leinsaat
1 Tüte Trockenhefe
1 EL Ahornsirup
14 g Salz
Mehl für die Arbeitsfläche

Für den Quark
250 g Magerquark
50 ml Mineralwasser mit Kohlensäure
½ Bund Rauke, gewaschen und gut abgetropft
Salz
Pfeffer

1 Kastenform, Ø 26 cm

---

* Olivenöl durch Leinöl ersetzen
** Leinsamen gegen Sonnenblumenkerne oder Sesamsaat tauschen
*** Brot mit weißem Dinkelmehl und weniger Flüssigkeit backen
**** eventuell verträglich, wenn das Brot mindestens einen Tag alt ist

KAROTTEN

Karottenscheiben leicht salzen und das Olivenöl zugeben. Bis zur weiteren Verarbeitung marinieren lassen. Dabei nicht kalt stellen.

BROT

Das Dinkelvollkornmehl mit Leinsaat, Hefe, Ahornsirup, Salz und 350 ml warmem Wasser in eine Schüssel geben und am besten mit dem Knethaken der Küchenmaschine 5–7 Minuten zu einem Teig verarbeiten. Den Brotteig 25–30 Minuten gehen lassen. Den Teig nicht nur während der Gehzeit, sondern schon während des Knetens mit einem Tuch abdecken (am besten mit einer Wäscheklammer befestigen), damit die Wärme zur Entfaltung der Hefe erhalten bleibt.
Nun etwas Mehl auf die Arbeitsfläche geben. Den Teig noch einmal mit der Hand kneten und dabei die Karottenscheiben einarbeiten. Der Teig sollte nicht zu fest werden, sondern lieber etwas weicher sein. Eine Kastenform mit Backpapier auskleiden. Den Brotteig in die Form geben, leicht mit Mehl bestäuben und an einem warmen Ort ohne Zug abgedeckt 30–40 Minuten gehen lassen.
Den Backofen auf 240 Grad Umluft vorheizen. Das Brot darin 22–25 Minuten backen. Beim Einschieben etwas kaltes Wasser in den heißen Ofen sprühen, damit der Teig besser aufgeht und die Kruste schöner wird. Herausnehmen, aus der Form stürzen und auf einem Gitter abkühlen lassen.

QUARK

Den Quark mit Mineralwasser verrühren und mit Salz und Pfeffer würzen. Die Rauke klein schneiden und unterrühren.

Das Brot mit dem Quark zum Aufstreichen servieren.

Dinkel-Pfannkuchen mit Apfel-Kirsch-Kompott

(+)

- ++ ARTHROSE
- ++ WECHSELJAHRESBESCHWERDEN
- \+ BLUTHOCHDRUCK
- \+ DARMTRÄGHEIT, VERSTOPFUNG
- \+ ERSCHÖPFUNG
- \+ GICHT
- \+ MUSKELKRÄMPFE
- \+ REIZDARM
- \+ SODBRENNEN

(−)

- – DIABETES TYP 2
- – GLUTEN-UNVERTRÄGLICHKEIT
- – HOHER CHOLESTERINSPIEGEL *
- – LAKTOSE-INTOLERANZ

REZEPT FÜR 2 PERSONEN

60 ml Milch
70 ml Mineralwasser mit Kohlensäure
2 Eier, Größe M
Salz
75 g Ahornsirup
100 g Dinkelvollkornmehl
Pflanzenöl
80 g Zucker
2 Stiele Thymian, gewaschen und die Blätter abgezupft
200 g frische Kirschen, gewaschen, halbiert und entsteint
50 ml Apfelsaft oder Wasser
2 Äpfel à 125 g, geschält, geviertelt und ohne Kerngehäuse in Stücke geschnitten

Die Milch mit Mineralwasser, Eiern, 1 Prise Salz und Ahornsirup mixen. Das Mehl löffelweise zugeben und alles zu einem gleichmäßigen Teig verarbeiten. 30 Minuten quellen lassen und noch einmal gut durchmixen. In einer beschichteten Pfanne in etwas Öl gut und lecker backen.
Den Zucker in einem Topf zum Schmelzen bringen und den Thymian zugeben. Sobald der Zucker einen Cognac-Farbton angenommen hat, die Kirschen zufügen und mit dem Apfelsaft ablöschen. Die Masse 2 Minuten kochen lassen. Nun die Apfelstücke hinzugeben und alles weitere 5 Minuten leicht köcheln lassen. Den Deckel auflegen, die Herdplatte ausstellen und noch 5 Minuten ziehen lassen.
Die Pfannkuchen auf Teller geben und das Kompott auflöffeln.

---

* geeignet für Nicht-Cholesterinsensitive

Dinkelspätzle mit Bergkäse und Lauch-Zwiebel-Gemüse

(+)

+ ERSCHÖPFUNG
+ GICHT
+ MUSKELKRÄMPFE
+ WECHSELJAHRESBESCHWERDEN

(−)

– ARTHROSE
– BLUTHOCHDRUCK
– DARMTRÄGHEIT, VERSTOPFUNG
– DIABETES TYP 2
– GLUTEN-UNVERTRÄGLICHKEIT
– HOHER CHOLESTERINSPIEGEL *
– LAKTOSE-INTOLERANZ
– REIZDARM
– SODBRENNEN

REZEPT FÜR 2 PERSONEN

200 g Dinkelmehl (Type 630)
3 Eier, Größe M
Salz
Pfeffer
etwas Muskatnuss, frisch gerieben
20 g Bergkäse, gerieben
40 g Höhlenkäse light, 16 %, gerieben
200–250 g Gemüsezwiebeln, geschält und in dünne Scheiben geschnitten
1 EL Rapsöl
4 Stangen Frühlingslauch, geputzt, gewaschen und in dünne Ringe geschnitten
4 Stiele glatte Petersilie, gewaschen, die Blätter abgezupft und grob gehackt

Spätzlepresse oder Schabebrett
1 mittelgroße Auflaufform

Für die Spätzle Mehl mit Eiern, Salz, Pfeffer, Muskat und 60 ml kaltem Wasser in eine Schüssel geben. Am besten mit einer Küchenmaschine 4–5 Minuten lang zu einem cremigen Teig verarbeiten. 10–15 Minuten ruhen lassen und erneut durchrühren.
Salzwasser aufkochen, dann den Teig hineingeben – am besten durch die Spätzlepresse drücken oder von einem gut angefeuchteten Brett schaben. Wenn die Spätzle gar sind und nach wenigen Augenblicken an die Oberfläche steigen, mit einer großen Schaumkelle aus dem Wasser nehmen. Gut abtropfen lassen und gleich in eine eingefettete Form geben. Backofen auf 180 Grad Umluft vorheizen. Den geriebenen Käse über die Spätzle geben und leicht damit vermengen. Für 10–12 Minuten in den Ofen geben.
In der Zwischenzeit die Zwiebelscheiben in einer Pfanne in Rapsöl bei mittlerer Temperatur gut 10 Minuten braten. Dabei gelegentlich wenden. Zum Schluss Frühlingslauch sowie Petersilie zugeben und mit Salz und Pfeffer würzen.
Die Spätzle mit den Zwiebeln in der Form servieren.

---

* geeignet für Nicht-Cholesterinsensitive

Eier-Spaghetti mit Bohnen-Kartoffeln

(+)

- ++ BLUTHOCHDRUCK
- ++ MUSKELKRÄMPFE
- + ARTHROSE *
- + ERSCHÖPFUNG
- + GICHT
- + LAKTOSE-INTOLERANZ
- + WECHSELJAHRESBESCHWERDEN

(–)

- – DARMTRÄGHEIT, VERSTOPFUNG
- – DIABETES TYP 2
- – GLUTEN-UNVERTRÄGLICHKEIT
- – HOHER CHOLESTERINSPIEGEL **
- – REIZDARM
- – SODBRENNEN

REZEPT FÜR 2 PERSONEN

100 g festkochende Kartoffeln, geschält und gewürfelt
Salz
100 g grüne Bohnen, die Enden abgeschnitten, Bohnen gewaschen und in Stücke geschnitten
40 g getrocknete Tomaten (trocken, nicht aus dem Öl), in Streifen geschnitten
100 g Spaghetti mit Ei
1–2 EL Olivenöl
1–2 Knoblauchzehen, geschält und gehackt
6 Salbeiblätter, gewaschen und in Streifen geschnitten
Pfeffer

Die Kartoffelwürfel in Salzwasser aufsetzen, aufkochen und – je nach Kartoffelsorte – 4–5 Minuten garen, bis sie halb durch sind. Dann Bohnen und Tomaten zugeben. Erneut aufkochen und weitere 4 Minuten köcheln lassen. Am Ende sollen die Bohnen und die Kartoffeln gar sein, aber noch ein wenig Biss haben. Abgießen und abtropfen lassen.
Spaghetti nach Packungsangabe in Salzwasser kochen und auf einem Sieb abgießen.
In einem Topf Knoblauch und Salbei mit Salz und Pfeffer in Olivenöl anrösten. Nudeln und Gemüse zugeben, behutsam vermischen und mit einem guten Schuss Wasser ablöschen.
Die Gemüsenudeln auf vorgewärmten tiefen Tellern anrichten.

Ein leichtes und sehr bekömmliches Gericht, einfach lecker!

---

* ohne getrocknete Tomaten

** geeignet für Nicht-Cholesterinsensitive

Fenchelpuffer mit Orangenfrischkäse

(+)

++ BLUTHOCHDRUCK
++ DARMTRÄGHEIT, VERSTOPFUNG
++ ERSCHÖPFUNG
++ MUSKELKRÄMPFE
+ DIABETES TYP 2
+ GICHT
+ GLUTEN-UNVERTRÄGLICHKEIT
+ HOHER CHOLESTERINSPIEGEL
+ WECHSELJAHRESBESCHWERDEN *

(−)

– ARTHROSE
– LAKTOSE-INTOLERANZ
– SODBRENNEN
– REIZDARM

REZEPT FÜR 2 PERSONEN BZW. 8 FENCHELPUFFER

500 g Magerquark
1 Bio-Orange
Salz
Pfeffer
400 g Fenchel, gewaschen und geputzt, plus Fenchelgrün zum Anrichten
100 g Zwiebeln, geschält
1 Ei, Größe L
80 g Buchweizenflocken
Öl

Am Vortag den Quark in einem Leinentuch – am besten ein Käseleinen nehmen – auf ein Sieb geben oder aufhängen und über Nacht abtropfen lassen. Anschließend gut ausdrücken. Es sollen ca. 350 g Quark übrig bleiben.
Die Orange unter heißem Wasser abbürsten und mit einem Sparschäler 3 schöne Stücke von der Schale abtrennen. Mit einem scharfen Messer in sehr dünne Streifen schneiden. Einige Streifen beiseitelegen. Dann die Orange mit dem Messer komplett schälen und auch die weiße Haut sorgfältig entfernen. Die Frucht filetieren und den dabei abtropfenden Saft auffangen. Den Orangenrest in der Hand auspressen.
Quark mit Saft und Orangenstreifen vermischen und mit Salz und Pfeffer würzen. 100 g der Masse für die Puffer beiseitestellen.
Den Fenchel und die Zwiebeln am besten in einer Küchenmaschine fein raspeln und in eine Schüssel geben. Mit dem zurückgestellten Quark, Ei und Buchweizenflocken gut vermengen und mit Salz und Pfeffer würzen. Die Masse 10 Minuten ruhen lassen, erneut vermengen und abschmecken. In einer nicht zu heißen Pfanne in etwas Öl den Teig portionsweise zu Puffern backen. Von beiden Seiten knusprig braten.
Backofen auf 180 Grad Umluft vorheizen. Die Puffer auf einem mit Backpapier ausgelegten Backblech für 6–7 Minuten in den Ofen schieben.
Die Puffer – eventuell mit Trennpapier – auf Teller geben und den Quark mit den Fruchtfilets getrennt servieren. Mit Fenchelgrün und restlicher Orangenschale verzieren.

Dazu schmeckt mir ein kräftiger grüner Salat am besten.

* Quark mit 1 EL Leinöl verfeinern

Fischfrikadellen mit Blumenkohlcreme und Brokkoliröschen

⊕

++ ARTHROSE
++ ERSCHÖPFUNG
++ HOHER CHOLESTERINSPIEGEL
++ MUSKELKRÄMPFE
++ WECHSELJAHRESBESCHWERDEN
+ BLUTHOCHDRUCK
+ DIABETES TYP 2
+ GLUTEN-UNVERTRÄGLICHKEIT
+ LAKTOSE-INTOLERANZ

⊖

– DARMTRÄGHEIT, VERSTOPFUNG
– GICHT
– REIZDARM
– SODBRENNEN

REZEPT FÜR 2 PERSONEN BZW. 4 FRIKADELLEN

50 g Hirse
Salz
100 g frische europäische Sardellenfilets, ohne Graten
100 g Pazifik-Lachsfilet (kein Salmo salar), ohne Haut
100 g schwarzer Heilbutt
1 Eiweiß
3 Stiele Dill, gewaschen
Pfeffer
1 gute Prise Cayennepfeffer
Rapsöl
250 g Blumenkohlröschen
50 g Soja Cuisine
Muskatnuss, frisch gerieben
160 g Brokkoliröschen

Die Hirse auf ein kleines Sieb geben und unter heißem Wasser abwaschen. In einem kleinen Topf 125 ml Wasser mit etwas Salz zum Kochen bringen. Hirse einrühren, 7 Minuten köcheln lassen und bei ausgeschalteter Herdplatte weitere 5 Minuten ruhen lassen. Anschließend zum Auskühlen auf einen flachen Teller geben.
Die Fischfilets in kleine Stücke schneiden und im Kühlschrank noch einmal gut durchkühlen lassen. Im Küchenmixer mit Eiweiß, Dill, Salz, Pfeffer und Cayennepfeffer gut durchmixen. In eine Schüssel geben und mit der erkaltenden Hirse vermengen. Aus der Masse 4 Frikadellen formen und diese in einer Pfanne in Rapsöl von beiden Seiten goldbraun braten.
Die Blumenkohlröschen in Salzwasser weich kochen. Mit Soja Cuisine und etwas Muskatnuss mit dem Stabmixer zu einer cremigen Masse verarbeiten. Den Brokkoli in kochendem Salzwasser garen und gut abtropfen lassen.
Die Fischfrikadellen mit Brokkoli und etwas Blumenkohlcreme auf vorgewärmten Tellern anrichten.

Forellenroulade auf Vollkorn- und Wildreis mit Schmorgemüse

⊕

++ HOHER CHOLESTERINSPIEGEL *
++ MUSKELKRÄMPFE
+ ARTHROSE
+ BLUTHOCHDRUCK
+ DARMTRÄGHEIT, VERSTOPFUNG
+ DIABETES TYP 2
+ ERSCHÖPFUNG
+ GLUTEN-UNVERTRÄGLICHKEIT
+ LAKTOSE-INTOLERANZ
+ WECHSELJAHRESBESCHWERDEN

⊖

– GICHT
– REIZDARM
– SODBRENNEN

REZEPT FÜR 2 PERSONEN

90 g Reis gemischt, je 30 g Vollkorn-, Wild- und roter Camargue-Reis oder zur Hälfte je Wild- und Vollkornreis
Salz
je 50 g rote und gelbe Paprika, geputzt, gewaschen und in Streifen geschnitten
100 g Fenchel, geputzt, gewaschen und in Stifte geschnitten
100 g Zucchini, geputzt, gewaschen und in Stifte geschnitten
Pfeffer
2–3 Stangen Frühlingslauch, geputzt, gewaschen und schräg aufgeschnitten
etwas Fenchelkraut, gewaschen und gehackt
2 Forellen à 320 g (am besten vom Händler filetieren und häuten lassen) bzw. 4 frische Forellenfilets ohne Haut
2 Stiele Dill, gewaschen und die Fähnchen abgezupft
2 Zitronenscheiben, halbiert

Klarsichtfolie
Alufolie

Den Reis 2–3 Minuten unter kaltem Wasser waschen. In 200 ml kaltes Wasser geben, aufkochen und 13–15 Minuten kochen lassen. Mit Salz leicht würzen. Es sollte noch etwas Kochflüssigkeit vorhanden sein, damit der Reis schön saftig ist und gleich eine kleine Sauce hat.
Paprika, Fenchel und Zucchini in einer gut beschichteten Pfanne ohne Fett und mit nur ganz wenig Wasser erhitzen. Mit Salz und Pfeffer würzen. Zum Schluss den Frühlingslauch und etwas Fenchelkraut zugeben.
Die Filets nötigenfalls an den Seiten gerade schneiden und die Enden großzügig abschneiden (die Abschnitte anderweitig verwenden, zum Beispiel für ein kleines Tatar). Filets leicht salzen. Auf der Außenseite (wo die Haut war) den Dill verteilen und das jeweils andere Filet mit der Außenseite auf die Dillseite legen, sodass beide Innenseiten jetzt außen sind. Die Stücke stramm in Klarsichtfolie rollen und eindrehen, dann in Alupapier wickeln und gut zudrehen. Auf diese Weise 2 Päckchen herstellen.
In einem Topf Wasser zum Kochen bringen, die Päckchen hineingeben und leicht mit einem Teller beschweren, damit sie von Wasser bedeckt sind. Jetzt den Topf von der Feuerstelle nehmen und die Rouladen 15 Minuten ziehen lassen. Herausnehmen, behutsam auspacken und den Fisch schräg halbieren. Dafür ein scharfes Messer verwenden und möglichst wenig drücken.
Den Reis und das Gemüse auf Tellern verteilen. Den Fisch dazusetzen und Zitronenscheiben anlegen.

* Reismischung durch roten Reis ersetzen

Frischkäsebratlinge mit Ingwer-Karotten

(+)

- ++ DARMTRÄGHEIT, VERSTOPFUNG
- \+ ARTHROSE
- \+ BLUTHOCHDRUCK
- \+ DIABETES TYP 2
- \+ ERSCHÖPFUNG
- \+ GICHT
- \+ HOHER CHOLESTERINSPIEGEL
- \+ MUSKELKRÄMPFE
- \+ REIZDARM
- \+ SODBRENNEN
- \+ WECHSELJAHRESBESCHWERDEN

(-)

- – GLUTEN-UNVERTRÄGLICHKEIT
- – LAKTOSE-INTOLERANZ

REZEPT FÜR 2 PERSONEN BZW. 4 BRATLINGE

250 g Magerquark
180 g Ricotta
4 Stiele Petersilie, gewaschen und mit Stielen gehackt
3 Stiele Estragon, gewaschen und mit Stielen gehackt
50 g Haferflocken
40 g Paniermehl
Salz
Pfeffer
2–3 EL Maisgrieß bzw. Polenta
Pflanzenöl
400 g Karotten, geschält und in Stifte geschnitten
40 g frischer Ingwer, geschält und fein gewürfelt
1 EL Olivenöl

Quark, Ricotta, die Hälfte der Petersilie, Estragon, Haferflocken, Paniermehl, Salz und Pfeffer gut vermengen. 5 Minuten ruhen lassen. Dann aus der Masse mit feuchten Händen 4 Bratlinge formen und mit Maisgrieß panieren. In einer beschichteten Pfanne in wenig Öl von beiden Seiten knusprig braten.
Die Karottenstifte in 50 ml Salzwasser garen und abschütten. Ingwer in einem Topf in Olivenöl etwas anrösten, leicht salzen und pfeffern. Die Karotten zugeben und schwenken. Restliche Petersilie zufügen und kurz anziehen lassen.
Käsebratlinge und Karotten auf vorgewärmten Tellern anrichten.

Frischkäseravioli in Paprikasauce

(+)

+ ARTHROSE
+ BLUTHOCHDRUCK
+ DARMTRÄGHEIT, VERSTOPFUNG
+ ERSCHÖPFUNG
+ GICHT
+ MUSKELKRÄMPFE
+ WECHSELJAHRESBESCHWERDEN *

(–)

– DIABETES TYP 2
– GLUTEN-UNVERTRÄGLICHKEIT
– HOHER CHOLESTERINSPIEGEL **
– LAKTOSE-INTOLERANZ
– REIZDARM
– SODBRENNEN

REZEPT FÜR 2 PERSONEN BZW.
20 SCHÖNE RAVIOLI

400 g Magerquark
Salz
Pfeffer
Chiliflocken
getrocknete italienische Kräuter
250 g feines Mehl (Type 405 Instant) oder doppelgriffiges Mehl plus Mehl zum Bestäuben
2 Eier, Größe L
1 Eiweiß, verquirlt
100–120 g rote Paprika, geputzt, gewaschen und in Stücke geschnitten
50 g Zwiebeln, geschält und in Scheiben geschnitten
2 Knoblauchzehen, geschält und gehackt
2 Stiele Rosmarin, gewaschen und die Nadeln abgezupft
1 EL Olivenöl
8–10 Basilikumblätter, gewaschen

Nudelwalze

Am Vortag den Quark in einem Leinentuch (am besten ein Käseleinen nehmen) auf ein Sieb geben oder aufhängen und über Nacht abtropfen lassen. Anschließend gut ausdrücken. Am nächsten Tag mit Salz, Pfeffer, Chiliflocken und italienischen Kräutern würzen und gut vermengen.
Mehl, Eier, 2 EL Wasser und 4 g Salz in eine Schüssel geben und am besten in der Küchenmaschine mit dem Flachrührer zu einem grob krümeligen Teig verarbeiten. Danach knete ich den Teig immer gute 5 Minuten mit den Händen und verwende so gut wie kein weiteres Mehl. Durch das Handkneten wird der Teig elastischer und später geschmeidiger.
Mit einem Messer oben in den Teig ein Kreuz einkerben, damit er sich entspannen kann. Zurück in die Schüssel legen, mit Klarsichtfolie sorgfältig abdecken und 30 Minuten bei Raumtemperatur ruhen lassen.
Dann den Teig mit dem Nudelholz etwas flach ausrollen und halbieren. Beide Stücke nacheinander durch die Nudelwalze drehen. Dabei jeweils mit der weitesten Einstellung (1) anfangen und die Stücke immer wieder neu durchdrehen, bis die engste Stufe (6) erreicht ist. So entstehen 2 lange Teigbahnen.

Fortsetzung der Zubereitung siehe Seite 176

---

* 1 EL Leinöl in den Quark rühren

** geeignet für Nicht-Cholesterinsensitive

Frischkäseravioli in Paprikasauce

Fortsetzung der Zubereitung von Seite 174

Von einer Teigbahn eine Seite leicht mehlieren und mit dem Mehl nach unten auf die Arbeitsfläche legen. Die Oberseite mit Eiweiß einpinseln.
Nun mit einem Teelöffel in regelmäßigen Abständen Frischkäsehäufchen auf dem Teigstreifen verteilen. Das zweite Teigstück deckungsgleich auflegen. Den Teig um die Füllungen herum mit den Fingern sorgfältig andrücken. Die Ravioli mit einem Teigrad ausradeln oder mit einem Messer ausschneiden. Sehr gleichmäßig werden die Ravioli mit einem (Ravioli-)Ausstecher, der die kleinen Erhebungen großzügig umschließt.
Für die Sauce Paprika, Zwiebeln, Knoblauch und Rosmarin in Olivenöl anrösten. Mit Salz und Pfeffer würzen und so viel Wasser angießen, dass das Gemüse leicht bedeckt ist. Einmal aufkochen und 12–15 Minuten leicht köcheln lassen. Dann bei geringster Hitzezufuhr weitere 5 Minuten ziehen lassen. Am besten mit dem Kochwasser in ein hohes Gefäß geben und mit dem Stabmixer fein pürieren. Falls die Sauce zu dickflüssig ist, noch etwas heißes Wasser zufügen. Noch einmal abschmecken.
Ravioli in leicht siedendes Salzwasser geben und 1 gute Minute garen. Sie sollen nicht aneinanderkleben. Wenn sie aufgestiegen und gar sind, herausnehmen und ganz kurz abtropfen lassen.
Die Ravioli möglichst rasch mit der Sauce und frisch gehacktem Basilikum auf vorgewärmten Tellern servieren.

Frischkäsetörtchen mit Gurke und Rosmarinbrot

(+)

- \+ ARTHROSE
- \+ DARMTRÄGHEIT, VERSTOPFUNG
- \+ ERSCHÖPFUNG
- \+ GICHT
- \+ HOHER CHOLESTERINSPIEGEL
- \+ MUSKELKRÄMPFE
- \+ WECHSELJAHRESBESCHWERDEN *

(-)

- – BLUTHOCHDRUCK
- – DIABETES TYP 2
- – GLUTEN-UNVERTRÄGLICHKEIT
- – LAKTOSE-INTOLERANZ
- – REIZDARM
- – SODBRENNEN

REZEPT FÜR 2 PERSONEN BZW. 2 ROSMARINBROTE

250 g Magerquark
½ Bund Rucola, gewaschen und gehackt, plus etwas Rucola für die Deko
½ rote Chili, entkernt, gewaschen und fein gewürfelt
Olivenöl
Salz
Pfeffer
½ Salatgurke, gewaschen und der Länge nach aufgeschnitten
300 g Dinkelmehl (Type 630) plus Mehl für die Arbeitsfläche
2–3 Prisen Fleur de Sel
1 Stiel Rosmarin, gewaschen und die Nadeln abgezupft

Am Vortag den Quark in einem Leinentuch (am besten ein Käseleinen nehmen) auf ein Sieb geben oder aufhängen und über Nacht abtropfen lassen. Anschließend gut ausdrücken. Den Quark mit Rucola, Chili, ½ EL Olivenöl, Salz und Pfeffer in eine Schüssel geben und am besten mit der Küchenmaschine gut durchrühren.
Einen kleinen Tortenring gut und üppig mit Gurkenscheiben auskleiden und darauf den Quark streichen.
Das Mehl mit 150 ml Wasser, 3 EL Olivenöl und 10 g Salz am besten in einer Küchenmaschine mit dem Knethaken zu einem geschmeidigen Teig verarbeiten. In Klarsichtfolie wickeln und für 20 Minuten in den Kühlschrank legen.
Backofen auf 230 Grad Ober- und Unterhitze vorheizen. Den ausgewickelten Teig halbieren und mit etwas Mehl ausrollen. Beide Stücke auf ein mit Backpapier ausgelegtes Blech legen und mit ein paar Tropfen Olivenöl bestreichen. Etwas Fleur de Sel und Rosmarinnadeln aufstreuen und 10 Minuten backen. Herausnehmen und lauwarm abkühlen lassen.
Zum Rosmarinbrot ein mit etwas Rucola verziertes Frischkäsetörtchen servieren.

Das Brot bekommt eine schönere Kruste, wenn man, wie ich es mache, das Backblech vor dem Vorheizen mit der Öffnung nach unten in den Ofen schiebt. Den Teig lege ich dann auf das heiße Blech. Wenn man einen Back- bzw. Brotstein verwendet, muss er natürlich auch vorgeheizt werden.

* Quark mit Leinöl statt Olivenöl anmachen

Garnelen auf Salat von weißen Bohnen

(+)

++ ERSCHÖPFUNG
+ ARTHROSE
+ BLUTHOCHDRUCK
+ DARMTRÄGHEIT, VERSTOPFUNG *
+ GLUTEN-UNVERTRÄGLICHKEIT
+ LAKTOSE-INTOLERANZ
+ MUSKELKRÄMPFE
+ WECHSELJAHRESBESCHWERDEN **

(-)

– DIABETES TYP 2
– GICHT
– HOHER CHOLESTERINSPIEGEL ***
– REIZDARM
– SODBRENNEN

REZEPT FÜR 2 PERSONEN

8 große, rohe Garnelen in der Schale
¼ Bund Dill, gewaschen, die Blätter abgezupft und gehackt
5 g Ingwer, geschält und fein gehackt
½ rote Chili, entkernt, gewaschen und fein gewürfelt
Salz
Pfeffer
Olivenöl
2 unbehandelte Limetten, jede in 4 Scheiben geschnitten, die Endstücke ausgepresst
4 EL milder Weißweinessig
1 TL Honig oder Ahornsirup
50 g Zwiebeln, geschält und fein gewürfelt
1 Dose weiße Bohnen, ca. 400 g Einwaage, gut abgetropft
⅓ Bund glatte Petersilie, gewaschen, die Blätter abgezupft und gehackt

Alufolie

Die Garnelen aus der Schale lösen und in der Mitte der Rückenkrümmung längs einschneiden und den darin liegenden dunklen Darm entfernen. Unter kaltem Wasser abwaschen und mit Küchenpapier trocken tupfen. Garnelen mit Dill, Ingwer und der Hälfte vom Chili, Salz, Pfeffer und 1 EL Olivenöl und etwas Limettensaft 5 Minuten marinieren.
Den Backofen auf 180 Grad Umluft vorheizen. Zwei rechteckige Stücke Alufolie auf der Oberseite mit etwas Öl bestreichen und mittig je 4 Limettenscheiben platzieren. Die Garnelen darauflegen und die Folie zu Päckchen falten und gut verschließen.
Garnelenpäckchen in den Backofen geben und 10–12 Minuten garen. Dann für eine Garprobe ein Alupäckchen vorsichtig öffnen und prüfen, ob die Garnelen schon durchgängig rot sind – wenn nicht, 2–4 Minuten im Ofen weitergaren.
In der Zwischenzeit Essig mit restlichem Chili, Honig, Zwiebeln, Salz und Pfeffer vermischen und dann 1 EL Olivenöl einrühren. Bohnen mit Petersilie (etwas zum Anrichten zurückhalten) zugeben, vermengen und noch ein paar Minuten ziehen lassen.
Vor dem Servieren die Garnelen aus der Alufolie nehmen und ohne Limettenscheiben auf den Bohnensalat setzen. Mit Petersilie bestreuen.

---

* nur geeignet, wenn Bohnen keine Blähungen verursachen
** bei sensibler Verdauung Chili weglassen oder reduzieren
*** geeignet für Nicht-Cholesterinsensitive

Garnelen mit Spinat-Hirse-Salat und Grapefruit

(+)

++ ERSCHÖPFUNG
++ MUSKELKRÄMPFE
+ ARTHROSE *
+ BLUTHOCHDRUCK
+ DARMTRÄGHEIT, VERSTOPFUNG
+ DIABETES TYP 2
+ GLUTEN-UNVERTRÄGLICHKEIT
+ WECHSELJAHRESBESCHWERDEN

(–)

– GICHT
– HOHER CHOLESTERINSPIEGEL **
– LAKTOSE-INTOLERANZ
– REIZDARM
– SODBRENNEN

REZEPT FÜR 2 PERSONEN

150 g Hirse
Salz
Olivenöl
100 g Zwiebeln, geschält und fein gewürfelt
270 g junger Spinat, geputzt, gewaschen und die Stiele entfernt
8–10 rohe Garnelen in der Schale, die Menge je nach Größe und Appetit
je 1 Stiel Rosmarin und Thymian, gewaschen
2 Knoblauchzehen, geschält und fein gewürfelt
30 g Butter
5 rote und gelbe Kirschtomaten, gewaschen und geachtelt
Pfeffer
1 Grapefruit, die Schale mit einem Messer sorgfältig abgeschnitten

Hirse auf ein Sieb geben und unter kaltem Wasser abwaschen. Danach mit 300 ml Wasser und ein wenig Salz in einem Topf langsam zum Kochen bringen. Die Hirse sollte auf kleiner Flamme ohne Deckel gute 7–8 Minuten garen, zwischendurch immer wieder durchrühren.
In einem Topf 1 EL Olivenöl erwärmen und 50 g Zwiebeln darin anschwitzen. Mit Salz würzen. Den Spinat darin ca. 1–2 Minuten garen. Anschließend mit der Hirse vermengen.
Garnelen aus der Schale lösen und in der Mitte der Rückenkrümmung längs einschneiden und den darin liegenden dunklen Darm entfernen. Unter kaltem Wasser abwaschen und mit Küchenpapier trocken tupfen. Mit Salz leicht würzen und in einer Pfanne in Olivenöl mit Rosmarin und Thymian kurz anbraten, sie sollen aber nicht zu heiß werden. Alles aus der Pfanne nehmen.
Nun Knoblauch, restliche Zwiebelwürfel, Butter und Tomaten zugeben. Auf mittlerer Temperatur 1–2 Minuten garen und mit Salz und Pfeffer würzen. Die Garnelen wieder zufügen und alles kurz durchschwenken. Die Grapefruit filetieren.
Die Garnelen mit den warmen Tomatenstücken, dem Spinat-Hirse-Salat und der Grapefruit anrichten.

---

* Tomaten weglassen

** geeignet für Nicht-Cholesterinsensitive

Geflügelleber in Cidregelee mit gedünsteten Apfelstücken und Dinkelflockencrêpes

(+)

++ ERSCHÖPFUNG
++ WECHSELJAHRESBESCHWERDEN
+ BLUTHOCHDRUCK
+ DARMTRÄGHEIT, VERSTOPFUNG
+ DIABETES TYP 2
+ MUSKELKRÄMPFE
+ REIZDARM

(−)

– ARTHROSE
– GICHT
– GLUTEN-UNVERTRÄGLICHKEIT
– HOHER CHOLESTERINSPIEGEL *
– LAKTOSE-INTOLERANZ
– SODBRENNEN

REZEPT FÜR 2 PERSONEN BZW. 4 CRÊPES

Für die Leber
160 g Geflügelleber, wahlweise von Ente, Pute oder Hähnchen, gesäubert und von Sehnen und Fett befreit
Salz
1 Apfel, ca. 160 g, geschält, geviertelt und ohne Kerngehäuse klein gewürfelt
340 ml Cidre
1 EL Honig
3 Blatt Gelatine

Für die Crêpes
140 ml Vollmilch
1 Ei, Größe M
55 g Dinkelvollkornmehl
15 g Dinkelflocken
40 g Nussbutter (zur Bräune erhitzte Butter)
Salz
Pflanzenöl

Vor der Zubereitung 2 kleine, tiefe Teller kalt stellen.

Die Leber ohne Salz anbraten, danach leicht mit Salz würzen und kalt stellen.
Den Apfel in 120 ml Cidre mit ½ TL Honig 1–2 Minuten dünsten. Auf ein kleines Sieb geben und kurz abtropfen lassen. Auf einem flachen Teller zum Abkühlen in den Kühlschrank stellen. Den fruchtigen Sud kann man trinken oder für eine andere Süßspeise verwenden.
Gelatine in kaltem Wasser nach Packungsangaben einweichen. Von den restlichen 220 ml Cidre 20 ml abnehmen und in einem kleinen Topf mit dem restlichen Honig aufkochen. Die Gelatine ausdrücken und in die heiße Flüssigkeit rühren, nicht mehr kochen lassen. Die Flüssigkeit in den kalten Cidre rühren und für einen Moment an die Seite stellen. Der entstandene Schaum soll sich etwas setzen.
Die Leber in der Mitte der gekühlten Teller platzieren und die Apfelstücke dazugeben. Den Cidre aufgießen und die Teller für 30–40 Minuten in den Kühlschrank stellen, bis das Gelee etwas angezogen ist.
Für die Crêpes die Milch mit dem Ei mixen. Das Mehl löffelweise zugeben, dann die Dinkelflocken und zum Schluss die Nussbutter einrühren. Mit wenig Salz würzen. 30 Minuten quellen lassen und noch einmal durchmixen.
In einer flachen Pfanne in etwas Öl 4 Crêpes dünn ausbacken. Die Leber mit den Apfelstücken in Schalen geben. Die Crêpes separat servieren.

* aber: für Nicht-Cholesterinsensitive besonders gut geeignet

Gemüse-Filoteig-Tarte mit Quark und Haferflocken

(+)

++ ARTHROSE *
++ DARMTRÄGHEIT, VERSTOPFUNG **
++ ERSCHÖPFUNG
++ MUSKELKRÄMPFE ***
+ BLUTHOCHDRUCK
+ GICHT ****
+ HOHER CHOLESTERINSPIEGEL
+ WECHSELJAHRESBESCHWERDEN

(-)

– DIABETES TYP 2
– GLUTEN-UNVERTRÄGLICHKEIT
– LAKTOSE-INTOLERANZ
– REIZDARM
– SODBRENNEN

REZEPT FÜR 2 GROSSE PORTIONEN

80 g rote Linsen
Rapsöl
100 g Mungobohnen, gewaschen
100 g Lauch, geputzt und in dünne Ringe geschnitten
100 g Karotte, geschält und in dünne Ringe geschnitten
100 g Zucchini, gewaschen und in dünne Ringe geschnitten
100 g Brokkoli, gewaschen und klein geschnitten
50 g Kaiserschoten, gewaschen und schräg halbiert
50 g Zwiebeln, geschält und in Ringe geschnitten
Salz, Pfeffer
250 g Quark
1 TL Honigsenf
4 Filoteigblätter
30 g flüssige Butter
20 große Spinatblätter, geputzt, gewaschen und die Stiele entfernt
40 g Haferflocken

1 runde Tarteform oder 1 Springform (Ø 26 cm), mit Backpapier ausgelegt

* Lauchmenge erhöhen, dafür Menge eines anderen Gemüses reduzieren
** bei Neigung zu Blähungen Brokkoli durch Zucchini ersetzen
*** mit viel grünem Gemüse belegen
**** Brokkoli durch Erbsen ersetzen

Die Linsen auf einem Sieb kalt abwaschen und in kaltem Wasser aufsetzen. 6–8 Minuten köcheln lassen, danach auf ein Sieb gießen, unter kaltem Wasser abspülen und abtropfen lassen.
In einer großen Pfanne etwas Rapsöl erhitzen und Mungobohnen, Lauch, Karotten, Zucchini, Brokkoli, Kaiserschoten und Zwiebeln anschwitzen. Mit Salz und Pfeffer würzen. Die Linsen zugeben, mit dem Gemüse vermengen und abschmecken.
Den Backofen auf 200 Grad Umluft vorheizen. Den Quark mit etwas Salz und Pfeffer würzen und mit Honigsenf verrühren. Die Filoteigblätter mit Butter einpinseln und überlappend in die Tarteform legen. Den Quark darauf verteilen und mit Spinatblättern abdecken. Haferflocken und Gemüse darauf verteilen. Den überlappenden Teig einschlagen und mit der restlichen Butter bestreichen. Die Päckchen im Ofen 18–20 Minuten backen. Anschließend heiß servieren.

Dazu kann man eine Schalotten- oder Gemüsevinaigrette anrühren. Man kann aber auch etwas Joghurt dazu reichen, dann hat das Gericht eine frischere Anmutung.

Gemüsegalette und Käse-Roastbeef mit Petersilien-Panini

(+)

+ BLUTHOCHDRUCK
+ DARMTRÄGHEIT, VERSTOPFUNG
+ DIABETES TYP 2 *
+ ERSCHÖPFUNG
+ LAKTOSE-INTOLERANZ **
+ MUSKELKRÄMPFE
+ REIZDARM ***

(-)

– ARTHROSE
– GICHT
– GLUTEN-UNVERTRÄGLICHKEIT
– HOHER CHOLESTERINSPIEGEL ****
– SODBRENNEN
– WECHSELJAHRESBESCHWERDEN

REZEPT FÜR 2 PERSONEN

1 kg gemischtes Gemüse, z. B. Zucchini, Karotten, Tomaten, Kohlrabi, Kaiserschoten, Fenchel oder Aubergine, geputzt und gewaschen
Salz
Olivenöl
Meersalz
1 EL getrocknete Kräuter der Provence
2 Vollkornbrote nach Panini-Art oder 4 große Scheiben Landbrot
150 g Bergkäse, in dünne Scheiben geschnitten
4 Scheiben Roastbeef, rosa gebraten
4 Stiele Petersilie, die Blätter abgezupft, plus etwas Petersilie zum Verzieren

Alufolie

Das Gemüse in sprudelndem Salzwasser circa 1 Minute ankochen, herausnehmen und sofort kurz in sehr kaltes Wasser legen. Abtropfen lassen und in Scheiben schneiden.
Den Backofen auf 200 Grad Umluft vorheizen. Das Gemüse in eine geölte Pfanne oder Auflaufform schichten, mit Meersalz und Kräutern der Provence würzen und mit Olivenöl beträufeln. Für 45–50 Minuten in den Ofen schieben. Nach etwa 15 Minuten mit Alufolie abdecken.
Das aufgeschnittene Brot mit Käse, Roastbeef und Petersilie füllen, gegebenenfalls die Landbrotscheiben wie ein Sandwich aufbauen. In einer leicht geölten Grillpfanne von beiden Seiten braten und dabei einen schweren Topf auf das Brot setzen. Oder man gibt das Brot in einen gut vorgeheizten Kontaktgrill. Am Ende soll der Käse schön zerlaufen.
Das Gemüse appetitlich auf Tellern anrichten und mit Petersilie bestreuen. Dazu das warme Brot servieren.

---

* Vollkornbrot wählen
** Hartkäse ist fast laktosefrei, daher unter Umständen verträglich
*** besonders verträgliches Gemüse wählen
**** für Nicht-Cholesterinsensitive geeignet

Grünkernaufstrich mit Majoran für Zwiebelbrot

(+)

++ ARTHROSE
++ HOHER CHOLESTERINSPIEGEL
++ WECHSELJAHRESBESCHWERDEN
+ BLUTHOCHDRUCK
+ DARMTRÄGHEIT, VERSTOPFUNG
+ ERSCHÖPFUNG
+ GICHT
+ LAKTOSE-INTOLERANZ
+ MUSKELKRÄMPFE

(-)

– DIABETES TYP 2
– GLUTEN-UNVERTRÄGLICHKEIT
– REIZDARM
– SODBRENNEN

REZEPT FÜR 2 PERSONEN

Für den Aufstrich
100 g Grünkern
Salz
130 g Zwiebeln, geschält und fein gewürfelt
2 EL Olivenöl
3–4 EL Sojasauce
5 EL Sojacreme
1 TL getrockneter Majoran
½ EL Räucheröl (Liquid Smoke)
Pfeffer

Für das Zwiebelbrot
(ohne Trieb- und Backmittel)
300 g Zwiebeln, geschält und in dünne Scheiben geschnitten
4 EL Olivenöl
2 Stangen Frühlingslauch, geputzt, gewaschen und in Ringe geschnitten
Salz
Pfeffer
300 g Dinkelmehl (Type 630)

AUFSTRICH

Den Grünkern in 300 ml Wasser mit ½ TL Salz 35 Minuten gar kochen. Danach abgießen und auf einem Sieb 5 Minuten gut abtropfen lassen.
Die Zwiebeln in einem Topf in Olivenöl anschwitzen. Grünkern, Sojasauce, Sojacreme und Majoran hinzufügen, aufkochen und 5 Minuten kochen lassen. Mit Räucheröl und Pfeffer würzen. Die Masse mit dem Stabmixer gut durchmixen und in ein verschließbares Glas füllen.

BROT

Zwiebeln in 1 EL Olivenöl bei mittlerer Temperatur glasig braten. Dann den Frühlingslauch zugeben, mit Salz und Pfeffer würzen.
Das Mehl mit 150 ml Wasser, 1 TL Salz und restlichem Olivenöl in einer Schüssel am besten mit dem Knethaken der Küchenmaschine zu einem seidig-geschmeidigen Teig verarbeiten. Mit Klarsichtfolie abdecken und für 20 Minuten in den Kühlschrank stellen.
Den Backofen auf 230 Grad Umluft vorheizen. Den Teig in 2 gleich große Teile schneiden und beide dünn ausrollen. Mit der Zwiebelmasse belegen. Jedes Teigstück für sich möglichst oft falten – von links und rechts jeweils zur Mitte und dann beide Hälften übereinander legen. Eventuell noch einmal falten. Wichtig: Anschließend den ganzen Teig mit den Fingerspitzen gut andrücken und auch die Ränder zusammendrücken. Im Ofen 18–20 Minuten backen.
Brote und Aufstrich zusammen auf den Tisch stellen.

Zum Backen drehe ich das Backblech um, heize es im Ofen mit auf und setze dann den Brotteig auf das heiße Metall. So bekommt man eine schönere Kruste. Oder ich backe das Brot auf einem Back- bzw. Brotstein, der ebenfalls vorgeheizt werden muss.

Grünkernrisotto mit Kaiserschoten-Paprika-Gemüse

(+)

++ HOHER CHOLESTERINSPIEGEL
+ ARTHROSE
+ BLUTHOCHDRUCK
+ DARMTRÄGHEIT, VERSTOPFUNG
+ DIABETES TYP 2
+ ERSCHÖPFUNG
+ GICHT
+ GLUTEN-UNVERTRÄGLICHKEIT
+ LAKTOSE-INTOLERANZ
+ MUSKELKRÄMPFE
+ WECHSELJAHRESBESCHWERDEN *

(−)

– REIZDARM
– SODBRENNEN

REZEPT FÜR 2 PERSONEN

2 EL Olivenöl
2 Knoblauchzehen, geschält, halbiert und der Keim entfernt
100 g Schalotten, geschält und gewürfelt
½ rote Chilischote, entkernt, gewaschen und fein gewürfelt
200 g Grünkern
500 ml Gemüsebrühe
3 EL Soja Cuisine
½ Bund krause Petersilie, gewaschen und gehackt
Salz
Pfeffer
je 1 rote und gelbe Paprika, geputzt, gewaschen und in Stücke geschnitten
100 g Kaiserschoten, gewaschen und schräg halbiert

In einem Topf 1 EL Öl erhitzen und den Knoblauch darin kurz anrösten. Schalotten und Chili hinzugeben und 2–3 Minuten mit anschwitzen. Grünkern zufügen, anziehen lassen und dann die Hälfte der Gemüsebrühe angießen. Aufkochen und bei aufgelegtem Deckel 15 Minuten kochen, zwischendurch durchrühren. Dann ohne Deckel 20–25 Minuten weitergaren. Nach und nach die restliche Brühe angießen. Immer wieder durchrühren. Zum Schluss Soja Cuisine und Petersilie zufügen, noch einmal aufkochen und den Risotto mit Salz und Pfeffer abschmecken.
Salzwasser in einem anderen Topf zum Kochen bringen und zuerst die Paprika hineingeben. Nach 2 Minuten auch die Kaiserschoten zufügen und weitere 1–2 Minuten garen.
Das Gemüse auf einem Sieb abgießen. In dem Topf restliches Olivenöl mit etwas Salz und Pfeffer erwärmen und das Gemüse darin einmal durchschwenken.
Risotto und Gemüse auf vorgewärmten Tellern anrichten.

---

* bei Unverträglichkeit Chili weglassen

Hähnchenbrust in Morchelrahm mit Kartoffel-Sauerkraut-Püree

(+)

++ DARMTRÄGHEIT, VERSTOPFUNG
++ REIZDARM
+ ARTHROSE
+ BLUTHOCHDRUCK
+ DIABETES TYP 2
+ ERSCHÖPFUNG
+ GLUTEN-UNVERTRÄGLICHKEIT
+ MUSKELKRÄMPFE
+ SODBRENNEN

(-)

– GICHT
– HOHER CHOLESTERINSPIEGEL *
– LAKTOSE-INTOLERANZ
– WECHSELJAHRESBESCHWERDEN

REZEPT FÜR 2 PERSONEN

170 g mehligkochende Kartoffeln, geschält
Salz
20 g Butter, zimmerwarm
40 g Sahne
Muskatnuss, frisch gerieben
250 g Weinsauerkraut, auf einem Sieb kalt abgespült und abgetropft
1 TL Gänse- oder Schweineschmalz
125 ml Cidre
1 kleine Zwiebel, geschält und halbiert
2 Lorbeerblätter
2 Gewürznelken
10 g Zucker
20 g getrocknete Morcheln
Öl
280 g Hähnchenbrustfilet, küchenfertig, schräg in Scheiben geschnitten
125 g Soja Cuisine
etwas Petersilie zum Verzieren

1 kleine Auflaufform

140 g Kartoffeln vierteln und in Salzwasser gar kochen. Abgießen und zurück auf den Herd stellen. Die Butter zugeben und die Kartoffeln mit einem Kartoffelstampfer zu einem Brei verarbeiten. Mit einem Holzlöffel die Sahne einrühren und das Püree mit Salz und Muskatnuss abschmecken.
Weinsauerkraut in einem Topf in Schmalz kurz angehen lassen mit Cidre auffüllen. Die Zwiebelhälften mit je einem Lorbeerblatt belegen und diese mit einer Nelke feststecken. Mit dem Zucker zum Kraut geben. Aufkochen und 10–12 Minuten bei milder Temperatur leicht köcheln lassen. Nötigenfalls noch etwas Wasser angießen. Restliche Kartoffeln auf einer feinen Reibe am besten direkt ins Sauerkraut reiben. Gut durchmengen, aufkochen und noch einmal abschmecken.
Die Morcheln in kaltem Wasser etwa 30 Minuten einweichen. Morcheln herausnehmen, das Einweichwasser durch ein feines Sieb filtern und beiseitestellen. Das später nicht verwendete Einweichwasser für eine andere Zubereitung aufbewahren.
Den Backofen auf 180 Grad Umluft vorheizen. Eine Auflaufform einölen. Zuerst das Sauerkraut hineingeben, dann das Kartoffelpüree darauf verteilen und glatt streichen. 20–25 Minuten im Ofen backen, bis der Auflauf eine leicht gebräunte Kruste bekommt.
In der Zwischenzeit das Hähnchenfleisch leicht salzen. In einer beschichteten Pfanne ohne Fettzugabe von allen Seiten leicht anbraten, ohne dass es zu sehr bräunt. 5–6 EL Morcheleinweichwasser und Soja Cuisine zufügen. Aufkochen und 1 Minute leicht köcheln lassen. Morcheln zugeben und noch einmal 1 Minute erhitzen. Mit Salz abschmecken.
Den Auflauf mit der Hähnchenbrust in Morchelrahm auf vorgewärmten Tellern servieren und mit Petersilie garnieren.

* für Nicht-Cholesterinsensitive geeignet, Haut von der Hähnchenbrust entfernen

Hähnchenbrust mit Ananas und Basilikum zu feinen Nudeln

(+)

- \+ ARTHROSE
- \+ BLUTHOCHDRUCK
- \+ DARMTRÄGHEIT, VERSTOPFUNG
- \+ ERSCHÖPFUNG
- \+ LAKTOSE-INTOLERANZ
- \+ MUSKELKRÄMPFE
- \+ REIZDARM
- \+ SODBRENNEN

(-)

- – DIABETES TYP 2
- – GICHT
- – GLUTEN-UNVERTRÄGLICHKEIT
- – HOHER CHOLESTERINSPIEGEL
- – WECHSELJAHRESBESCHWERDEN

REZEPT FÜR 2 PERSONEN

250 g Ananaswürfel, aus der Dose
1 Prise Safranfäden
280 g Hähnchenbrustfilet, küchenfertig und in Scheiben geschnitten
Öl
200 g Soja Cuisine
Meersalz
½ Bund Basilikum, die Blätter abgezupft, plus einige Blätter zum Verzieren
200 g Nudeln, am besten Capellini Nr. 1

Die Ananaswürfel mit 4 EL warmem Wasser und Safranfäden in einer Schüssel 20 Minuten ziehen lassen, zwischendurch gelegentlich durchrühren.
Hähnchenbrustscheiben in einer Pfanne in Öl kurz anbraten, ohne dass sie zu viel Farbe annehmen. Ananas samt Flüssigkeit zugeben, aufkochen und 2 Minuten köcheln lassen. Soja Cuisine angießen, weitere 2 Minuten köcheln lassen und mit Salz abschmecken. Kurz vor dem Servieren Basilikumblätter zugeben und unterrühren.
Die Nudeln nach den Packungsangaben bissfest kochen.
Nudeln und Hähnchenpfanne auf vorgewärmten Tellern anrichten und mit einigen Basilikumblättern garnieren.

Hähnchenbrust mit Austernpilzen und Tomaten-Soja-Creme

(+)

- ++ BLUTHOCHDRUCK
- + DIABETES TYP 2
- + ERSCHÖPFUNG
- + GLUTEN-UNVERTRÄGLICHKEIT
- + LAKTOSE-INTOLERANZ
- + MUSKELKRÄMPFE
- + WECHSELJAHRESBESCHWERDEN *

(-)

- – ARTHROSE
- – DARMTRÄGHEIT, VERSTOPFUNG
- – GICHT
- – HOHER CHOLESTERINSPIEGEL
- – REIZDARM
- – SODBRENNEN

REZEPT FÜR 2 PERSONEN

12 getrocknete Tomaten (trocken, nicht aus dem Öl)
2 Hähnchenbrüste, ca. 320 g, küchenfertig
Salz
½ TL Chiliflocken
Rapsöl
1 TL Olivenöl
1 Stiel Rosmarin, gewaschen, die Nadeln abgestreift und gehackt
½ Knoblauchzehe, geschält und gehackt
125 g Soja Cuisine light
Pfeffer
250–300 g Austernpilze
50 g Brunnenkresse, gewaschen

Die Tomaten mit Wasser aufkochen, 30 Minuten ziehen lassen und dann auf einem Sieb abtropfen lassen. 2 EL vom Tomatenwasser beiseitestellen.
Das Fleisch – wie sonst auch immer – mindestens 30 Minuten vor dem Zubereiten aus dem Kühlschrank nehmen. Die Hähnchenbrüste schräg in Scheiben schneiden und mit Salz und Chiliflocken würzen. Die Stücke in einer heißen Pfanne in Rapsöl von beiden Seiten knusprig anbraten.
In einem kleinen Topf Olivenöl, Rosmarin und Knoblauch langsam erhitzen. Die festen Zutaten nur ganz leicht rösten, bis alles duftet. Dann mit 1–2 EL Tomatenwasser ablöschen. Mit Soja Cuisine auffüllen und alles aufkochen. Die Tomaten in kleine Stücke schneiden und zufügen. Noch einmal aufkochen und mit Salz und Pfeffer würzen.
Die Austernpilze in einer heißen Pfanne in etwas Rapsöl anbraten und leicht salzen. Herausnehmen und auf Küchenpapier abtropfen lassen.
Hähnchen und Pilze auf Tellern anrichten. Sauce dazugeben und die Brunnenkresse anlegen.

---

* bei Unverträglichkeit Chili weglassen

Hähnchenfrühlingsrolle mit Kopfsalat und Minze

(+)

- + BLUTHOCHDRUCK
- + DARMTRÄGHEIT, VERSTOPFUNG
- + ERSCHÖPFUNG
- + LAKTOSE-INTOLERANZ
- + MUSKELKRÄMPFE

(−)

- – ARTHROSE
- – DIABETES TYP 2
- – GICHT
- – GLUTEN-UNVERTRÄGLICHKEIT
- – HOHER CHOLESTERINSPIEGEL *
- – REIZDARM
- – SODBRENNEN
- – WECHSELJAHRESBESCHWERDEN **

REZEPT FÜR 2 PERSONEN

350 g Hähnchenbrust, gewürfelt
Salz
Pfeffer
½ Bund Rucola
8 Blätter Brickteig, halbiert oder 16 Blätter Frühlingsrollenteig (mittlere Größe)
Olivenöl
5–6 EL Weißweinessig
½ EL Ahornsirup
¼ rote Chilischote, entkernt, gewaschen und fein gewürfelt
1 Stange Frühlingslauch, geputzt, gewaschen und in feine Ringe geschnitten
½ Schale Gartenkresse, die Kresse vom Beet geschnitten
8 Stiele Pfefferminze, gewaschen und die Blätter abgezupft
16 Blatt Kopfsalat, gewaschen und gut abgetropft

Den Backofen auf 200 Grad Umluft vorheizen. Das Hähnchenfleisch mit Salz und Pfeffer würzen. Zusammen mit dem Rucola am besten in einem elektrischen Zerkleinerer zur einer homogenen Masse mixen. Die Brickblätter nebeneinanderlegen (ggf. den Frühlingsrollenteig zweilagig verwenden) und die Geflügelmasse darauf verteilen. Einrollen und dabei verschließen. Mit Öl bestreichen und auf ein mit Backpapier ausgelegtes Blech setzen. Im Ofen 16–18 Minuten goldbraun backen.
Für die Vinaigrette Essig mit Ahornsirup, Salz und Pfeffer verrühren und mit Chili, Frühlingslauch und Kresse mischen.
Die gebackenen heißen Frühlingsrollen zusammen mit Minzeblättern in Kopfsalatblätter wickeln. Sofort servieren und bei Tisch immer wieder in die Vinaigrette tunken. Oder man richtet alle Bestandteile dieses Gerichts getrennt auf Tellern an.

---

* für Nicht-Cholesterinsensitive geeignet; Haut von der Hähnchenbrust entfernen

** bei Unverträglichkeit Chili weglassen

Heilbutt unter der Haselnusskruste auf Hirsegemüse

(+)

++ ERSCHÖPFUNG
++ MUSKELKRÄMPFE
+ ARTHROSE *
+ DIABETES TYP 2
+ GLUTEN-UNVERTRÄGLICHKEIT
+ HOHER CHOLESTERINSPIEGEL
+ LAKTOSE-INTOLERANZ **
+ REIZDARM ***
+ WECHSELJAHRESBESCHWERDEN ***

(-)

– BLUTHOCHDRUCK
– DARMTRÄGHEIT, VERSTOPFUNG
– GICHT
– SODBRENNEN *

REZEPT FÜR 2 PERSONEN

100 g Hirse
¼ rote Chili, entkernt und gewaschen
Meersalz
100 g Haselnüsse
100 g Parmesankäse, in Stücke geschnitten
1 Knoblauchzehe, geschält
7 Stiele Petersilie, gewaschen und die Blätter abgezupft
5 Stiele Dill, gewaschen und die Blätter abgezupft
3 Stiele Estragon, gewaschen und die Blätter abgezupft
50 ml Olivenöl
100 g Naturjoghurt, 3,5 % Fett
Saft von 1 Limette
2 Filets vom schwarzen Heilbutt à 130 g
½ unbehandelte Zitrone
Pfeffer

Die Hirse auf einem Sieb heiß abspülen. In einem Topf mit 250 ml Wasser, Chili und etwas Salz zum Kochen bringen. Auf kleiner Flamme ohne Deckel 7–8 Minuten leicht köcheln lassen und gelegentlich umrühren.
Die Haselnüsse mit Parmesan und Knoblauch am besten in einem elektrischen Zerkleinerer zu einer feinkörnigen Masse mixen. Kräuter hacken und mit der Haselnussmischung in eine Schüssel geben. Olivenöl und eine große Prise Meersalz untermischen. Joghurt mit Limettensaft und etwas Salz verrühren.
Backofen auf 220 Grad Umluft mit Grillzuschaltung vorheizen. Den Fisch nicht zu dicht nebeneinander auf ein mit Backpapier ausgelegtes Blech geben. Nuss-Kräuter-Mischung darauf verteilen und leicht andrücken. Das Blech auf der zweiten Schiene von oben positionieren. Den Fisch 4 Minuten garen, dann sollte die Kruste eine schöne Farbe haben. Jetzt den Ofen ausstellen, das Fischblech unten einschieben und weitere 3 Minuten nachgaren lassen.
Die Zitronenschale in feinen Streifen abschneiden. Heilbutt und Hirse auf Tellern anrichten. Joghurt und Zitronenstreifen zugeben und mit etwas Pfeffer bestreuen.

---

* Hälfte des Parmesans durch Nüsse ersetzen
** Hartkäse ist nahezu laktosefrei und wird häufig vertragen
*** bei Unverträglichkeit Chili weglassen

Hüftsteak aus der Grillpfanne mit Salat von grünen Bohnen

(+)

- ++ ERSCHÖPFUNG
- + ARTHROSE *
- + BLUTHOCHDRUCK
- + DIABETES TYP 2
- + GLUTEN-UNVERTRÄGLICHKEIT
- + LAKTOSE-INTOLERANZ
- + MUSKELKRÄMPFE

(-)

- – DARMTRÄGHEIT, VERSTOPFUNG
- – GICHT
- – HOHER CHOLESTERINSPIEGEL
- – REIZDARM
- – SODBRENNEN
- – WECHSELJAHRESBESCHWERDEN

REZEPT FÜR 2 PERSONEN

2 Hüftsteaks à 160 g
180 g grüne Bohnen, geputzt und gewaschen
Salz
2 EL weißer Balsamico-Essig (mein Lieblingsprodukt ist Condimento bianco biologico) oder milder Weißweinessig
Pfeffer
½ rote Chilischote, entkernt, gewaschen und in Streifen geschnitten
½ gelbe Paprika, geputzt, gewaschen und gewürfelt
2 TL Olivenöl
1 TL Pflanzenöl

Die Steaks ca. 1–2 Stunden vor der Zubereitung aus dem Kühlschrank nehmen.
Bohnen in kochendem Salzwasser 3–4 Minuten garen, sie sollten nicht zu fest sein. Herausnehmen und sofort für 3–4 Minuten in eiskaltes Wasser geben. Anschließend an der Naht auseinanderdrücken und in zwei Hälften teilen.
Essig mit Salz und Pfeffer würzen. Chili, Paprika und Olivenöl zugeben und gut vermengen.
Die Steaks mit Pflanzenöl einreiben und ungewürzt in einer sehr heißen Grillpfanne oder im vorgeheizten Kontaktgrill 3–4 Minuten – oder nach Geschmack auch etwas länger – grillen.
Die Steaks auf Tellern anrichten und würzen. Die Bohnen dazulegen und mit der Vinaigrette beträufeln.

Ich nehme Steakfleisch immer 1–2 Stunden vor dem Braten aus dem Kühlschrank, weil Kälte die Fasern zusammenzieht. Bei Raumtemperatur entspannt sich das Fleisch und ist später auf dem Teller zarter.

---

* nicht zu häufig; unter den Fleischsorten noch relativ geeignet

Hüttenkäse mit Kräutersalat und Nusskräckern

(+)

++ DARMTRÄGHEIT, VERSTOPFUNG *
+ ARTHROSE
+ DIABETES TYP 2
+ ERSCHÖPFUNG
+ GICHT
+ GLUTEN-UNVERTRÄGLICHKEIT
+ MUSKELKRÄMPFE
+ REIZDARM
+ SODBRENNEN
+ WECHSELJAHRESBESCHWERDEN

(−)

– BLUTHOCHDRUCK
– HOHER CHOLESTERINSPIEGEL **
– LAKTOSE-INTOLERANZ

REZEPT FÜR 2 PERSONEN BZW. 12 KRÄCKER

300 g gemischte Nüsse
1 Ei
1–2 EL Olivenöl
1 TL getrocknete Kräuter der Provence
½ TL Knoblauchgranulat
Meersalz
1–2 EL Sesamsaat
1 Handvoll gemischte Kräuter, gezupft
Pfeffer
½ EL guter Balsamico-Essig
200 g Hüttenkäse Natur

Die Nüsse am besten in einem elektrischen Zerkleinerer hacken, bis sich eine grobkörnige Nussstruktur ergibt. Ei, 1 EL Olivenöl, Kräuter der Provence, Knoblauchgranulat, 1 TL Wasser und ½ TL Meersalz zugeben und erneut mixen, bis eine cremige, aber nicht zu feine Konsistenz entstanden ist.
Die Masse zwischen Backpapier ausrollen und die Seiten begradigen. Nun gleichmäßige Stücke in Kräckerform und -größe ausschneiden bzw. ausstechen. Dabei entstehende Reste wieder zusammendrücken und erneut ausrollen und ausstechen, bis die ganze Masse verarbeitet ist. Es sollen sich 12 Stücke ergeben.
Backofen auf 160 Grad Umluft vorheizen. Teigstücke auf ein mit Backpapier ausgelegtes Blech setzen. Leicht mit 1 EL Wasser einpinseln und mit Sesam bestreuen. 20–25 Minuten backen.
Die Kräuter mit Salz und Pfeffer würzen und mit Balsamico und ein paar Tropfen Olivenöl beträufeln.
Den Hüttenkäse auf Teller geben. Kräutersalat und Nusskräcker dazu anrichten.

Dazu serviere ich gern pro Person ein Spiegelei.

---

* Spiegeleier weglassen

** geeignet für Nicht-Cholesterinsensitive

Joghurthuhn mit Vollkorn-Mandel-Flohsamen-Kruste

(+)

++ DARMTRÄGHEIT, VERSTOPFUNG
+ BLUTHOCHDRUCK
+ DIABETES TYP 2
+ ERSCHÖPFUNG
+ MUSKELKRÄMPFE
+ REIZDARM
+ SODBRENNEN
+ WECHSELJAHRESBESCHWERDEN

(−)

– ARTHROSE
– GICHT
– GLUTEN-UNVERTRÄGLICHKEIT *
– HOHER CHOLESTERINSPIEGEL **
– LAKTOSE-INTOLERANZ

REZEPT FÜR 2 PERSONEN

2 Hähnchenbrüste à 130 g, ohne Haut, Fett und Sehnen
Salz
250 g Naturjoghurt, 3,5 % Fett
2 Knoblauchzehen, beide Zehen geschält und 1 Zehe gehackt
Pfeffer
50 g weiße Mandeln
35 g Vollkorntoast
1 EL Flohsamen
5 Stiele Petersilie, gewaschen und die Blätter abgezupft
1 EL Olivenöl

1 mittelgroße Auflaufform

Die Hähnchenbrüste salzen. Joghurt mit gehackter Knoblauchzehe, Salz und Pfeffer verrühren. In eine Schüssel geben und die Hähnchenbrüste so hineinlegen, dass sie von allen Seiten gut von Joghurt eingehüllt sind. Bei Zimmertemperatur (nicht im Kühlschrank) 1 Stunde marinieren lassen. Bei 2–3 Stunden Marinierzeit wird das Fleisch noch zarter.
Mandeln, Toast, Flohsamen, Petersilie und restlichen Knoblauch in einen elektrischen Zerkleinerer geben und zu einer feinkörnigen Masse mixen.
Den Backofen auf 180 Grad Umluft vorheizen. Die Auflaufform mit Olivenöl ausstreichen. Hähnchenbrüste mit einer Gabel aus dem Joghurt nehmen, nicht abstreifen und direkt in die Auflaufform legen. Die Mandelmasse darauf verteilen und leicht andrücken. In den Ofen schieben und 15 Minuten garen. Dann den Ofen ausschalten und die Hähnchenbrüste noch 5 Minuten ruhen lassen.
Hähnchenbrüste beispielsweise mit Tomatenscheiben, einem gemischten Salat oder Gemüse servieren.

---

* Vollkorntoast durch die gleiche Menge gemahlene Mandeln ersetzen

** geeignet für Nicht-Cholesterinsensitive

Kabeljau mit Orangen-Pampelmusen-Filets und grünem Salat

(+)

++ DARMTRÄGHEIT, VERSTOPFUNG
+ BLUTHOCHDRUCK
+ DIABETES TYP 2
+ ERSCHÖPFUNG *
+ GICHT **
+ GLUTEN-UNVERTRÄGLICHKEIT
+ HOHER CHOLESTERINSPIEGEL
+ LAKTOSE-INTOLERANZ
+ MUSKELKRÄMPFE
+ WECHSELJAHRESBESCHWERDEN *

(-)

– ARTHROSE
– SODBRENNEN
– REIZDARM

REZEPT FÜR 2 PERSONEN

2 Stiele Dill
2 Stücke Atlantik-Kabeljau à 150 g
Meersalz
Filets, abgetropfter Saft und dünn abgeschnittene Schale von 1 unbehandelten Orange
Filets, abgetropfter Saft und dünn abgeschnittene Schale von 1 unbehandelten Pampelmuse
2 Handvoll gemischter grüner Salat
Pfeffer
1 TL weißer Balsamico oder milder Weißweinessig
½ TL Olivenöl

Einige Dillspitzen für die Deko abzupfen. Den Kabeljau leicht mit Meersalz würzen. Einen flachen Topf oder eine Pfanne mit den Dillstielen und je 1 Stück Orangen- und Pampelmusenschale mit 125–250 ml Wasser und etwas Meersalz zum Kochen bringen. Der Fisch sollte nicht im Wasser schwimmen. Den Kabeljau hineinlegen. Bei aufgelegtem Deckel auf niedriger Temperatur 3–4 Minuten ganz leicht köcheln, danach noch 2 Minuten ziehen lassen.
Grünen Salat in eine Schüssel geben und nur mit einer Prise Salz und etwas Pfeffer würzen. Essig und 1 EL vom Saft der Zitrusfrüchte zugeben und mit Olivenöl beträufeln. Leicht vermengen. Den Salat auf Tellern anrichten und die Fruchtfilets dazulegen. Den Fisch aus dem Sud heben, kurz abtropfen lassen und auf den Salat setzen. Zum Schluss mit den Dillspitzen verzieren.

---

* Vinaigrette mit Leinöl anmachen

** wenn Fisch gewünscht wird, hin und wieder okay

Kalbsleber mit Schwarzwurzelpüree und Apfelscheiben

(+)

++ ERSCHÖPFUNG
++ WECHSELJAHRESBESCHWERDEN
+ BLUTHOCHDRUCK
+ DIABETES TYP 2
+ MUSKELKRÄMPFE

(–)

– ARTHROSE
– DARMTRÄGHEIT, VERSTOPFUNG
– GICHT
– GLUTEN-UNVERTRÄGLICHKEIT
– HOHER CHOLESTERINSPIEGEL *
– LAKTOSE-INTOLERANZ
– REIZDARM
– SODBRENNEN

REZEPT FÜR 2 PERSONEN

700 g Schwarzwurzeln
250 ml Milch
Salz
125 g Soja Cuisine
1 Bund Brunnenkresse, gewaschen und klein geschnitten
Pfeffer
2 kleine Elster-Äpfel, gewaschen, entkernt und in Scheiben geschnitten
65 g Butter
200 g Zwiebeln, geschält und in Scheiben geschnitten
300 g Kalbsleberscheiben
1–2 EL Mehl
Pflanzenöl

Die Schwarzwurzeln sehr gründlich reinigen und mit dem Sparschäler schälen. Klein schneiden und sofort mit der Milch in einen Topf geben, damit sie sich nicht verfärben. Etwas Salz hinzufügen, zum Kochen bringen und gut 10 Minuten köcheln lassen. Dabei gerinnt die Milch.
Schwarzwurzeln herausnehmen, mit Wasser abspülen und in einen sauberen Topf geben. Mit Soja Cuisine auffüllen und aufkochen. Brunnenkresse (bis auf einen kleinen Rest) zugeben, erneut aufkochen und glatt durchmixen. Mit etwas Salz und Pfeffer nachwürzen.
Die Apfelscheiben in einer Pfanne in 15 g Butter auf kleiner Flamme von beiden Seiten braten. Zwiebeln in einer anderen Pfanne in 25 g Butter langsam braten (8–10 Minuten) und nur leicht salzen.
Kalbsleberscheiben in Mehl wenden und in einer Pfanne in nicht zu heißem Öl von beiden Seiten ca. 1 Minute pro Seite braten. Dann restliche Butter dazugeben, zerfließen lassen und die Leberstücke damit begießen. Leber mit Salz und Pfeffer würzen.
Die Leber mit Püree, Apfelscheiben, Zwiebeln und restlichen Kresseblättern auf Tellern anrichten

* aber: für Nicht-Cholesterinsensitive besonders gut geeignet

Kartoffelscheiben auf Spinatsauce, Mozzarella und Ei

(+)

- ++ ERSCHÖPFUNG
- ++ MUSKELKRÄMPFE
- \+ ARTHROSE *
- \+ BLUTHOCHDRUCK
- \+ DARMTRÄGHEIT, VERSTOPFUNG
- \+ DIABETES TYP 2
- \+ GICHT
- \+ GLUTEN-UNVERTRÄGLICHKEIT
- \+ LAKTOSE-INTOLERANZ **
- \+ REIZDARM
- \+ SODBRENNEN
- \+ WECHSELJAHRESBESCHWERDEN

(–)

- – HOHER CHOLESTERINSPIEGEL ***

REZEPT FÜR 2 PERSONEN

500 g Bio-Drillinge (sehr kleine Kartoffeln)
Salz
125 g Soja Cuisine
40 ml Mineralwasser
200 g Spinat, geputzt, gewaschen, die Stiele entfernt und die Blätter klein geschnitten
Pfeffer
2 Eier
5–10 g Butter
1 Stück Mozzarella, halbiert und leicht gesalzen
einige Petersilienblätter zum Anrichten

Die Kartoffeln in Salzwasser 16–18 Minuten kochen, ausdämpfen und ungeschält in Scheiben schneiden.
Die Soja Cuisine mit Mineralwasser aufkochen. Spinat zugeben, mit Salz und Pfeffer würzen, aufkochen und gut durchmixen.
Die Eier in einer Pfanne in Butter zu Spiegeleiern braten.
Spinatsauce mit Kartoffeln, Mozzarella und Ei warm servieren.
Mit Petersilienblättern verzieren.

Ein ehrliches, leichtes Gericht, das schnell zubereitet ist.

---

* ohne Eier zubereiten; Kartoffeln möglichst ungeschält essen

** Eier mit Margarine braten

*** geeignet für Nicht-Cholesterinsensitive

Kartoffelstrudel mit Maronen und Zwiebelgemüse

⊕

++ MUSKELKRÄMPFE
+ ARTHROSE
+ BLUTHOCHDRUCK
+ DARMTRÄGHEIT, VERSTOPFUNG
+ DIABETES TYP 2
+ ERSCHÖPFUNG
+ GICHT
+ HOHER CHOLESTERINSPIEGEL
+ LAKTOSE-INTOLERANZ *
+ WECHSELJAHRESBESCHWERDEN

⊖

– GLUTEN-UNVERTRÄGLICHKEIT
– REIZDARM
– SODBRENNEN

FÜR 2 PERSONEN BZW. 4 KLEINE STRUDEL

300 g Zwiebeln, geschält und in Scheiben geschnitten
Pflanzenöl
Salz
Pfeffer
½ Bund Petersilie, gewaschen, die Blätter abgezupft und gehackt
300 g Kartoffeln, ausgedämpft und gepellt
70 g gekochte Maronen (Esskastanien), klein gehackt
1 Ei, Größe L
2 Stangen Frühlingslauch, geputzt, gewaschen und in Ringe geschnitten
4 Filoteigblätter
40 g flüssige Butter

Die Zwiebeln in Öl auf kleiner Temperatur 15 Minuten braten. Mit Salz und Pfeffer leicht würzen und mit der Petersilie vermengen. Die Hälfte der Masse für die Kartoffelfüllung abnehmen.
Kartoffeln durch die Kartoffelpresse drücken und mit einer Hälfte der Zwiebelmasse, Maronen, Ei und Frühlingslauch vermengen. Mit Salz und Pfeffer herzhaft würzen. Aus dem Teig 4 gleichmäßige, längliche Kartoffelstücke formen.
Backofen auf 200 Grad Umluft vorheizen. Filoteigblätter nebeneinanderlegen und mit etwas Butter bestreichen. Die Kartoffelstücke daraufgeben und im Teig einschlagen. Die Strudel auf ein mit Backpapier ausgelegtes Blech setzen und mit der restlichen Butter bestreichen. 17–20 Minuten im Ofen backen.
Restliche Zwiebeln vor dem Servieren noch einmal erhitzen und mit den aufgeschnittenen Strudeln servieren. Dazu passt ein frischer, knackiger Salat mit einem würzigen Joghurtdip oder einer Vinaigrette.

---

* statt Butter Margarine verwenden

Kartoffeltaler mit Brokkolisalat und Ziegenfrischkäse

(+)

++ MUSKELKRÄMPFE
+ ARTHROSE
+ BLUTHOCHDRUCK *
+ DIABETES TYP 2
+ ERSCHÖPFUNG
+ GICHT *
+ GLUTEN-UNVERTRÄGLICHKEIT
+ HOHER CHOLESTERINSPIEGEL **
+ WECHSELJAHRESBESCHWERDEN ***

(-)

– DARMTRÄGHEIT, VERSTOPFUNG
– LAKTOSE-INTOLERANZ
– REIZDARM
– SODBRENNEN

REZEPT FÜR 2 PERSONEN

600 g mehligkochende Kartoffeln
Salz
50 g Räucherschinken, gewürfelt
100 g Zwiebeln, geschält und gewürfelt
Rapsöl
2 Stangen Frühlingslauch, geputzt, gewaschen und in Ringe geschnitten
½ Bund Petersilie, gewaschen, die Blätter abgezupft und gehackt
1 Ei, Größe L
1 TL Kartoffel- oder Maisstärke
Pfeffer
Muskatnuss, frisch gerieben
200 g Brokkoli, geputzt, gewaschen und in kleine Röschen geteilt
4 EL milder Weißweinessig
1 TL Honig
1 EL Olivenöl
¼ rote Paprika, geputzt, gewaschen und fein gewürfelt
1 Schale Gartenkresse, die Kresse vom Beet geschnitten
100 g Frischkäse

Die ungeschälten Kartoffeln in Salzwasser 20–25 Minuten kochen. Das Wasser abgießen und die Kartoffeln zum Ausdämpfen zurück auf die Herdplatte ziehen. Kartoffeln einmal drehen, dann dauert das Ausdämpfen nur ca. 1 Minute. Etwas abkühlen lassen.
In der Zwischenzeit den Schinken mit 50 g Zwiebelwürfeln in Rapsöl anbraten, Frühlingslauch zugeben und kurz mit anschwitzen. Zum Schluss die Petersilie zufügen.
Die Kartoffeln schälen. Durch die Kartoffelpresse drücken und mit dem Schinkengemisch sowie Ei, Stärke, Salz, Pfeffer und Muskat zügig zu einem gleichmäßigen Teig verarbeiten. Aus der Masse mit feuchten Händen 6 Taler formen und sie in einer heißen Pfanne in Rapsöl von beiden Seiten goldbraun backen.
Für den Salat den Brokkoli in kochendem Salzwasser 2 Minuten garen, herausnehmen und abtropfen lassen. Den Essig mit restlichen Zwiebelwürfeln, Salz, Pfeffer und Honig verrühren, zuletzt das Olivenöl einrühren. Mit Paprika, Brokkoli und Kresse zu einem Salat vermischen.
Kartoffeltaler mit Salat und Frischkäse auf Tellern anrichten.

---

* Schinken weglassen
** Frischkäse mit höchstens 30 % Fett i. Tr. verwenden
*** Vinaigrette mit Leinöl zubereiten

Lachs auf Linsen-Hirse-Gemüse mit frittiertem Ingwer

(+)

++ ARTHROSE
++ ERSCHÖPFUNG
++ HOHER CHOLESTERINSPIEGEL
++ MUSKELKRÄMPFE
+ BLUTHOCHDRUCK
+ DARMTRÄGHEIT, VERSTOPFUNG *
+ DIABETES TYP 2
+ GLUTEN-UNVERTRÄGLICHKEIT
+ LAKTOSE-INTOLERANZ
+ REIZDARM *
+ WECHSELJAHRESBESCHWERDEN

(-)

– GICHT
– SODBRENNEN

REZEPT FÜR 2 PERSONEN

1 Stiel Rosmarin, gewaschen
1 Knoblauchzehe, geschält, halbiert und der Keim entfernt
1–2 EL Olivenöl
100 g Zwiebeln, geschält und fein gewürfelt
140 g Karotten, geschält und fein gewürfelt
100 g Gourmet-Linsen (Handelsbezeichnung speziell verarbeiteter Linsen)
Salz, Pfeffer
60 Hirse
80–100 g frischer Ingwer, geschält und in sehr feine Streifen (Julienne) geschnitten
etwas Erdnussöl
2 Pazifik-Lachsfilets à 140–150 g (kein Salmo salar)
½ EL Rapsöl
2 Stiele Estragon, gewaschen, die Blätter abgezupft und gehackt
2–3 Stiele Petersilie, gewaschen, die Blätter abgezupft und gehackt
1 EL guter, sämiger Balsamico

Rosmarin und Knoblauch in einem Topf in 1 EL Olivenöl ganz leicht anrösten. Zwiebeln und Karotten zugeben und anschwitzen. Linsen hinzufügen und mit anschwitzen. So viel Wasser angießen, dass die Linsen gut bedeckt sind. Deckel auflegen und bei mittlerer Temperatur 30 Minuten köcheln lassen. Dabei gelegentlich umrühren und nötigenfalls etwas Wasser nachfüllen. Am Ende der Garzeit mit Salz und Pfeffer würzen.
Hirse auf ein kleines Sieb geben und unter heißem Wasser abspülen. In einem Topf 150 ml Wasser mit etwas Salz und Pfeffer und ca. ½ EL Olivenöl zum Kochen bringen. Die Hirse hineingeben und 7 Minuten gut köcheln lassen.
Die Ingwerstreifen in Erdnussöl frittieren und auf Küchenpapier abtropfen lassen. Vor dem Anrichten leicht mit Salz bestreuen.
Die Lachsfilets leicht salzen und dünn mit Rapsöl einstreichen. In einer heißen Pfanne von beiden Seiten knusprig braten. Nach dem Braten mit einer Winkelpalette oder einem Messer das Fett vom Lachs streifen, damit er nicht so gehaltvoll ist und auch besser aussieht.
In der Zwischenzeit die Hirse aus dem Topf heben und zu den Linsen geben. Noch einmal erhitzen. Erst unmittelbar vor dem Servieren die gehackten Kräuter unterrühren.
Gemüse und Lachs auf vorgewärmten Tellern anrichten. Ingwer aufstreuen und mit Balsamico beträufeln.

Ich liebe dieses Linsen-Hirse-Gemüse, es ist ultralecker!

* nicht geeignet bei Neigung zu Blähungen

Lachs mit einer Haube aus Granny Smith auf Rosinen-Couscous

(+)

- ++ ERSCHÖPFUNG
- ++ HOHER CHOLESTERINSPIEGEL
- \+ ARTHROSE
- \+ BLUTHOCHDRUCK
- \+ DARMTRÄGHEIT, VERSTOPFUNG
- \+ GLUTEN-UNVERTRÄGLICHKEIT
- \+ LAKTOSE-INTOLERANZ
- \+ MUSKELKRÄMPFE
- \+ REIZDARM
- \+ SODBRENNEN
- \+ WECHSELJAHRESBESCHWERDEN

(−)

- – DIABETES TYP 2
- – GICHT

REZEPT FÜR 2 PERSONEN

100 g Rosinen
150 g Couscous
Olivenöl
1 Prise Zimt
Salz
Pfeffer
2 Stück Pazifik-Lachsfilet à 150 g (kein Salmo salar)
1 schöner Granny-Smith-Apfel, gewaschen
2 Stiele Dill, gewaschen, abgezupft und gehackt
Saft von ½ Zitrone
2 Zitronenscheiben

Rosinen in einem Topf mit Wasser bedeckt aufkochen, 15 Minuten ziehen lassen und auf einem Sieb abtropfen lassen. Den Couscous in eine Schüssel geben. 250 ml Wasser mit ½ EL Olivenöl und Zimt in einem Topf aufsetzen und mit Salz und Pfeffer würzen. Aufkochen und über den Couscous gießen, vermengen und einen Deckel auflegen. 5 Minuten ziehen lassen, dann die Rosinen zugeben und alles gut verrühren.
Den Backofen auf 180 Grad Umluft vorheizen. Lachs mit Salz würzen und in eine geölte ofenfeste Pfanne geben. Den ungeschälten Apfel auf einer groben Reibe von allen Seiten längs reiben, mit Dill und Zitronensaft vermengen und gleichmäßig auf den Lachsstücken verteilen. Die Pfanne kurz auf dem Herd erhitzen und dann für ca. 4 Minuten in den vorgeheizten Backofen schieben.
Den Lachs auf vorgewärmten Tellern anrichten. Je eine Zitronenscheibe dazulegen. Rosinen-Couscous separat servieren.

Lachs mit Fenchelgemüse und Kartoffelstiften

(+)

++ ARTHROSE
++ ERSCHÖPFUNG
++ HOHER CHOLESTERINSPIEGEL
++ WECHSELJAHRESBESCHWERDEN
+ BLUTHOCHDRUCK
+ DARMTRÄGHEIT, VERSTOPFUNG
+ DIABETES TYP 2
+ GLUTEN-UNVERTRÄGLICHKEIT
+ MUSKELKRÄMPFE
+ REIZDARM
+ SODBRENNEN

(–)

– GICHT
– LAKTOSE-INTOLERANZ

REZEPT FÜR 2 PERSONEN

8 Limettenscheiben
3 Stiele Dill plus etwas Dill zum Verzieren
Salz
300–350 g Fenchel, geputzt, gewaschen und ohne Strunk halbiert oder geviertelt
Olivenöl
2 gleich große Lachsfilets à 150 g, ohne Haut und Gräten
500 g festkochende Kartoffeln, geschält und in Stifte geschnitten
250 g Schmand
Pfeffer
Saft von ½ Limette
etwas Fenchelgrün, fein gehackt

Einen Topf mit 4 Limettenscheiben, Dillstielen, Wasser und etwas Salz aufkochen. Den Fenchel darin garen, herausnehmen und warm in ein Porzellangefäß geben. Leicht mit Olivenöl beträufeln und beiseitestellen. Die Hälfte des Fenchelfonds aufbewahren.
44 g Tafelsalz mit 400 ml kaltem Wasser verrühren, bis sich das Salz komplett aufgelöst hat. Lachs unter kaltem Wasser abspülen und die Stücke nebeneinander in die kalte Lake legen; sie sollen vollständig bedeckt sein. Der Lachs sollte mindestens 45 Minuten und maximal 2 Stunden in der Lake liegen.
Den aufbewahrten Fenchelfond erhitzen. Lachs aus der Lake nehmen, kurz abtropfen lassen und im Fenchelfond auf kleiner Flamme garen. Die Garzeit beträgt abhängig von der Dicke des Fisches etwa 4 Minuten.
In der Zwischenzeit die Kartoffeln 30 Minuten wässern. Gut abtropfen lassen und mit Küchenpapier gut trocken tupfen. In einer gut beschichteten Pfanne in wenig Olivenöl die Kartoffelstifte anbraten. Nach 4–5 Minuten 1 Schuss Wasser angießen. Bei aufgelegtem Deckel weitere 2–3 Minuten köcheln lassen. Wenn die Kartoffeln gar sind, leicht salzen und heiß servieren.
Den Schmand mit Salz und leicht mit Pfeffer sowie Limettensaft würzen. Das Fenchelgrün einrühren.
Lachs, Fenchel und Kartoffelstifte auf vorgewärmten Tellern anrichten. Mit den restlichen Limettenscheiben und etwas Dill verzieren. Den Schmand getrennt servieren.

Ein herrliches Gericht! Und nur keine Angst vor der Lake, sie hat gerade mal 10 % Salzanteil und wird auch zur Vorbereitung beim Räuchern verwendet.

Lachs mit gerösteten Mandeln und Portulak

(+)

++ ARTHROSE
++ ERSCHÖPFUNG
++ HOHER CHOLESTERINSPIEGEL
++ MUSKELKRÄMPFE
++ WECHSELJAHRESBESCHWERDEN *
+ DARMTRÄGHEIT, VERSTOPFUNG
+ DIABETES TYP 2
+ GLUTEN-UNVERTRÄGLICHKEIT
+ LAKTOSE-INTOLERANZ
+ REIZDARM *

(-)

– BLUTHOCHDRUCK
– GICHT
– SODBRENNEN

REZEPT FÜR 2 PERSONEN

40–50 g Mandeln
Meersalz
5 EL Zitronensaft
1 EL Limettensaft
7 EL Sojasauce
4–5 Tropfen Sesamöl
¼ rote Chili, entkernt, gewaschen und in dünne Scheiben geschnitten
3 Stangen Frühlingslauch, geputzt, gewaschen, in dünne Scheiben geschnitten
3–4 Stiele Dill, gewaschen, die Blätter abgezupft und fein gehackt
Pfeffer
150 g Pazifik-Lachsfilet (kein Salmo salar)
Sesamsaat
5 Handvoll Portulak, geputzt und gewaschen
Balsamico-Essig
Olivenöl

Die Mandeln in einer Pfanne mit etwas Salz ohne Öl goldgelb anrösten und anschließend grob zerhacken.
Zitronen- und Limettensaft mit Sojasauce, Sesamöl, Chili, Frühlingslauch und Dill vermengen. Mit Pfeffer und Salz würzen. Die Marinade sollte sehr säurebetont und würzig schmecken.
Den Lachs mit einem scharfen Messer in dünne Scheiben schneiden und diese auf 2 Tellern gleichmäßig verteilen. Die Marinade darüber verteilen und 5–10 Minuten ziehen lassen. Sesam und die Hälfte der Mandeln darauf verteilen.
Den Portulak nur mit etwas Balsamico und Olivenöl beträufeln, die restlichen Mandeln zugeben und leicht mit Salz würzen. Zum Lachs geben.

---

* bei Unverträglichkeit Chili und Frühlingslauch weglassen

Linsen-Lachs-Tatar mit Weizenkleieküchlein

(+)

- ++ ARTHROSE
- ++ DARMTRÄGHEIT, VERSTOPFUNG
- ++ ERSCHÖPFUNG
- ++ HOHER CHOLESTERINSPIEGEL
- ++ WECHSELJAHRESBESCHWERDEN
- + BLUTHOCHDRUCK
- + DIABETES TYP 2
- + MUSKELKRÄMPFE

(−)

- – GICHT
- – GLUTEN-UNVERTRÄGLICHKEIT
- – LAKTOSE-INTOLERANZ
- – REIZDARM
- – SODBRENNEN

REZEPT FÜR 2 PERSONEN

Für die Küchlein

80 g Weizenkleie, mit Keim
75 g Dinkelmehl (Type 630)
75 g Dinkelvollkornmehl
4 g Trockenhefe
½ TL Salz
Öl

Für die Linsen

50 g Gourmet-Linsen (Handelsbezeichnung speziell verarbeiteter Linsen)
2 EL Olivenöl
je 1 Stiel Rosmarin und Thymian, gewaschen, die Blätter abgezupft und gehackt
1 Knoblauchzehe, geschält und gehackt
50 g Zwiebeln, geschält und gewürfelt
50 g Karotten, geschält und klein gewürfelt
Meersalz, Pfeffer
3 Stangen Frühlingslauch, geputzt, gewaschen und schräg aufgeschnitten
80 g frisches Pazifik-Lachsfilet (kein Salmo salar), ohne Haut

Für den Quark

125 g Magerquark
50 ml Mineralwasser mit Kohlensäure
Meersalz, Pfeffer

WEIZENKLEIEKÜCHLEIN

Weizenkleie und Dinkelmehle mit Hefe, Salz und 230 ml warmem Wasser in einer Schüssel zu einem Teig verrühren. Den Teig abgedeckt 30 Minuten ruhen lassen. Er sollte warm stehen, aber nicht auf der Heizung, das ist ihm oft zu warm. Teig esslöffelweise in einer Pfanne in Öl zu knusprigen Küchlein ausbacken.

LINSEN-LACHS-TATAR

Die Linsen unter kaltem Wasser abwaschen und auf dem Sieb abtropfen lassen. In einem kleinen Topf das Olivenöl mit Rosmarin, Thymian und Knoblauch erhitzen und alles leicht rösten. Zwiebeln und Karotten zugeben und mit anschwitzen. Linsen hinzufügen und ebenfalls anschwitzen.

Nun gut mit Wasser bedecken und 18–20 Minuten köcheln lassen, eventuell noch etwas Wasser angießen. Wenn die Linsen gar sind, aber noch ein wenig Biss haben, auf ein Sieb abgießen, abtropfen lassen und zurück in den Topf geben. Mit Salz und Pfeffer würzen und ⅓ des Frühlingslauchs zugeben. Das Gemüse abkühlen lassen, bis es nur noch lauwarm ist.

Den Lachs in kleine, gleichmäßige Würfel schneiden und mit den Linsen vermengen. Abschließend abschmecken.

QUARK

Den Quark mit Mineralwasser und restlichem Lauch verrühren. Mit Salz und Pfeffer würzen.

Den Quark etwas auf Tellern verstreichen. Linsen-Lachs-Tatar daraufsetzen und die Weizenkleieküchlein dazugeben.

Linsensuppe auf indische Art mit gebratenem Panir

(+)

- ++ ERSCHÖPFUNG
- ++ MUSKELKRÄMPFE
- + BLUTHOCHDRUCK
- + DARMTRÄGHEIT, VERSTOPFUNG *
- + GICHT
- + GLUTEN-UNVERTRÄGLICHKEIT
- + HOHER CHOLESTERINSPIEGEL
- + WECHSELJAHRESBESCHWERDEN

(-)

- – ARTHROSE
- – DIABETES TYP 2
- – LAKTOSE-INTOLERANZ
- – REIZDARM
- – SODBRENNEN

REZEPT FÜR 4 PERSONEN

1,5 l frische Vollmilch
Saft von 1 sehr saftreichen Zitrone (Zitronen geben mehr Saft ab, wenn sie nicht so frisch sind.)
150 g Zwiebeln, geschält und in dünne Scheiben geschnitten
2 Knoblauchzehen, geschält und grob gehackt
30 g Ingwer, geschält und in Stücke geschnitten
2 EL Kokosfett oder Olivenöl
150 g rote Linsen
½ TL Kreuzkümmelpulver
1 gehäufter TL Kurkuma
1 TL Ras el-Hanout (marokkanische Gewürzmischung, sehr vielfältig einsetzbar)
1 Prise Vadouvan (fermentiertes indisches Gewürz)
700 ml Gemüsebrühe
400 g Schältomaten (Dose)
400 ml gesüßte Kokosmilch
Cayennepfeffer
Öl zum Braten
Salz
1 TL Petersilienblättchen, fein geschnitten

Für den Panir (Käse) die Vollmilch in einem Topf aufkochen und gelegentlich umrühren. Von der Herdplatte nehmen und den Zitronensaft zugeben, gut verrühren. So entsteht sofort der Käsebruch. Die Masse auf ein mit einem Käseleinen ausgelegtes Sieb abgießen. Den Käsebruch im Tuch sehr gut ausdrücken und im Tuch mit einem Nudelholz etwas ausrollen. Noch im Tuch auf ein Schneidebrett oder eine andere vergleichbare Unterlage legen und ein weiteres Schneidebrett oder Blech auflegen. Mit mehreren Konservendosen oder anderen Gewichten beschweren. 1–2 Stunden ruhen lassen. Für diese Zeit nach Möglichkeit in den Kühlschrank stellen. Das hört sich erst einmal nach reichlich Arbeit an, aber so viel ist es gar nicht – und frischer geht es auch nicht.
In der Zwischenzeit die Zwiebeln mit Knoblauch und Ingwer in einem großen Topf in Kokosfett anschwitzen. Linsen, Kreuzkümmel, Kurkuma, Ras el-Hanout und Vadouvan zugeben und mit anschwitzen. Mit Gemüsebrühe ablöschen und auffüllen. Die Suppe aufkochen und auf kleiner Hitze 10 Minuten köcheln lassen. Anschließend Tomaten, Kokosmilch und Cayennepfeffer zugeben und weitere 5 Minuten kochen. Die Suppe pürieren.
Den Panir aus dem Tuch nehmen und in Stücke schneiden. In einer Pfanne in etwas Öl von allen Seiten anbraten. Zum Schluss mit etwas Salz würzen.
Die Suppe in vorgewärmte tiefe Teller geben. Den Panir separat servieren. Mit einigen Petersilienblättchen verzieren.

---

* nur geeignet, wenn Hülsenfrüchte und Zwiebeln nicht blähungsauslösend sind

Maishähnchenbrust mit Paprikasalat

(+)

+ BLUTHOCHDRUCK
+ DIABETES TYP 2
+ ERSCHÖPFUNG
+ GLUTEN-UNVERTRÄGLICHKEIT
+ LAKTOSE-INTOLERANZ
+ MUSKELKRÄMPFE
+ WECHSELJAHRESBESCHWERDEN

(–)

– ARTHROSE
– DARMTRÄGHEIT, VERSTOPFUNG
– GICHT
– HOHER CHOLESTERINSPIEGEL *
– REIZDARM
– SODBRENNEN

REZEPT FÜR 2 PERSONEN

2 Maishähnchenbrüste mit Haut
Salz
je 150 g rote und gelbe Paprika, geputzt und gewaschen
2 Stangen Frühlingslauch, geputzt, gewaschen und längs halbiert
Öl zum Braten
3 EL Olivenöl
100 g Zwiebeln, geschält und fein gewürfelt
1 Stiel Rosmarin, gewaschen
1 Stiel Thymian, gewaschen
2 Knoblauchzehen, geschält und fein gewürfelt
½ Stange Lauch (nur das Weiße), geputzt, gewaschen und in Scheiben geschnitten
Pfeffer
3 Stiele Minze, gewaschen, Blätter abgezupft und dünn geschnitten

Alufolie

In die Maishähnchenbrüste jeweils eine Tasche schneiden. Das Fleisch leicht salzen. Von den Paprika je 6 schöne Streifen abschneiden und mit dem Frühlingslauch in die Maishähnchenbrüste füllen. Das Fleisch zusammenklappen.
Zwei Rechtecke Alufolie einölen und die Brüste jeweils darin fest einrollen und die Enden eindrehen. In einer heißen Pfanne die Rouladen in Öl 2–3 Minuten von allen Seiten gut braten. In den noch kalten Backofen setzen und auf 180 Grad Umluft einstellen. 10 Minuten garen, herausnehmen und 2–3 Minuten nachgaren lassen. Dann aus der Folie wickeln.
Restliche Paprika in Würfel schneiden. In einer Pfanne in Olivenöl Zwiebeln, Rosmarin, Thymian und Knoblauch anschwitzen. Die Paprika dazugeben und 3 Minuten garen. Lauch zufügen und weitere 2 Minuten mitgaren. Dann mit Salz und Pfeffer würzen. Kurz vor dem Anrichten die Minze einrühren.
Die Bruststücke aufschneiden und mit dem Salat auf Tellern anrichten. Falls noch vorhanden, mit Kräutern verzieren.

---

* für Nicht-Cholesterinsensitive geeignet, Haut von der Hähnchenbrust entfernen

Matjes mit Pellkartoffeln und Kräuter-Apfel-Dip mit Leinsaat

(+)

- ++ ARTHROSE *
- ++ DIABETES TYP 2
- ++ ERSCHÖPFUNG
- ++ HOHER CHOLESTERINSPIEGEL **
- ++ MUSKELKRÄMPFE
- ++ WECHSELJAHRESBESCHWERDEN **
- + DARMTRÄGHEIT, VERSTOPFUNG
- + GLUTEN-UNVERTRÄGLICHKEIT
- + REIZDARM ***
- + SODBRENNEN

(-)

- – BLUTHOCHDRUCK
- – GICHT
- – LAKTOSE-INTOLERANZ

REZEPT FÜR 2 PERSONEN

12 Bio-Drillinge (sehr kleine Kartoffeln)
Meersalz
3 Elster-Äpfel, gewaschen und entkernt
Rapsöl
1 kleines Bund gemischte Kräuter, z. B. Dill, Kerbel, Estragon, Petersilie, Giersch, Knoblauchrauke, wilder Fenchel, gewaschen
250 g Naturjoghurt, 3,5 % Fett
1 EL Leinsaat
Pfeffer
4 Matjesdoppelfilets

Die Kartoffeln ungeschält in Salzwasser 16–18 Minuten garen, ausdämpfen. In der Zwischenzeit 2 Äpfel in nicht zu dünne Scheiben schneiden und in einer Pfanne in etwas Öl bei mittlerer Temperatur von beiden Seiten garen.
Die Kräuter hacken, restlichen Apfel in kleine Würfel schneiden und mit dem Joghurt verrühren. Leinsaat einrühren und den Dip mit Salz und Pfeffer würzen.
Matjesfilets mit Pellkartoffeln, Apfelscheiben und Dip servieren.

---

* Kartoffeln ungeschält essen
** 1 EL Leinöl in den Dip rühren
*** verträgliche Kräuter wählen

Quarkplätzchen im Brickteig mit Schmorgemüse

(+)

++ DARMTRÄGHEIT, VERSTOPFUNG *
++ ERSCHÖPFUNG **
++ REIZDARM ***
++ SODBRENNEN ***
+ ARTHROSE ****
+ BLUTHOCHDRUCK *****
+ GICHT
+ HOHER CHOLESTERINSPIEGEL ****
+ MUSKELKRÄMPFE **
+ WECHSELJAHRESBESCHWERDEN ******

(–)

– DIABETES TYP 2
– GLUTEN-UNVERTRÄGLICHKEIT
– LAKTOSE-INTOLERANZ

FÜR 2 PERSONEN BZW. 4 QUARKPLÄTZCHEN

500 g Magerquark
500 g gemischtes Gemüse der Saison, geputzt, gewaschen und in gleich große Stücke geschnitten
Olivenöl
3 Stiele Thymian oder Rosmarin, gewaschen und die Blätter abgezupft
Meersalz
Pfeffer
60 g Zwiebeln, geschält und in Scheiben geschnitten
1 Stange Frühlingslauch, geputzt, gewaschen und in dünne Scheiben geschnitten
2 Stiele Petersilie, gewaschen, mit Stielen gehackt
je 2 Stiele Kerbel und Estragon, gewaschen, die Blätter abgezupft und gehackt
1 TL getrocknete Kräuter der Provence
4 Brickblätter (türkische Geschäfte) oder große Frühlingsrollenteigblätter (Asia-Laden)
12 Basilikumblätter, gewaschen

Am Vortag den Quark in einem Leinentuch (am besten ein Käseleinen nehmen) auf ein Sieb geben oder aufhängen und über Nacht abtropfen lassen. Anschließend gut ausdrücken.
Das Gemüse in 2 EL Olivenöl mit Thymian oder Rosmarin auf mittlerer Temperatur schmoren. Zwischendurch wenden und mit Meersalz und Pfeffer würzen. Falls Bohnen verwendet werden, am besten vorkochen, damit das giftige Phasin neutralisiert wird.
Zwiebeln in wenig Olivenöl glasig braten und abkühlen lassen. Quark mit Frühlingslauch, Kräutern und Zwiebeln vermengen und mit Salz und Pfeffer würzig abschmecken.
Den Brickteig auslegen und die Quarkmasse gleichmäßig auf die Blätter verteilen. Mit Basilikumblättern belegen, einschlagen und zu gleichmäßigen Päckchen formen. In einer Pfanne in Olivenöl von allen Seiten knusprig braten.
Das Gemüse auf Tellern anrichten und die Quarkplätzchen auflegen. Falls noch vorhanden, abschließend mit einigen Basilikumblättern verzieren.

---

* 1 EL Leinsamen unterrühren
** grünes Gemüse (z. B. Grünkohl, Erbsen, Spinat, Fenchel, Bohnen) oder Pilze wählen
*** verträgliches Gemüse wählen
**** als Gemüse Lauchgewächse wählen
***** mehr Kräuter zum Würzen verwenden; grünes Gemüse wählen (z. B. Grünkohl, Erbsen, Spinat, Fenchel, Bohnen)
****** 1 EL Leinöl in den Quark rühren

Quinoa-Pfannkuchen mit Gemüsecurry

(+)

++ MUSKELKRÄMPFE *
+ ARTHROSE **
+ BLUTHOCHDRUCK *
+ DARMTRÄGHEIT, VERSTOPFUNG
+ DIABETES TYP 2
+ ERSCHÖPFUNG
+ GICHT ***
+ REIZDARM ****
+ WECHSELJAHRESBESCHWERDEN ****

(−)

– GLUTEN-UNVERTRÄGLICHKEIT
– HOHER CHOLESTERINSPIEGEL *****
– LAKTOSE-INTOLERANZ
– SODBRENNEN

REZEPT FÜR 2 PERSONEN BZW. 4 PFANNKUCHEN

Rapsöl
500 g gemischtes Gemüse, geputzt, gewaschen und in schöne Stücke geschnitten (z. B. Paprika, Fenchel, Zucchini, Zwiebeln, Aubergine, Kaiserschoten, Bohnen)
10 g Ingwer, geschält und gehackt
1 Knoblauchzehe, geschält und gehackt
Salz
Pfeffer
1 EL Curry, mild oder scharf (nach Belieben)
1 Msp. Chiliflocken
100 ml gesüßte Kokosmilch
3 Stiele Koriander, gewaschen, die Blätter abgezupft und gehackt
80 g Quinoa
100 g Dinkelvollkornmehl
60 ml Milch
70 ml Mineralwasser mit Kohlensäure
2 Eier, Größe M

In einem Topf 2 EL Rapsöl erhitzen und das Gemüse mit Ingwer und Knoblauch anschwitzen, mit Salz und Pfeffer würzen und bei mittlerer Temperatur 3–4 Minuten garen. Mit Currypulver und Chiliflocken bestreuen, kurz angehen lassen und mit Kokosmilch aufgießen. 5 Minuten sanft köcheln lassen. Mit Salz und Pfeffer abschmecken und vor dem Servieren den frischen Koriander einrühren.
Für die Pfannkuchen Quinoa auf ein Sieb geben und unter heißem Wasser abwaschen. Anschließend in einem Topf in 200 ml Wasser mit einer guten Prise Salz 20–25 Minuten kochen. Zwischendurch umrühren, danach leicht abkühlen lassen.
Das Dinkelmehl mit Milch, Mineralwasser und Eiern zu einem glatten Teig verarbeiten. Mit Salz und Pfeffer würzen und zum Schluss das gekochte Quinoa zugeben. Masse gut vermengen und 15–20 Minuten nachquellen lassen. Erneut verrühren und die Pfannkuchen in einer Pfanne in Rapsöl backen.
Aus den Pfannkuchen kleine Tüten formen und etwas Gemüse hineingeben. Mit weiterem Gemüse auf Tellern anrichten.

---

* vor allem grünes Gemüse wählen
** besonders Lauchgewächse wählen
*** bei Gemüse weder Kohl, Spinat, Spargel noch Pilze wählen
**** mild würzen; verträgliches Gemüse wählen
***** geeignet für Nicht-Cholesterinsensitive

Radieschensalat mit festem Frischkäse und gerösteten Salzmandeln

(+)

- ++ DARMTRÄGHEIT, VERSTOPFUNG
- ++ HOHER CHOLESTERINSPIEGEL
- ++ MUSKELKRÄMPFE
- + ARTHROSE
- + DIABETES TYP 2
- + ERSCHÖPFUNG
- + GICHT
- + GLUTEN-UNVERTRÄGLICHKEIT
- + WECHSELJAHRESBESCHWERDEN

(-)

- – BLUTHOCHDRUCK
- – LAKTOSE-INTOLERANZ
- – REIZDARM
- – SODBRENNEN

REZEPT FÜR 2 PERSONEN

500 g Magerquark
Meersalz
½ EL Olivenöl
50 ml weißer Essig, am besten Condimento bianco
Pfeffer
15 ml Walnussöl
2 Bund Radieschen, geputzt, gewaschen und in feine Scheiben gehobelt
80–100 g Zwiebeln, geschält und in feine Scheiben gehobelt
1 Handvoll gemischte Kräuter, gewaschen und gezupft
200 g Mandeln in der Schale

Am Vortag den Quark mit 1 TL Meersalz würzen und die Masse teilen. Jeweils in einem Leinentuch (am besten ein Käseleinen nehmen) aufhängen oder auf ein Sieb geben und über Nacht abtropfen lassen. Anschließend gut ausdrücken. Dann mit 1 TL Meersalz bestreuen und leicht mit Olivenöl beträufeln.
Den Essig mit Salz und Pfeffer würzen und das Walnussöl einrühren. Die Radieschen und die Zwiebeln mit den Kräutern in die Vinaigrette geben und alles leicht vermengen.
Den Backofen auf 200 Grad Umluft vorheizen. 1 EL Meersalz mit 125 ml Wasser verrühren, die Mandeln hinzufügen und gut vermengen. Auf ein mit Backpapier ausgelegtes Blech geben und im Ofen rösten, bis die Flüssigkeit vollkommen verdunstet ist und die Mandeln schön trocken sind. Dabei bilden sich angenehme Röstaromen und die Mandeln sind am Ende leicht mit einer dünnen Salzschicht überzogen.
Den Radieschensalat auf Tellern anrichten, den Frischkäse portionsweise aufsetzen und die Mandeln dazulegen.

Ich verwende für dieses Gericht am liebsten Condimento bianco, einen weißen Balsamico-Essig, der mit Traubenmost versetzt ist. Der ist wirklich hervorragend!

Räucherfisch mit Erbsenpüree und Chicorée

(+)

- ++ ERSCHÖPFUNG
- ++ HOHER CHOLESTERINSPIEGEL
- ++ MUSKELKRÄMPFE
- ++ WECHSELJAHRESBESCHWERDEN
- + ARTHROSE
- + DARMTRÄGHEIT, VERSTOPFUNG
- + DIABETES TYP 2
- + LAKTOSE-INTOLERANZ

(-)

- – BLUTHOCHDRUCK
- – GICHT
- – GLUTEN-UNVERTRÄGLICHKEIT
- – REIZDARM
- – SODBRENNEN

REZEPT FÜR 2 PERSONEN

200 g Räucherfischpralinen (im guten Fischgeschäft erhältlich) oder Räucherfischfilets, z. B. von Lachs, Forelle oder Makrele
1 Chicorée, geputzt und gewaschen
Olivenöl
Meersalz
evtl. 1 TL Zucker
140 g TK-Erbsen
1 Knoblauchzehe, geschält und halbiert
Pfeffer
1 Vollkornbaguette, in Scheiben geschnitten

Die Räucherfischpralinen 15–20 Minuten vor dem Servieren aus der Kühlung nehmen. Gegebenenfalls den Räucherfisch in kleine, mundgerechte Stücke teilen und Zimmertemperatur annehmen lassen.
Den Chicorée halbieren und in einer Pfanne in etwas Olivenöl bei mittlerer Temperatur mit viel Zeit von allen Seiten braten. Er soll bis zur Mitte durchgaren und schön braun werden. Mit Salz würzen. Man kann während des Bratens Zucker aufstreuen, der dann karamellisiert und den Geschmack hebt sowie die Bitterkeit des Gemüses abschwächt.
Die Erbsen in kochendem Salzwasser garen; die Garzeit ist von der Sorte und der Größe abhängig. Erbsen auf einem Sieb abtropfen lassen. Dann mit Knoblauch, 2–3 EL Olivenöl, Salz und Pfeffer zu einem gleichmäßigen Püree mixen. Das Püree am besten schön heiß auf den Baguettescheiben verteilen.
Die Baguettescheiben mit dem Chicorée auf Tellern anrichten und den Fisch dazugeben.

Das ist ein sehr schmackhaftes Gericht, das schnell zubereitet und gut bekömmlich ist.

Rindfleisch-Popcorn-Waffelburger mit Ochsenherztomate

(+)

- + BLUTHOCHDRUCK
- + ERSCHÖPFUNG
- + MUSKELKRÄMPFE
- + REIZDARM *
- + WECHSELJAHRESBESCHWERDEN *

(-)

- – ARTHROSE
- – DARMTRÄGHEIT, VERSTOPFUNG
- – DIABETES TYP 2
- – GICHT
- – GLUTEN-UNVERTRÄGLICHKEIT
- – HOHER CHOLESTERINSPIEGEL
- – LAKTOSE-INTOLERANZ
- – SODBRENNEN

REZEPT FÜR 2 PERSONEN BZW. 4 WAFFELN

½ TL Pflanzenöl
25 g Popcornmais zum Selberpoppen für den Topf oder die Mikrowelle
Salz
200 g mageres Rinderhackfleisch
50 g Zwiebeln, geschält und gewürfelt
Pfeffer
50 g Magerquark
20 g Ketchup
¼ TL Chiliflocken
125 g Mehl
4 g Backpulver
1 g Natron
125 ml Vollmilch
2 Eier, getrennt, Eiweiße zu Schnee geschlagen
50 g warme, flüssige Margarine
¼ Eisbergsalat, gewaschen und in dicke Streifen geschnitten
1 Ochsenherztomate, die Haut abgezogen und in Scheiben geschnitten (siehe Tipp am Ende des Rezepts)

* bei Unverträglichkeit Chili und Zwiebeln weglassen

Am besten einen gusseisernen Topf langsam erwärmen, dann die Temperatur erhöhen und mit Öl ausreiben. Popcornkörner so einstreuen, dass sie nicht übereinanderliegen. Deckel auflegen. Bei unveränderter Temperatur warten, bis alle Körner aufgepoppt sind. Popcorn nach Geschmack leicht salzen und zum Auskühlen in eine kleine Schüssel geben. Popcorn für die Mikrowelle nach Packungsangaben zubereiten und salzen.
Das Rinderhackfleisch mit Popcorn, Zwiebeln, Salz und Pfeffer gut vermengen. Aus der Masse 2 Burger formen und in einer beschichteten Pfanne am besten ohne Fett von beiden Seiten jeweils 2–3 Minuten braten.
Den Quark mit Ketchup, Chiliflocken, Salz und Pfeffer zu einer pikanten Sauce verrühren.
Mehl, Backpulver und Natron in eine Schüssel geben und mit Milch und den Eigelben zu einem sämigen Teig verarbeiten – das geht am besten in einer Küchenmaschine. Margarine zugeben und noch einmal alles gut durchrühren. Eiweiße unter die Masse ziehen. In einem gut aufgeheizten Waffeleisen zu 4 knusprigen, goldbraunen Waffeln backen.
Waffeln einseitig mit Quarkcreme bestreichen. Auf je eine Waffel Eisbergsalat, Hackfleisch und Tomatenscheiben schichten. Restliche Waffeln mit der Quarkseite nach unten auflegen.

Wenn ich die Haut von den Tomaten abziehen muss, nutze ich für kleinere Mengen immer unseren alten Wasserkocher. Er hat eine breite Öffnung und selbst große Tomaten passen locker hinein. Und so geht es: Wasser im Topf zum Kochen bringen, Tomaten hineingeben, 21, 22, 23 zählen und die Tomaten wieder herausnehmen. Dann sofort für 3 Minuten in kaltes Wasser legen. Nun lässt sich die Haut bequem abziehen. Die Tomaten vorher NICHT anschneiden oder anpicken. Dann bleiben sie bildschön.

Rote Bete aus dem Backofen mit Couscous und Joghurt

(+)

++ DARMTRÄGHEIT, VERSTOPFUNG
++ ERSCHÖPFUNG
+ ARTHROSE
+ BLUTHOCHDRUCK
+ DIABETES TYP 2
+ GICHT
+ HOHER CHOLESTERINSPIEGEL
+ MUSKELKRÄMPFE
+ WECHSELJAHRESBESCHWERDEN *

(-)

– GLUTEN-UNVERTRÄGLICHKEIT
– LAKTOSE-INTOLERANZ
– REIZDARM
– SODBRENNEN

REZEPT FÜR 2 PERSONEN

800 g Rote Bete, geschält und in Spalten geschnitten
Salz
Pfeffer
Balsamico-Essig
150 g Zwiebeln, geschält und in Scheiben geschnitten
2 Knoblauchzehen, geschält und fein aufgeschnitten
120 g Couscous
1 EL Olivenöl
100 g Naturjoghurt, 1,5 % Fett
¼ rote Chili, entkernt, gewaschen und in dünne Scheiben geschnitten
1 ½ Stangen Frühlingslauch, geputzt und in dünne Scheiben geschnitten
¼ Schale Gartenkresse, die Kresse vom Beet geschnitten

Alufolie

Ich bereite immer etwas mehr Rote Bete zu, da sie so lange im Ofen brauchen, und esse den restlichen Salat am nächsten Tag mit Pellkartoffeln und Kräuterquark.

Die Rote Bete auf zwei größere Rechtecke Alufolie verteilen, am besten schon auf dem Backblech. Die Kanten der Folien zu Rändern hochbiegen und jeweils 3 EL Wasser auf die Rote Bete geben. Mit Salz und Pfeffer würzen, jeweils 1–2 EL Balsamico-Essig aufträufeln und Zwiebeln sowie Knoblauch aufstreuen. Jede Portion mit einem Rechteck Alufolie abdecken und die Ränder gut verschließen.
Den Backofen auf 200 Grad Umluft vorheizen. Die Rote-Bete-Päckchen 75 Minuten im Ofen garen. Dann den Backofen ausstellen und die Päckchen weitere 15 Minuten nachgaren lassen. Die Rote Bete aus der Folie in eine Schüssel geben, gut vermengen und noch einmal abschmecken.
In der Zwischenzeit den Couscous in eine Schüssel geben. 200 ml Wasser mit Olivenöl, Salz und Pfeffer in einen Topf geben und zum Kochen bringen. Auf den Couscous gießen und gut vermengen. 5–6 Minuten ziehen lassen und durchrühren.
Den Joghurt mit Salz und Pfeffer würzen und mit Chili (etwas für die Deko beiseitelegen), Frühlingslauch (1 EL beiseitelegen) und Kresse parfümieren.
Couscous und Rote Bete auf Tellern anrichten. Den Joghurt mit restlichem Chili und Lauch bestreuen und separat servieren.

* bei Unverträglichkeit Chili weglassen

Rote-Bete-Pesto mit Hüttenkäse und warmen Brotscheiben

⊕

++ ERSCHÖPFUNG
+ ARTHROSE
+ DARMTRÄGHEIT, VERSTOPFUNG
+ DIABETES TYP 2 *
+ GICHT
+ HOHER CHOLESTERINSPIEGEL
+ MUSKELKRÄMPFE
+ REIZDARM
+ SODBRENNEN
+ WECHSELJAHRESBESCHWERDEN

⊖

– BLUTHOCHDRUCK
– GLUTEN-UNVERTRÄGLICHKEIT
– LAKTOSE-INTOLERANZ

REZEPT FÜR 2 PERSONEN

250 g Rote Bete, geschält und geviertelt
50 g Walnusskerne
3 Knoblauchzehen, geschält, halbiert, der Keim entfernt
50 g italienischer Hartkäse, in kleine Stücke geschnitten
Olivenöl
Meersalz
2 Stiele Rosmarin, gewaschen
6–8 Scheiben Brot, am besten Dinkel- oder Roggenbrot, oder Baguette, jeweils ohne Hefe gebacken
300 g Hüttenkäse

Die Roten Bete roh mit Walnüssen und 1 Knoblauchzehe in einem elektrischen Zerkleinerer in kleine Stücke mixen. Dann mit Käse, 50 ml Olivenöl und etwas Meersalz zu einer glatten Masse verarbeiten. Am besten in kleine, verschließbare Gläser füllen.
In einer Pfanne etwas Olivenöl mit restlichem Knoblauch und Rosmarin erhitzen. Darin die Brotscheiben von beiden Seiten leicht anbraten.
Den Hüttenkäse mit etwas Olivenöl beträufeln und mit Meersalz bestreuen. In Schälchen füllen.
Pesto, Hüttenkäse und Brotscheiben auf Tellern anrichten. Mit dem Rosmarin aus der Pfanne verzieren.

Auch gedünstetes Gemüse, gekochter Chicorée, pochierter Fisch und ein Kalbsfilet passt ganz prima zu diesem Pesto.

---

* Vollkornbrot wählen

Rühreimit asiatischer Gemüsepfanne

(+)

++ MUSKELKRÄMPFE *
+ BLUTHOCHDRUCK
+ DIABETES TYP 2
+ ERSCHÖPFUNG
+ GICHT **
+ GLUTEN-UNVERTRÄGLICHKEIT
+ REIZDARM ***
+ SODBRENNEN ***
+ WECHSELJAHRESBESCHWERDEN ****

(-)

– ARTHROSE
– DARMTRÄGHEIT, VERSTOPFUNG
– HOHER CHOLESTERINSPIEGEL *****
– LAKTOSE-INTOLERANZ

REZEPT FÜR 2 PERSONEN

500 g gemischtes Gemüse, z. B. Lauch, Karotten, Mangold, Mungobohnen, Paprika, Staudensellerie, Chili, geputzt, gewaschen und in gleichmäßig dünne Streifen geschnitten
1 EL Pflanzenöl
1 TL Sesamöl, ersatzweise 1 EL helle Sesamsaat
Salz
6 Eier, Größe M
25 g Sahne
weißer Pfeffer
5–10 g Butter
¼ Bund Schnittlauch, gewaschen und in 4–5 cm lange Stücke geschnitten
evtl. etwas Sojasauce

Das Gemüse in einer Pfanne in Pflanzenöl zusammen mit Sesamöl erhitzen und kurz garen. Mit Salz leicht würzen.
Die Eier mit Sahne verquirlen und mit Salz und Pfeffer würzen. In einer beschichteten Pfanne etwas Butter zerlassen und das Ei hineingeben. Kurz bevor die Masse ganz abbindet, den Schnittlauch zugeben – oder den Schnittlauch erst vor dem Servieren dazugeben. Mit einem Pfannenwender zu Rührei verarbeiten.

Man kann auch etwas Sojasauce in die Eimasse rühren – dann wird sie noch würziger. Dabei allerdings Vorsicht mit dem Salz!

Gemüse und Rührei auf vorgewärmten Tellern anrichten.

---

* viel grünes Gemüse verwenden
** Mungobohnenportion erhöhen, dafür keinen Kohl und keine Pilze verwenden
*** gut verträgliches Gemüse wählen
**** mit frischen Sprossen verfeinern
***** geeignet für Nicht-Cholesterinsensitive

Saibling mit Buchweizenküchlein und Zitronenjoghurt

(+)

++ ERSCHÖPFUNG
+ ARTHROSE
+ DARMTRÄGHEIT, VERSTOPFUNG
+ DIABETES TYP 2
+ GICHT
+ GLUTEN-UNVERTRÄGLICHKEIT
+ HOHER CHOLESTERINSPIEGEL
+ MUSKELKRÄMPFE
+ WECHSELJAHRESBESCHWERDEN *

(-)

– BLUTHOCHDRUCK
– LAKTOSE-INTOLERANZ
– REIZDARM
– SODBRENNEN

REZEPT FÜR 2 GROSSE PORTIONEN

½ Bund Dill, gewaschen und mit Stielen fein gehackt
3 Stiele Estragon, gewaschen und mit Stielen fein gehackt
5 Stiele Petersilie, gewaschen und mit Stielen fein gehackt
200 g feiner Zucker
100 g Tafelsalz
2 schöne Saiblingsfilets
100 g Vollkornbuchweizenmehl
3 g Trockenhefe (ca. ½ Tüte)
10 g Zucker
Salz
100 ml warme Milch
Öl zum Braten
200 g Naturjoghurt, 3,5 % Fett
½ unbehandelte Bio-Zitrone, etwas Schale in feine Streifen geschnitten, die restliche abgerieben, der Saft ausgepresst
Pfeffer
1 Msp. frische rote Chili, entkernt, gewaschen und gehackt

Dill, Estragon und Petersilie mit dem feinen Zucker und Tafelsalz in einer Schüssel gut vermischen. Die Saiblingfilets unter kaltem Wasser abwaschen, mit einem Küchentuch trocken tupfen und mit der Hautseite nach unten auf ein mit Backpapier ausgelegtes Blech oder einen großen Teller legen. Die Gewürzmischung überall dick auf dem Fisch verteilen und mit Klarsichtfolie abdecken. Im Kühlschrank mindestens 4 Stunden, am besten aber über Nacht marinieren lassen – es lohnt sich! Dann die Gewürzmischung abstreifen, den Fisch mit kaltem Wasser abspülen und mit Küchenpapier trocken tupfen. Vor dem Servieren mit einem scharfen Messer wie Graved Lachs in sehr dünne Scheiben schneiden.
Buchweizenmehl mit Hefe, Zucker und Salz in eine Schüssel geben. Mit einem Schneebesen die Milch einrühren. 1–2 Minuten kräftig rühren, bis der Teig Blasen zeigt. Mit einem Tuch abdecken und 20 Minuten gehen lassen. In einer Pfanne etwas Öl erhitzen. Den Teig noch einmal leicht verrühren und esslöffelweise in die Pfanne geben. Von beiden Seiten zu Küchlein braten. Abgeriebene Zitronenschale und Zitronensaft in den Joghurt rühren. Mit etwas Salz, Pfeffer und Chili abschmecken.
Den Fisch auf Tellern anrichten und die Küchlein ansetzen. Den Joghurt dazugeben und alles mit Zitronenschale verzieren.

---

* bei Unverträglichkeit Chili weglassen

Sardinen auf Zucchini-Carpaccio mit Basilikumdip und Leinsaat

(+)

- ++ ERSCHÖPFUNG
- ++ HOHER CHOLESTERINSPIEGEL *
- ++ WECHSELJAHRESBESCHWERDEN **
- + ARTHROSE
- + BLUTHOCHDRUCK
- + DARMTRÄGHEIT, VERSTOPFUNG
- + DIABETES TYP 2
- + GLUTEN-UNVERTRÄGLICHKEIT
- + MUSKELKRÄMPFE
- + SODBRENNEN **

(−)

- − GICHT
- − LAKTOSE-INTOLERANZ
- − REIZDARM

REZEPT FÜR 2 PERSONEN

Für das Carpaccio
1 mittlere Zucchini, gewaschen und in dünne Scheiben gehobelt
Saft von ½ Zitrone
Saft von 1 Limette
Salz
2 EL Olivenöl
1 TL flüssiger Honig oder Ahornsirup

Für den Dip
10 Basilikumblätter, gewaschen
250 g Naturjoghurt, 3,5 % Fett
1 EL Leinsaat
Salz, Pfeffer

Für die Sardinen
12–14 Sardinen, am besten aus dem Nordostatlantik, küchenfertig
3 EL Olivenöl
2 Knoblauchzehen, geschält
1 Stiel Rosmarin, gewaschen
3 Stiele Basilikum, gewaschen, die Blätter abgezupft
½ rote Chili, entkernt und in dünne Scheiben geschnitten
Meersalz, Pfeffer

---

* 1 EL Leinöl in den Dip rühren

** bei Unverträglichkeit Chili weglassen

CARPACCIO

Das Carpaccio zuerst zubereiten: Die Zucchinischeiben gleichmäßig auf Tellern auslegen. Zitronen- und Limettensaft mit Salz würzen und Olivenöl sowie Honig einrühren. Die Mischung mit einem Pinsel auf die Zucchinischeiben streichen. Marinieren lassen, bis die Sardinen fertig sind. Restliche Marinade für die Sardinen verwenden.

DIP

Die Basilikumblätter fein aufschneiden. Mit Joghurt und Leinsaat vermischen und mit Salz und Pfeffer würzen.

SARDINEN

Die Sardinen kalt abwaschen und mit Küchenpapier trocken tupfen. Olivenöl mit Knoblauch, Rosmarin, Basilikum und Chili in eine Pfanne geben und alles einige Minuten mild erhitzen, um das Öl zu parfümieren. Dann die Sardinen darin von beiden Seiten kurz braten, mit Salz und Pfeffer würzen und zuletzt mit der restlichen Marinade begießen.

Die Sardinen auf das Carpaccio setzen und das abgetropfte Röstgemüse aus der Pfanne darauf verteilen. Dazu den Dip und Vollkornbrot oder Baguette servieren.

Schollenfilets in Schalotten-Lavendel-Sud mit rotem Reis

(+)

++ HOHER CHOLESTERINSPIEGEL
+ ARTHROSE
+ BLUTHOCHDRUCK
+ DARMTRÄGHEIT, VERSTOPFUNG
+ DIABETES TYP 2
+ ERSCHÖPFUNG
+ GICHT *
+ GLUTEN-UNVERTRÄGLICHKEIT
+ LAKTOSE-INTOLERANZ
+ MUSKELKRÄMPFE
+ REIZDARM **
+ SODBRENNEN
+ WECHSELJAHRESBESCHWERDEN

REZEPT FÜR 2 PERSONEN

30 g roter Reis
Salz
2 Stiele Rosmarin
1 Knoblauchzehe, geschält
1 Lorbeerblatt
⅓ Bund Rucola, gewaschen und grob gehackt
200 g Schalotten, geschält und fein gewürfelt
1–2 Stiele Thymian, die Blättchen abgezupft
½ TL Gemüsebrühepulver ohne Fett (Reformhaus)
½–1 TL getrocknete Lavendelblüten
Pfeffer
1 Stiel Dill
350–400 g pazifische Schollenfilets

Reis auf einem Sieb waschen. In einem Topf in 300 ml Salzwasser mit 1 Stiel Rosmarin, Knoblauchzehe und Lorbeerblatt aufkochen und 30 Minuten bei aufgelegtem Deckel köcheln lassen. Rosmarin, Knoblauch und Lorbeerblatt entfernen. Nun den Reis abschütten und mit Rucola (etwas zum Anrichten zurückhalten) vermengen.

Die Schalotten mit 350 ml Wasser aufsetzen, restlichen Stiel Rosmarin und Thymian zugeben und aufkochen. Dann das Gemüsebrühepulver einrühren und 15 Minuten leicht köcheln lassen. Zum Schluss die Lavendelblüten zugeben. Mit Pfeffer würzen und eventuell noch etwas Salz zugeben.

Eine große Pfanne mit 150–200 ml Wasser aufsetzen, leicht mit Salz würzen und den Dill zugeben. Aufkochen. Schollenfilets einlegen, erneut aufkochen und die Temperatur sofort wieder herunterschalten. Den Deckel auflegen und 4–5 Minuten ziehen lassen. Falls der Platz in der Pfanne nicht reicht, die Schollenfilets zusammenfalten und die Garzeit um 2–3 Minuten verlängern.

Die Schalotten auf Tellern verteilen, den Fisch aufsetzen und den Reis dazugeben. Den restlichen Rucola aufstreuen.

---

* unter den Fischsorten noch relativ geeignet

** bei Unverträglichkeit roten durch weißen Reis ersetzen

Socca mit geschmolzenen Tomaten und karamellisiertem Ziegenkäse

(+)

++ HOHER CHOLESTERINSPIEGEL
++ WECHSELJAHRESBESCHWERDEN
\+ BLUTHOCHDRUCK
\+ DARMTRÄGHEIT, VERSTOPFUNG
\+ ERSCHÖPFUNG
\+ GICHT
\+ GLUTEN-UNVERTRÄGLICHKEIT
\+ MUSKELKRÄMPFE
\+ REIZDARM

(-)

– ARTHROSE
– DIABETES TYP 2
– LAKTOSE-INTOLERANZ
– SODBRENNEN

REZEPT FÜR 2 PERSONEN

½ TL Meersalz
Pfeffer
250 g Kichererbsenmehl
2 EL Rosmarinnadeln, fein gehackt
75 ml Olivenöl
500 g Cherry-Tomaten, gewaschen und ohne Stielansatz halbiert
Salz
1 TL Honig
2 Ziegenfrischkäserollen
Puderzucker

Flambierbrenner

600 ml Wasser mit Meersalz und Pfeffer würzen. Das Kichererbsenmehl einrühren und die Masse 45 Minuten quellen lassen. Dann den Rosmarin und 60 ml Olivenöl einrühren.
Den Backofen auf 240 Grad Ober- und Unterhitze vorheizen. Ein flaches rundes oder normales Backblech mit Backpapier auslegen. Den Teig nochmals gut verrühren und auf das Blech geben. Er soll 8 mm bis höchstens 1 cm hoch stehen. Im Ofen gut 30 Minuten ausbacken. Nach den ersten 15 Minuten die Temperatur auf 200 Grad reduzieren.
Das restliche Olivenöl in einem Topf erhitzen. Tomaten, Salz, Pfeffer und Honig hinzugeben und alles auf kleiner Flamme 4–6 Minuten leicht köcheln lassen.
Die beiden Ziegenfrischkäserollen in größerem Abstand zueinander auf einen feuerfesten Untergrund setzen. Mit Puderzucker bestreuen und mit einem Flambierbrenner den Puderzucker karamellisieren. Diesen Vorgang sollte man ein paar Mal wiederholen, damit sich eine schöne Kruste bildet. Am besten nimmt man sich erst die eine und dann die zweite Ziegenfrischkäserolle vor.
Das Tomatengemüse auf Tellern verteilen. Den Ziegenkäse und die Socca dazulegen und mit Pfeffer bestreuen.

Spargel aus dem Bratschlauch mit Bündner Fleisch

(+)

- + DIABETES TYP 2
- + ERSCHÖPFUNG
- + GLUTEN-UNVERTRÄGLICHKEIT
- + MUSKELKRÄMPFE
- + REIZDARM
- + SODBRENNEN *

(–)

- – ARTHROSE
- – BLUTHOCHDRUCK
- – DARMTRÄGHEIT, VERSTOPFUNG
- – GICHT
- – HOHER CHOLESTERINSPIEGEL
- – LAKTOSE-INTOLERANZ
- – WECHSELJAHRESBESCHWERDEN

REZEPT FÜR 2 PERSONEN

1 kg weißer Spargel, geschält und die Enden abgeschnitten
Saft von ½ Limette
50 ml Apfelsaft
2 EL heller Balsamessig
40 g Butterstücke
2–3 Stiele Estragon
Meersalz
10–12 Scheiben Bündner Fleisch
gehackte Petersilie zum Verzieren

extrabreiter Bratschlauch

Den Backofen auf 175 Grad Umluft vorheizen. Den Spargel mit 125 ml Wasser, Limettensaft, Apfelsaft, Essig, Butter, Estragon und 2 großen Prisen Meersalz in den Bratschlauch geben. Der Spargel sollte nicht übereinanderliegen.
Den Schlauch gut verschließen. Auf ein Backblech legen und im Ofen 55–60 Minuten garen.
Den Spargel mit Sud und Bündner Fleisch auf Tellern anrichten. Etwas gehackte Petersilie aufstreuen.

Mir gefällt es am besten, dieses Geschmackserlebnis mit einer cremigen Komponente – vor allem mit Béchamelkartoffeln oder einem gerührten Risotto – zu servieren.

---

* milden Apfelsaft wählen und weniger Essig verwenden

Spinat-Quark-Nocken mit Schichtgemüse und leichter Sojacreme

(+)

++ DARMTRÄGHEIT, VERSTOPFUNG
++ MUSKELKRÄMPFE
+ ARTHROSE
+ BLUTHOCHDRUCK
+ DIABETES TYP 2
+ ERSCHÖPFUNG
+ GICHT
+ HOHER CHOLESTERINSPIEGEL
+ WECHSELJAHRESBESCHWERDEN

(-)

– GLUTEN-UNVERTRÄGLICHKEIT
– LAKTOSE-INTOLERANZ
– REIZDARM
– SODBRENNEN

REZEPT FÜR 2 PERSONEN BZW. 6 SPINAT-QUARK-NOCKEN

500 g Quark
270 g Spinat, geputzt, gewaschen und die Stiele entfernt
1 EL Olivenöl
100 g Zwiebeln, geschält und fein gewürfelt
2 Knoblauchzehen, geschält und fein gewürfelt
Salz
Pfeffer
1 Ei, Größe L
50 g Paniermehl
je 1 Prise Cayennepfeffer, Kräuter der Provence und gemahlener Kumin
200 g Zucchini, gewaschen, halbiert und in dünne Längsstreifen geschnitten
200 g Aubergine, gewaschen, in mitteldicke Scheiben geschnitten und ganz leicht gesalzen
je 200 g gelbe und rote Paprika, geputzt und in 8 Stücke geschnitten
125 g Soja Cuisine light
6 Stiele glatte Petersilie, gewaschen und grob gehackt

Am Vortag den Quark in einem Leinentuch – am besten ein Käseleinen nehmen –auf ein Sieb geben oder aufhängen und über Nacht abtropfen lassen. Anschließend gut ausdrücken. Es sollen ca. 350 g Quark übrig bleiben.
Den Spinat mit einem Messer fein zerkleinern. In einem Topf ½ EL Olivenöl erwärmen und die Zwiebeln mit Knoblauch darin anschwitzen. Leicht mit Salz und Pfeffer würzen und den Spinat zugeben. 3–4 Minuten durchkochen lassen und auf ein Sieb geben. Mithilfe eines Löffels gut ausdrücken.
Quark mit Spinat, Ei und Paniermehl in einer Schüssel gut vermengen, mit Pfeffer und Salz würzen. Mit Cayennepfeffer, Kräutern der Provence und Kumin parfümieren. 10 Minuten ruhen lassen. Erneut vermengen und ein Drittel der Masse in einen Spritzbeutel mit einer flachen Tülle füllen. Aus der restlichen Masse mit zwei befeuchteten Löffeln Nocken abdrehen und in heißem, siedendem Salzwasser 6–8 Minuten ziehen lassen, dabei die Herdplatte auf kleine Stufe stellen. Dabei ist wichtig, dass die Nocken am Ende der Garzeit an der Oberfläche schwimmen.
Das Gemüse in Salzwasser nacheinander garen: Die Zucchini und Auberginenscheiben brauchen 1 gute Minute, die Paprikastücke 3–4 Minuten. Das Gemüse auf einem Sieb abtropfen lassen. 20 ml Gemüsewasser auffangen.

Fortsetzung Zubereitung siehe Seite 264

Spinat-Quark-Nocken mit Schichtgemüse und leichter Sojacreme

Fortsetzung der Zubereitung von Seite 262

Auf einem mit Backpapier ausgelegten Blech das Gemüse aufschichten: zuerst zwei Streifen Zucchini nebeneinanderlegen und etwas Quarkmasse daraufspritzen. Nach und nach die anderen Gemüsesorten mit jeweils einer Zwischenlage Quark aufschichten, bis alles verbraucht ist. Den Backofen auf 200 Grad Umluft vorheizen und das Gemüse darin 7–8 Minuten backen. Abschließend mit einem ½ EL Olivenöl beträufeln.
Die Soja Cuisine mit dem zurückgestellten Gemüsewasser aufkochen und die Petersilie zugeben. Leicht mit Salz und Pfeffer würzen, noch einmal aufkochen und mit einem Stabmixer fein pürieren. Die Sauce erhält eine frische, grüne Farbe und sollte am besten sofort serviert werden.
Das Schichtgemüse mit den Spinat-Quark-Nocken und der Sauce auf vorgewärmte Teller geben.

Spinat-Quark-Plätzchen mit Römersalat

(+)

- + ARTHROSE
- + DARMTRÄGHEIT, VERSTOPFUNG
- + ERSCHÖPFUNG
- + GICHT
- + HOHER CHOLESTERINSPIEGEL
- + MUSKELKRÄMPFE
- + REIZDARM *
- + SODBRENNEN *
- + WECHSELJAHRESBESCHWERDEN *

(–)

- – BLUTHOCHDRUCK
- – DIABETES TYP 2
- – GLUTEN-UNVERTRÄGLICHKEIT
- – LAKTOSE-INTOLERANZ

REZEPT FÜR 2 PERSONEN BZW.
6 SPINAT-QUARK-PLÄTZCHEN

100 g Dinkelmehl (Type 630)
10 g Zucker
Salz
4 g Trockenhefe (etwas mehr als ½ Tüte)
1 Msp. Chiliflocken
150 ml warme Milch
120 g Sahnequark
15 g Butter
50 g Zwiebeln, geschält und fein gewürfelt
½ cm rote Chili, entkernt, gewaschen und fein gewürfelt
270 g junger Spinat, geputzt, gewaschen und ohne Stiele klein geschnitten
Öl zum Braten
½ Römersalat, geputzt und gewaschen
Balsamico-Essig
Olivenöl
Fleur de Sel oder ein anderes feines Meersalz (falls vorhanden)

Für die Spinat-Quark-Plätzchen das Mehl mit Zucker, ½ TL Salz, Hefe und Chiliflocken in eine Schüssel geben und mit der Milch verrühren. Den Quark einrühren und die Masse 20 Minuten abgedeckt gehen lassen.
In einem Topf die Butter mit Zwiebelwürfeln und Chili erhitzen, bis sie anfängt zu bräunen. Nun den Spinat zugeben, mit Salz würzen und durchschwenken. 1–2 Minuten garen. Zum Abtropfen auf ein Sieb geben und kurz etwas auskühlen lassen. Dann den Spinat in die Hefe-Quark-Masse einarbeiten. Die Masse in einer Pfanne in Öl zu kleinen Spinat-Quark-Plätzchen backen.
Den Römersalat nach Geschmack nur mit etwas Balsamico-Essig und Olivenöl beträufeln und mit einem guten Meersalz leicht würzen.
Die Spinat-Quark-Plätzchen mit dem Salat auf Tellern anrichten.

Ich verwende zum Würzen am liebsten das feine Fleur de Sel. Die Kombination aus Hefeteig mit Quark und dazu der Spinat machen aus den einfachen Zutaten eine richtig tolle Speise. Da wünscht man sich einen gesunden Appetit.

---

* bei Unverträglichkeit Zwiebeln und Chili weglassen

Stampfkartoffeln mit pikantem Zucchinisalat

(+)

- ++ MUSKELKRÄMPFE
- + BLUTHOCHDRUCK
- + DARMTRÄGHEIT, VERSTOPFUNG
- + DIABETES TYP 2
- + ERSCHÖPFUNG
- + GICHT
- + GLUTEN-UNVERTRÄGLICHKEIT
- + HOHER CHOLESTERINSPIEGEL
- + LAKTOSE-INTOLERANZ
- + REIZDARM *
- + WECHSELJAHRESBESCHWERDEN **

(-)

- – ARTHROSE
- – SODBRENNEN

REZEPT FÜR 2 PERSONEN

600 g mehligkochende Kartoffeln, geschält und kalt abgespült
Salz
2 EL Olivenöl
Pfeffer aus der Mühle
Saft von 1 Zitrone
Saft von ½ Limette
1 TL Honig oder Ahornsirup
¼ rote Chili, entkernt, gewaschen und fein gewürfelt
1 Knoblauchzehe, geschält und fein gewürfelt
4 Stiele Petersilie, gewaschen und Blätter abgezupft
400 g Zucchini, gewaschen und längs in dünne Scheiben geschnitten

Die Kartoffeln in große Stücke schneiden und in kochendem Salzwasser garen. Abschütten und kurz auf der Herdplatte ausdämpfen lassen. Anschließend mit einer Gabel und dem Kartoffelstampfer zerdrücken. Mit Olivenöl und frisch gemahlenem Pfeffer parfümieren.
Zitronen- und Limettensaft mit Honig, Salz und Pfeffer verrühren. Restliches Olivenöl, Chili, Knoblauch und Petersilie zufügen und alles gut vermengen. Zucchinischeiben (ungegart) mit dem Dressing mischen und 15 Minuten ruhen lassen. Frisch servieren.
Stampfkartoffeln und Zucchinisalat auf Tellern anrichten.
Wer möchte, reicht dazu auch ein paar Löffel Naturjoghurt.

---

* bei Unverträglichkeit Chili weglassen

** bei Unverträglichkeit Chili weglassen; Vinaigrette mit Leinöl anmachen

Tomatentarte mit Olivenpaste auf Walnussboden

(+)

- ++ DARMTRÄGHEIT, VERSTOPFUNG
- ++ HOHER CHOLESTERINSPIEGEL
- \+ DIABETES TYP 2 *
- \+ ERSCHÖPFUNG
- \+ GICHT
- \+ LAKTOSE-INTOLERANZ
- \+ MUSKELKRÄMPFE
- \+ REIZDARM
- \+ WECHSELJAHRESBESCHWERDEN

(-)

- – ARTHROSE
- – BLUTHOCHDRUCK
- – GLUTEN-UNVERTRÄGLICHKEIT
- – SODBRENNEN

REZEPT FÜR 4 PERSONEN

60 g Walnüsse
200 g Dinkelmehl (Type 630)
25 g Dinkelflocken
Meersalz
70 g Walnussöl
1 Ei, Größe L
Fett für die Form
200 g schwarze Oliven, entsteint
20 ml Olivenöl
1 Ochsenherztomate
Pfeffer
einige Basilikumblätter

1 Springform, Ø 26 cm

Die Walnüsse in einen Gefrierbeutel geben und mit dem Nudelholz etwas zerkleinern. Das Mehl mit Dinkelflocken, ½ TL Salz, Walnüssen, Walnussöl, Ei und 1 EL Wasser in eine Schüssel geben. Am besten mit dem Flachrührer der Küchenmaschine zu einem krümeligen Teig verarbeiten. Das lässt sich auch gut mit den Händen machen.
Backofen auf 190 Grad Umluft vorheizen. Die Springform ausfetten. Den Teig einfüllen, gut andrücken und dabei verdichten. Für 20–25 Minuten in den Backofen schieben. Herausnehmen, leicht auskühlen lassen und aus der Form lösen.
Während der Backzeit die Oliven in einem elektrischen Zerkleinerer mit Olivenöl zu einer cremigen Paste mixen. Die Tomate in kochendem Wasser blanchieren – langsam 21, 22, 23 zählen – und zum Abschrecken sofort in eiskaltes Wasser herüberheben. Danach die Haut abziehen und das Tomatenfleisch in dünne Scheiben schneiden.
Die Tarte mit Olivenpaste bestreichen und mit Tomatenscheiben belegen. Mit Salz und Pfeffer würzen und mit einigen Basilikumblättern verzieren. Die Tarte möglichst frisch servieren.

Zu dieser Vorspeise passt ein grüner Salat. Beim Einkauf darauf achten, dass man eine aromatische Ochsenherztomate bekommt – leider werden neuerdings auch äußerst fade Exemplare angeboten.

---

* Mehl durch Vollkornmehl ersetzen und etwas mehr Wasser verwenden

Topinambursuppe mit gebratenem Lammfilet

(+)

+ ARTHROSE *
+ BLUTHOCHDRUCK
+ DIABETES TYP 2
+ ERSCHÖPFUNG
+ GICHT
+ GLUTEN-UNVERTRÄGLICHKEIT
+ LAKTOSE-INTOLERANZ
+ MUSKELKRÄMPFE
+ WECHSELJAHRESBESCHWERDEN

(–)

– DARMTRÄGHEIT, VERSTOPFUNG
– HOHER CHOLESTERINSPIEGEL
– REIZDARM
– SODBRENNEN

REZEPT FÜR 2 PERSONEN

500 g Topinambur, geschält und in Stücke geschnitten
100 g Zwiebeln, geschält und in Scheiben geschnitten
Rapsöl
1 TL Trüffelbutter (im Supermarkt-Kühlregal)
Salz
weißer Pfeffer
125 g Soja Cuisine
2 Lammfilets, ca. 160 g
6 Kirschtomaten, gewaschen und halbiert
2 Stiele Petersilie, gewaschen, die Blätter abgezupft und gehackt

Die Topinamburstücke mit Zwiebeln in etwas Öl anschwitzen. Butter zugeben, schmelzen lassen und gut verrühren. 600 ml Wasser angießen, aufkochen und 15 Minuten kochen lassen. Mit Salz und Pfeffer würzen. Die Suppe mixen und die Soja Cuisine zufügen. Erneut aufkochen und durchmixen.
Lammfilets in etwas Öl anbraten und 2 Minuten in der Pfanne ruhen lassen. Anschließend der Länge nach aufschneiden und mit etwas Salz würzen
Die Suppe in vorgewärmte tiefe Teller geben. Lammfiletstreifen darauflegen, die Tomatenstückchen dazusetzen und alles mit Petersilie bestreuen. Wer eine besonders ansprechende Optik möchte, steckt die Lammstreifen und die Tomaten auf Spieße.

* Tomaten weglassen

Vollkorn-Armer-Ritter und Buttermilchmousse mit Himbeercoulis

⊕

++ SODBRENNEN
+ ARTHROSE
+ BLUTHOCHDRUCK
+ DARMTRÄGHEIT, VERSTOPFUNG
+ ERSCHÖPFUNG
+ GICHT
+ GLUTEN-UNVERTRÄGLICHKEIT
+ HOHER CHOLESTERINSPIEGEL
+ MUSKELKRÄMPFE
+ REIZDARM
+ WECHSELJAHRESBESCHWERDEN

⊖

– DIABETES TYP 2
– LAKTOSE-INTOLERANZ

REZEPT FÜR 4 PERSONEN

250 ml kalte Buttermilch
200 g Holunderblütensirup
4 Blatt Gelatine, in kaltem Wasser eingeweicht
250 g Sahne, cremig aufgeschlagen
300 g frische oder TK-Himbeeren
95 g Zucker
80 ml Vollmilch
1 Ei, Größe L
1 Messerspitze Vanillemark
4 Scheiben Vollkornbrot, am besten altbacken, rund ausgestochen
1–2 EL Butterschmalz

Für die Mousse die Buttermilch mit Holunderblütensirup verrühren. 4 EL davon abnehmen und in einem kleinen Topf erhitzen. Die Gelatine ausdrücken, in die heiße, nicht kochende Flüssigkeit geben und gut einrühren. Nun mit der restlichen Flüssigkeit vermengen und die Sahne unterziehen. Sofort in Gläser füllen, dabei noch etwas Platz für das Himbeercoulis lassen. Im Kühlschrank 1 gute Stunde durchkühlen lassen.
Die Himbeeren mit 80 g Zucker aufkochen und 2–3 Minuten leicht köcheln lassen. Durch ein feines Sieb streichen und ebenfalls kalt stellen.
Die Milch kräftig mit Ei, restlichem Zucker und Vanillemark verrühren. Die Brotscheiben in der Masse gut wenden, 2 Minuten ziehen lassen. Anschließend in einer Pfanne in Butterschmalz bei mittlerer Temperatur nebeneinander von beiden Seiten backen. Dann kann man, wenn man möchte, das Brot erneut durch die Milch ziehen und noch einmal backen.
Das Himbeercoulis auf die Buttermilchmousse geben. Dazu die Armen Ritter reichen.

Vollkornbrotklöße in Sojacreme-Trüffel-Sauce

(+)

- ++ ARTHROSE
- ++ HOHER CHOLESTERINSPIEGEL
- \+ BLUTHOCHDRUCK
- \+ DARMTRÄGHEIT, VERSTOPFUNG
- \+ DIABETES TYP 2
- \+ ERSCHÖPFUNG
- \+ GICHT
- \+ MUSKELKRÄMPFE
- \+ WECHSELJAHRESBESCHWERDEN

(−)

- – GLUTEN-UNVERTRÄGLICHKEIT
- – LAKTOSE-INTOLERANZ
- – REIZDARM
- – SODBRENNEN

REZEPT FÜR 2 PERSONEN BZW. 4 KLÖSSE

200 g Zwiebeln, geschält, fein gewürfelt
100 ml Milch
Salz
Pfeffer
½ TL Zimtpulver
230 g Vollkornbrot, nicht zu hart, ohne Rinde und klein gewürfelt
2 Eier, Größe S oder M
3 Stiele Petersilie, die Blätter abgezupft und gehackt
½ TL getrocknete Kräuter der Provence
100 g frisches Vollkornbrot, ohne Rinde und zu Bröseln verarbeitet
50 g Buchweizenflocken
250 g Soja Cuisine oder Soja Cuisine light
20 g Trüffelbutter (im Supermarkt-Kühlregal)
etwas Rucola
½ TL guter Balsamico-Essig

Die Zwiebeln in einem Topf mit kaltem Wasser aufsetzen und zum Kochen bringen. Circa 1 Minute kochen lassen, auf ein Sieb abschütten und unter kaltem Wasser abspülen. Danach gut abtropfen lassen.
Die Milch in einen Topf geben und mit Salz, Pfeffer und Zimt würzen. Kurz erwärmen. Brotwürfel in eine Schüssel geben, mit der Milch übergießen und gut durchrühren. 5 Minuten ziehen lassen und gelegentlich durchrühren. Zwiebeln, Eier, Petersilie, Kräuter der Provence, Vollkornbrösel und Buchweizenflocken zugeben und gut durchkneten. Die Masse sollte nicht zu fest sein. 5 Minuten ruhen lassen und mit Salz und Pfeffer würzen.
Aus der Masse 4 Klöße formen. Noch einmal 5 Minuten ruhen lassen. Klöße nachformen und in leicht gesalzenem, siedendem Wasser 10–12 Minuten ziehen lassen. Herausnehmen und kurz abtropfen lassen.
Die Soja Cuisine mit Trüffelbutter in einen kleinen Topf geben, kurz aufkochen lassen und mit Salz und Pfeffer würzen.
Die Klöße auf vorgewärmten Tellern anrichten und mit der Sauce umgeben. Rucola andekorieren und Balsamico aufträufeln.

Ich verwende gern rote Zwiebeln, weil sie geschmacklich eleganter sind.

to wake up.

Vollkornknödel mit Leinsaat und Flohsamen in cremiger Soja-Pilz-Sauce

(+)

++ DARMTRÄGHEIT, VERSTOPFUNG
++ ERSCHÖPFUNG *
++ HOHER CHOLESTERINSPIEGEL **
++ MUSKELKRÄMPFE ***
++ WECHSELJAHRESBESCHWERDEN
+ ARTHROSE
+ BLUTHOCHDRUCK
+ DIABETES TYP 2
+ GICHT
+ LAKTOSE-INTOLERANZ ****
+ REIZDARM *****
+ SODBRENNEN

(-)

– GLUTEN-UNVERTRÄGLICHKEIT

REZEPT FÜR 2 PERSONEN (ERGIBT 4 KNÖDEL)

Für die Knödel
90 g Vollkornbrot, altbacken
60 g Vollkorntoast, altbacken
25 g Leinsaat
20 g Flohsamen
je 2 Stiele Rosmarin und Thymian, gewaschen und die Blätter abgezupft
1 EL Olivenöl
1 Knoblauchzehe, geschält und fein gehackt
80 g Zwiebeln, geschält und fein gewürfelt
1 Ei, Größe L
Salz, Pfeffer

Für die Pilze
100–150 g frische Pilze, nach Saison und Geschmacksvorlieben, z. B. Steinpilze, Austernpilze, Pfifferlinge, Morcheln, Kräuterseitlinge oder Champignons, trocken gereinigt und geputzt
20 g Zwiebeln, geschält und fein gewürfelt
Butterschmalz oder Pflanzenöl
250 g Soja Cuisine light
Salz, Pfeffer
1 kleines Bund Schnittlauch, gewaschen, in Röllchen geschnitten, plus etwas zum Verzieren

---

* Steinpilze und Pfifferlinge verwenden
** Shiitake-Pilze verwenden
*** keine Shiitake-Pilze verwenden
**** Butterschmalz durch Pflanzenöl ersetzen
***** bei Unverträglichkeit Zwiebeln weglassen

KNÖDEL

Von den Brotscheiben die Rinde sparsam abschneiden. Das Brot in kleine Würfel schneiden, in eine Schüssel geben und 125 ml warmes Wasser angießen. Leinsaat und Flohsamen zugeben und alles gut durchkneten – am besten mit der Hand. Den Teig 10 Minuten ruhen lassen.
In der Zwischenzeit Rosmarin- und Thymianblätter hacken. Kräuter und Knoblauch in einem kleinen Topf in Olivenöl bei mittlerer Temperatur anschwitzen. Zwiebeln zufügen und 2–3 Minuten anschwitzen. Den Topfinhalt sofort zum Brotteig geben und alles zusammen mit dem Ei von Hand 2–3 Minuten verkneten. Mit Salz und Pfeffer würzen. Die Masse sollte schön fluffig sein.
Mit feuchten Händen behutsam Knödel aus der Masse formen und sie 15 Minuten auf einem glatten Untergrund (z. B. Kunststoffbrett) ruhen lassen.
Währenddessen einen Topf mit gut gesalzenem Wasser aufsetzen und aufkochen. Die Knödel wieder mit feuchten Händen aufnehmen und ins Wasser geben, das jetzt leicht sieden sollte. 10 Minuten ziehen lassen, bis die Klöße gar sind und aufsteigen. Mit einem Abtropflöffel aus dem Wasser heben.

SAUCE

Große Pilze etwas kleiner schneiden. Mit den Zwiebeln in etwas Butterschmalz anbraten. Soja Cuisine zugeben, aufkochen und gut 1 Minute köcheln lassen. Mit Salz und Pfeffer würzen und kurz vor dem Servieren den Schnittlauch einrühren.

Knödel und Soja-Pilz-Sauce auf Tellern anrichten. Mit Schnittlauchröllchen verzieren.

Vollkornknöpfle und Auberginen-Zucchini-Geschnetzeltes in Sauerrahmsauce

(+)

+ ARTHROSE
+ BLUTHOCHDRUCK
+ DIABETES TYP 2
+ ERSCHÖPFUNG
+ GICHT
+ MUSKELKRÄMPFE
+ REIZDARM *
+ WECHSELJAHRESBESCHWERDEN

(-)

– DARMTRÄGHEIT, VERSTOPFUNG
– GLUTEN-UNVERTRÄGLICHKEIT
– HOHER CHOLESTERINSPIEGEL **
– LAKTOSE-INTOLERANZ
– SODBRENNEN

REZEPT FÜR 2 PERSONEN

200 g Dinkelvollkornmehl
3 Eier, Größe L
Salz
Pfeffer
etwas Muskatnuss, frisch gerieben
1 Msp. Zimtpulver
150 g Aubergine, geputzt, gewaschen und in Stifte geschnitten
150 g Zucchini, geputzt, gewaschen und in Stifte geschnitten
100 g Zwiebeln, geschält und gewürfelt
50 g rote Paprika, geputzt, gewaschen und gewürfelt
1 Stiel Rosmarin, gewaschen, die Nadeln abgezupft und gehackt
2 Stiele Thymian, gewaschen, die Blätter abgezupft und gehackt
1 Stiel frisches Basilikum, gewaschen, die Blätter abgezupft
1 Knoblauchzehe, geschält und gewürfelt
180 g Schmand
Chiliflocken

Mehl mit Eiern, Salz, Pfeffer, Muskat, Zimt und 100 ml kaltem Wasser am besten mit einer Küchenmaschine 4–5 Minuten zu einem cremigen Teig verarbeiten. 10–15 Minuten ruhen lassen und erneut durchrühren.
Salzwasser zum Kochen bringen. Den Teig mit einer Knöpflereibe ins kochende Salzwasser geben. Oder man verwendet ein gut angefeuchtetes Brett und schabt ihn als Spätzle ins Wasser. Die Knöpfle aufkochen und 1 Minute köcheln lassen. Herausheben, abtropfen lassen. 40 ml Kochflüssigkeit zurückhalten.
Aubergine und Zucchini in eine Schüssel geben. Mit etwas feinem Salz vermischen, damit das Gemüse Wasser zieht, geschmacklich kräftiger wird und sich ohne Öl besser braten lässt.
Eine beschichtete Pfanne gut erhitzen. Aubergine, Zucchini, Zwiebeln, Paprika, Kräuter und Knoblauch darin ca. 3 Minuten ohne Fett anbraten. Dabei 1–2 EL Wasser zugeben, um den Bratvorgang zu verbessern. Behutsam wenden, damit die Struktur erhalten bleibt. Nun leicht mit Salz und Pfeffer nachwürzen.
In einer weiteren – möglichst beschichteten – Pfanne die Knöpfle ohne Fett anrösten.
Den Schmand mit der zurückgestellten Spätzle-Kochflüssigkeit aufkochen und mit Salz, Pfeffer und Chiliflocken würzen.
Die Knöpfle mit dem Gemüse auf vorgewärmten Tellern anrichten. Etwas Sauce dazugeben und, falls noch vorhanden, mit Basilikumblättern verzieren.

---

* Paprika durch besser verträgliches Gemüse ersetzen

** geeignet für Nicht-Cholesterinsensitive

Vollkornnudeln in Spinatsauce mit Erbsen und geschmolzenen Tomaten

⊕

++ BLUTHOCHDRUCK
++ HOHER CHOLESTERINSPIEGEL
++ MUSKELKRÄMPFE
++ WECHSELJAHRESBESCHWERDEN
\+ ARTHROSE *
\+ DIABETES TYP 2
\+ ERSCHÖPFUNG
\+ GICHT
\+ LAKTOSE-INTOLERANZ **
\+ REIZDARM

⊖

– DARMTRÄGHEIT, VERSTOPFUNG
– GLUTEN-UNVERTRÄGLICHKEIT
– SODBRENNEN

REZEPT FÜR 2 PERSONEN

175 g Vollkorn-Pennette Rigate
Meersalz
60 g TK-Erbsen
270 g junger Spinat, geputzt, gewaschen und die Stiele entfernt
250 g Soja Cuisine
Pfeffer
1 Msp. Chiliflocken
6 gelbe und rote Kirschtomaten, gewaschen und ohne Stielansatz halbiert
2 EL Olivenöl
Zucker
80 g italienischer Hartkäse, mit dem Sparschäler in dünne Späne geschnitten

Die Nudeln nach Packungsangabe in kochendem Salzwasser garen. 2 Minuten vor Ende der Kochzeit die Erbsen zugeben. Dadurch verlängert sich die Garzeit um 2 Minuten. Einen Durchschlag auf eine Schüssel setzen und ein Drittel der Spinatblätter hineinlegen. Nudeln darüber abgießen und abtropfen lassen. 2–3 EL Nudelwasser abmessen.
In einem kleinen, hohen Topf die Soja Cuisine aufkochen, mit Salz, Pfeffer und Chili würzen. Restlichen Spinat grob hacken und mit der Sauce aufkochen, dabei das zurückgestellte Nudelwasser zugeben. Mit einem Stabmixer alles gut durchmixen. Achtung: Wegen der Spritzgefahr stellt man den Topf am besten ins Spülbecken.
Die Tomaten am besten in einer Pfanne nebeneinanderliegend in Olivenöl mit Salz, Pfeffer und etwas Zucker langsam garen.
Die Nudeln mit dem Gemüse in die Hälfte der Sauce geben und alles erhitzen. Sofort mit den geschmolzenen Tomaten auf Tellern anrichten und den Käse darauf verteilen. Restliche Sauce separat servieren.

---

* Tomaten weglassen

** Hartkäse ist nahezu laktosefrei und wird meistens vertragen

Vollkornreis-Ricotta-Kuchen mit Karotten und Estragon

(+)

+ ARTHROSE
+ BLUTHOCHDRUCK
+ DARMTRÄGHEIT, VERSTOPFUNG
+ DIABETES TYP 2
+ ERSCHÖPFUNG
+ GICHT
+ GLUTEN-UNVERTRÄGLICHKEIT
+ HOHER CHOLESTERINSPIEGEL
+ MUSKELKRÄMPFE
+ WECHSELJAHRESBESCHWERDEN *

(-)

– LAKTOSE-INTOLERANZ
– REIZDARM
– SODBRENNEN

REZEPT FÜR 2–3 PERSONEN

350 g Ricotta
100 g Vollkornreis, gewaschen
Salz
100 g Karotten, geschält
3 Stiele Estragon, gewaschen, die Blätter abgezupft und gehackt
1 Stange Frühlingslauch, geputzt, gewaschen und in feine Ringe geschnitten
1 Knoblauchzehe, geschält und fein gewürfelt
½ rote Chilischote, entkernt und fein gewürfelt
6 g frischer Ingwer, geschält und fein gewürfelt

1 kleine Kastenform

Am Vortag den Ricotta in einem Leinentuch (am besten ein Käseleinen nehmen) auf ein Sieb geben oder aufhängen und über Nacht abtropfen lassen. Anschließend gut ausdrücken.
Den Reis bei aufgelegtem Deckel 30 Minuten in kochendem Salzwasser garen. Zwischendurch einmal durchrühren. Auf einem Sieb abtropfen und leicht abkühlen lassen.
Die Karotten am besten mit einem breiten Sparschäler längs in dünne Scheiben schneiden und ca. 1 Minute in kochendem Salzwasser garen. Danach sofort in eiskaltes Wasser geben, wieder herausnehmen und auf Küchenpapier abtropfen lassen.
Den Ricotta in einer Schüssel mit Estragon, Frühlingslauch, Knoblauch, Chili, Ingwer und Vollkornreis mit einem Teigschaber gut verrühren.
Den Backofen auf 180 Grad Umluft vorheizen. Die Kastenform mit Backpapier ausschlagen. Die Hälfte der Ricottamasse einfüllen und glatt streichen. Darauf die Karottenstreifen verteilen. Mit der restlichen Ricottamasse bedecken, glatt streichen und Rosmarin auflegen. Für 35 Minuten in den Ofen schieben.
Den Vollkornreis-Ricotta-Kuchen warm oder kalt mit einem frischen, grünen Salat servieren.

---

* bei Unverträglichkeit Chili weglassen

Vollkornsandwich mit Möhren-Walnuss-Salat und Eiersalat

(+)

++ ERSCHÖPFUNG
+ ARTHROSE
+ BLUTHOCHDRUCK
+ DIABETES TYP 2
+ GICHT
+ MUSKELKRÄMPFE
+ WECHSELJAHRESBESCHWERDEN *

(–)

– DARMTRÄGHEIT, VERSTOPFUNG
– GLUTEN-UNVERTRÄGLICHKEIT
– HOHER CHOLESTERINSPIEGEL **
– LAKTOSE-INTOLERANZ
– REIZDARM
– SODBRENNEN

REZEPT FÜR 2 PERSONEN

5 Eier, Größe L
250 g Magerquark
1 Stiel krause Petersilie, die Blätter abgezupft und gehackt
1 Stiel Dill, die Blätter abgezupft und gehackt
Chiliflocken
2–3 Stangen Frühlingslauch, geputzt und in Ringe geschnitten
Salz
Pfeffer
Saft von ½ Orange
1 EL Olivenöl
1 Stiel glatte Petersilie, die Blätter abgezupft und gehackt
10 Walnusskerne, grob zerstoßen
2 dicke Karotten, geschält und geraspelt
4 Scheiben Vollkorntoast, angetoastet

Die Eier 10 Minuten kochen, weitere 3 Minuten ohne Hitzezufuhr ziehen lassen und unter kaltem Wasser abschrecken. 5 Minuten in kaltem Wasser stehen lassen. Herausnehmen und pellen. 1 Ei in Scheiben schneiden und für die Deko beiseitelegen.
Den Quark mit 2 EL Wasser verrühren. Die krause Petersilie und den Dill mit Chiliflocken und zwei Dritteln des Frühlingslauchs zum Quark geben und vermengen. Die restlichen Eier in Stücke schneiden und mit einem Silikonlöffel oder Teigschaber leicht mit dem Quark vermischen. Mit Salz und Pfeffer würzen. Ein paar Minuten durchziehen lassen.
Den Orangensaft mit Salz und Pfeffer würzen. Olivenöl, glatte Petersilie, Walnüsse und Karotten hinzugeben, vermengen und 5 Minuten ziehen lassen.
Die Brotscheiben mit Eiersalat bestreichen, mit Eischeiben und dem restlichen Frühlingslauch dekorieren. Dazu den Karottensalat servieren.

Dieses Gericht ist ein schmackhaftes Kraftpaket.

---

* bei Unverträglichkeit Chili weglassen

** geeignet für Nicht-Cholesterinsensitive

Weiße-Bohnen-Eintopf mit Birne und magerem Kassler

⊕

++ ERSCHÖPFUNG
++ MUSKELKRÄMPFE
++ WECHSELJAHRESBESCHWERDEN *
+ ARTHROSE
+ DARMTRÄGHEIT, VERSTOPFUNG **
+ GICHT
+ GLUTEN-UNVERTRÄGLICHKEIT
+ HOHER CHOLESTERINSPIEGEL
+ LAKTOSE-INTOLERANZ

⊖

– BLUTHOCHDRUCK
– DIABETES TYP 2
– REIZDARM
– SODBRENNEN

REZEPT FÜR 2 PERSONEN

2 EL Olivenöl
100 g Zwiebeln, geschält und in Scheiben geschnitten
2 Knoblauchzehen, geschält, halbiert und ohne Keim gehackt
je 2 Stiele Rosmarin und Thymian, gewaschen
½ rote Chili, entkernt, gewaschen und in Scheiben geschnitten
1 Glas dicke weiße Bohnen (560 g Einwaage)
250–500 ml Gemüsebrühe
80 g mageres Kasslerfleisch, gewürfelt
½ Birne, gewaschen, das Kerngehäuse entfernt, ungeschält gewürfelt
Salz
Pfeffer
3 Stiele Petersilie, gewaschen, die Blätter abgezupft und gehackt

Das Olivenöl in einen Topf geben und Zwiebeln, Knoblauch, Rosmarin, Thymian sowie Chili darin anschwitzen. Die Bohnen mit der Einkochflüssigkeit zugeben. Mit Brühe auffüllen und 7–8 Minuten köcheln lassen.
In der Zwischenzeit die Kasslerstücke in einer Pfanne ohne Fett kurz und leicht anbraten.
Rosmarin- und Thymianstiele aus dem Bohnentopf nehmen. Die Birnenstücke zugeben und 1 Minute gut kochen lassen. Mit Salz und Pfeffer würzen.
Den Eintopf in vorgewärmte tiefe Teller geben. Kasslerstücke zufügen und mit der Petersilie bestreuen. Heiß servieren.

---

* bei sensibler Verdauung Chili reduzieren oder weglassen
** nur geeignet, wenn Hülsenfrüchte verträglich sind

Ziegenfrischkäse im Brickteig mit warmem Spargelsalat

(+)

+ BLUTHOCHDRUCK
+ DARMTRÄGHEIT, VERSTOPFUNG
+ ERSCHÖPFUNG *
+ MUSKELKRÄMPFE
+ REIZDARM **
+ SODBRENNEN **
+ WECHSELJAHRESBESCHWERDEN *

(-)

– ARTHROSE
– DIABETES TYP 2
– GICHT
– GLUTEN-UNVERTRÄGLICHKEIT
– HOHER CHOLESTERINSPIEGEL ***
– LAKTOSE-INTOLERANZ

REZEPT FÜR 2 PERSONEN

40 g Holunderblütensirup
40 ml weißer Balsamico-Essig
Salz
Pfeffer
1–2 EL Olivenöl
100 g rote Zwiebeln, geschält und gewürfelt
2 Stangen Frühlingslauch, in feine Ringe geschnitten
10 Stangen nicht zu dicker, weißer Spargel, geschält
100 g Ziegenfrischkäse, Magerstufe
1 TL getrocknete Kräuter der Provence
2 Brickblätter, ersatzweise 2 große Frühlingsrollenblätter oder 2 Blätter Strudelteig
2 kleine Ziegenrollen à 75 g
Rapsöl

Den Holundersirup mit Essig, Salz und Pfeffer vermengen. Das Olivenöl einrühren. Zwiebeln und Frühlingslauch zugeben.
Spargel in eine Pfanne geben und so viel Wasser angießen, dass er zur Hälfte bedeckt ist. Leicht salzen und den Deckel auflegen. Aufkochen und 3–4 Minuten köcheln, danach 2–3 Minuten ziehen lassen. Die Stangen herausnehmen, die Kochflüssigkeit entfernen (eventuell für eine Brühe aufbewahren) und das untere Drittel des Spargels schräg aufschneiden. Mit der Vinaigrette zurück in die Pfanne geben und leicht temperieren.
Den Ziegenfrischkäse mit den getrockneten Kräutern sowie kräftig mit Pfeffer und leicht mit Salz würzen. Gut verrühren. Die Käsemasse jeweils auf eine Hälfte der Teigblätter verteilen. Die Ziegenkäserolle mittig auf die Käsecreme setzen und je 1 EL von der Vinaigrette ohne Sud darauf verteilen. Die Teigstücke wie zu Frühlingsrollen wickeln. Die Rollen in etwas nicht zu heißem Rapsöl von allen Seiten knusprig braten.
Spargel und Zwiebel-Lauch-Vinaigrette mit den gebratenen Käserollen auf vorgewärmten Tellern anrichten.

---

* Vinaigrette mit Leinöl anmachen

** bei Unverträglichkeit Zwiebel und Frühlingslauch weglassen

*** geeignet für Nicht-Cholesterinsensitive

Ziegenkäsekuchen mit Kräutern und Knäckebrot

(+)

- DIABETES TYP 2
- ERSCHÖPFUNG
- GICHT
- MUSKELKRÄMPFE
- REIZDARM
- SODBRENNEN
- WECHSELJAHRESBESCHWERDEN

(-)

- ARTHROSE
- BLUTHOCHDRUCK
- DARMTRÄGHEIT, VERSTOPFUNG
- GLUTEN-UNVERTRÄGLICHKEIT
- HOHER CHOLESTERINSPIEGEL *
- LAKTOSE-INTOLERANZ

REZEPT FÜR 4 PERSONEN

150 g Roggenknäckebrot
60 g flüssige Butter
500 g naturbelassener Bio-Ziegenfrischkäse
250 g Chavrouxkäse aus 100 % Ziegenmilch
3 EL gemischte Kräuter, gewaschen und gehackt
1 EL getrocknete Kräuter der Provence
3 Eier, Größe M–L
Salz
Pfeffer

1 Springform, Ø 26 cm

Eine Springform oder eine Form mit Hebeboden mit Backpapier auskleiden.
Das Knäckebrot zerkleinern und gleichmäßig in der Form verteilen. Die Butter darüber verteilen und das Brot leicht andrücken. Für 15 Minuten im Kühlschrank oder Tiefkühler kalt stellen.
Backofen auf 150 Grad Ober- und Unterhitze vorheizen. Den gesamten Käse mit Kräutern und Eiern vermengen und mit Salz und Pfeffer würzen. Die Masse in die Form geben und im Backofen 60 Minuten backen. Ziegenkäsekuchen herausnehmen und gut 20 Minuten auskühlen lassen, dann erst kann man ihn aus der Form lösen.
Zum Ziegenkäsekuchen am besten einen frischen, knackigen Salat servieren.

---

* geeignet für Nicht-Cholesterinsensitive

Index

Welche Gerichte helfen bei welchen Beschwerden?

	ERSCHÖPFUNG	MUSKELKRÄMPFE	REIZDARM	DARMTRÄGHEIT, VERSTOPFUNG	SODBRENNEN	WECHSELJAHRESBESCHWERDEN	HOHER CHOLESTERINSPIEGEL	BLUTHOCHDRUCK	DIABETES TYP 2	GICHT	ARTHROSE	GLUTEN-UNVERTRÄGLICHKEIT	LAKTOSE-INTOLERANZ
Anishuhn mit Fenchelgemüse	++	++	++	++	+	+	+	++	+	–	–	+	–
Anis-Kümmel-Kartoffeln mit frischem Salat und grüner Joghurtsauce	+	++	++	++	+	+	+	++	+	+	+	+	–
Aprikosenschlupfer mit Vanillesauce	+	+	+	–	+	+	+	+	–	+	+	–	–
Aubergine mit Gemüse-Haferflocken-Füllung	+	+	+	++	–	++	++	+	+	+	–	–	+
Basilikumcrêpes mit Käse und warmen Tomaten	+	+	+	+	–	+	–	–	–	+	–	–	–
Berglinsensalat im Wirsingblatt mit Kichererbsenfischchen	++	++	–	++	–	++	++	+	–	+	++	+	–
Bulgogi vom Rind mit Vollkornreis und Kimchi	++	+	+	++	–	+	–	–	+	–	–	+	+
Caldo verde mit gebratener Chorizo	++	++	–	–	–	+	+	–	+	+	+	+	–
Chinakohl-Gemüse-Pfanne mit Hähnchenbrust und gebackenem Ingwer	++	+	–	+	–	–	–	–	+	–	–	+	+
Datteln mit Briefüllung in mediterraner Panade, dazu Früchtebrot	++	+	+	++	–	+	+	–	–	+	+	–	–
Dinkelflockenbratlinge mit Kürbis, Rosenkohlgemüse und Schafskäse	++	+	–	+	–	++	+	–	+	+	+	–	–
Dinkel-Karotten-Leinsaat-Brot mit Raukequark	+	++	–	++	–	++	++	–	+	+	++	–	–
Dinkel-Pfannkuchen mit Apfel-Kirsch-Kompott	+	+	+	+	+	++	–	+	–	+	++	–	–
Dinkelspätzle mit Bergkäse und Lauch-Zwiebel-Gemüse	+	+	–	–	–	+	–	–	–	+	–	–	–
Eier-Spaghetti mit Bohnen-Kartoffeln	+	++	–	–	–	+	–	++	–	+	+	–	+
Fenchelpuffer mit Orangenfrischkäse	++	++	–	++	–	+	+	++	+	+	–	+	–
Fischfrikadellen mit Blumenkohlcreme und Brokkoliröschen	++	++	–	–	–	++	++	+	+	–	++	+	+
Forellenroulade auf Vollkorn- und Wildreis mit Schmorgemüse	+	++	–	+	–	+	++	+	+	–	+	+	+
Frischkäsebratlinge mit Ingwer-Karotten	+	+	+	++	+	+	+	+	+	+	+	–	–
Frischkäseravioli in Paprikasauce	+	+	–	+	–	+	–	+	–	+	+	–	–
Frischkäsetörtchen mit Gurke und Rosmarinbrot	+	+	–	+	–	+	+	–	–	+	+	–	–
Garnelen auf Salat von weißen Bohnen	++	+	–	+	–	+	–	+	–	–	+	+	+
Garnelen mit Spinat-Hirse-Salat und Grapefruit	++	++	–	+	–	+	–	+	+	–	+	+	–
Geflügelleber in Cidregelee mit Apfelstücken und Dinkelflockencrêpes	++	+	+	+	–	++	–	+	+	–	–	–	–
Gemüse-Filoteig-Tarte mit Quark und Haferflocken	++	++	–	++	–	+	+	+	–	+	++	–	–
Gemüsegalette und Käse-Roastbeef mit Petersilien-Panini	+	+	+	+	–	–	–	+	+	–	–	–	+
Grünkernaufstrich mit Majoran für Zwiebelbrot	+	+	–	+	–	++	++	+	–	+	++	–	+
Grünkernrisotto mit Kaiserschoten-Paprika-Gemüse	+	+	–	+	–	+	++	+	+	+	+	+	+
Hähnchenbrust in Morchelrahm mit Kartoffel-Sauerkraut-Püree	+	+	++	++	+	–	–	+	+	–	+	+	–
Hähnchenbrust mit Ananas und Basilikum zu feinen Nudeln	+	+	+	+	+	–	–	+	–	–	+	–	+
Hähnchenbrust mit Austernpilzen und Tomaten-Soja-Creme	+	+	–	–	–	+	–	++	+	–	–	+	+
Hähnchenfrühlingsrolle mit Kopfsalat und Minze	+	+	–	+	–	–	–	+	–	–	–	–	+
Heilbutt unter der Haselnusskruste auf Hirsegemüse	++	++	+	–	–	+	+	–	+	–	+	+	+
Hüftsteak aus der Grillpfanne mit Salat von grünen Bohnen	++	+	–	–	–	–	–	+	+	–	+	+	+
Hüttenkäse mit Kräutersalat und Nusskräckern	+	+	+	++	+	+	–	–	+	+	+	+	–
Joghurthuhn mit Vollkorn-Mandel-Flohsamen-Kruste	+	+	+	++	+	+	–	+	+	–	–	–	–
Kabeljau mit Orangen-Pampelmusen-Filets und grünem Salat	+	+	–	++	–	+	+	+	+	+	–	+	+
Kalbsleber mit Schwarzwurzelpüree und Apfelscheiben	++	+	–	–	–	++	–	+	+	–	–	–	–
Kartoffelscheiben auf Spinatsauce, Mozzarella und Ei	++	++	+	+	+	+	–	+	+	+	+	+	+

	ERSCHÖPFUNG	MUSKELKRÄMPFE	REIZDARM	DARMTRÄGHEIT, VERSTOPFUNG	SODBRENNEN	WECHSELJAHRESBESCHWERDEN	HOHER CHOLESTERINSPIEGEL	BLUTHOCHDRUCK	DIABETES TYP 2	GICHT	ARTHROSE	GLUTEN-UNVERTRÄGLICHKEIT	LAKTOSE-INTOLERANZ
Kartoffelstrudel mit Maronen und Zwiebelgemüse	+	++	–	+	–	+	+	+	+	+	+	–	+
Kartoffeltaler mit Brokkolisalat und Ziegenfrischkäse	+	++	–	–	–	+	+	+	+	+	+	+	–
Lachs auf Linsen-Hirse-Gemüse mit frittiertem Ingwer	++	++	+	+	–	+	++	+	+	–	++	+	+
Lachs mit einer Haube aus Granny Smith auf Rosinen-Couscous	++	+	+	+	+	+	++	+	–	–	+	+	+
Lachs mit Fenchelgemüse und Kartoffelstiften	++	+	+	+	+	++	++	+	+	–	++	+	–
Lachs mit gerösteten Mandeln und Portulak	++	++	+	+	–	++	++	–	+	–	++	+	+
Linsen-Lachs-Tatar mit Weizenkleieküchlein	++	+	–	++	–	++	++	+	+	–	++	–	–
Linsensuppe auf indische Art mit gebratenem Panir	++	++	–	+	–	+	+	+	–	+	–	+	–
Maishähnchenbrust mit Paprikasalat	+	+	–	–	–	+	–	+	+	–	–	+	+
Matjes mit Pellkartoffeln und Kräuter-Apfel-Dip mit Leinsaat	++	++	+	+	+	++	++	–	++	–	++	+	–
Quarkplätzchen im Brickteig mit Schmorgemüse	++	+	++	++	++	+	+	+	–	+	+	–	–
Quinoa-Pfannkuchen mit Gemüsecurry	+	++	+	+	–	+	–	+	+	+	+	–	–
Radieschensalat mit festem Frischkäse und gerösteten Salzmandeln	+	++	–	++	–	+	++	–	+	+	+	+	–
Räucherfisch mit Erbsenpüree und Chicorée	++	++	–	+	–	++	++	–	+	–	+	–	+
Rindfleisch-Popcorn-Waffelburger mit Ochsenherztomate	+	+	+	–	–	+	–	+	–	–	–	–	–
Rote Bete aus dem Backofen mit Couscous und Joghurt	++	+	–	++	–	+	+	+	+	+	+	–	–
Rote-Bete-Pesto mit Hüttenkäse und warmen Brotscheiben	++	+	+	+	+	+	+	–	+	+	+	–	–
Rührei mit asiatischer Gemüsepfanne	+	++	+	–	+	+	–	+	+	+	–	+	–
Saibling mit Buchweizenküchlein und Zitronenjoghurt	++	+	–	+	–	+	+	–	+	+	+	+	–
Sardinen auf Zucchini-Carpaccio mit Basilikumdip und Leinsaat	++	+	–	+	+	++	++	+	+	–	+	+	–
Schollenfilets in Schalotten-Lavendel-Sud mit rotem Reis	+	+	+	+	+	+	++	+	+	+	+	+	+
Socca mit geschmolzenen Tomaten und karamellisiertem Ziegenkäse	+	+	+	+	–	++	++	+	–	+	–	+	–
Spargel aus dem Bratschlauch mit Bündner Fleisch	+	+	+	–	+	–	–	–	+	–	–	+	–
Spinat-Quark-Nocken mit Schichtgemüse und leichter Sojacreme	+	++	–	++	–	+	+	+	+	+	+	–	–
Spinat-Quark-Plätzchen mit Römersalat	+	+	+	+	+	+	+	–	–	+	+	–	–
Stampfkartoffeln mit pikantem Zucchinisalat	+	++	+	+	–	+	+	+	+	+	–	+	+
Tomatentarte mit Olivenpaste auf Walnussboden	+	+	+	++	–	+	++	–	+	+	–	–	+
Topinambursuppe mit gebratenem Lammfilet	+	+	–	–	–	+	–	+	+	+	+	+	+
Vollkorn-Armer-Ritter und Buttermilchmousse mit Himbeercoulis	+	+	+	+	++	+	+	+	–	+	+	+	–
Vollkornbrotklöße in Sojacreme-Trüffel-Sauce	+	+	–	+	–	+	++	+	+	+	++	–	–
Vollkornknödel mit Leinsaat und Flohsamen in cremiger Soja-Pilz-Sauce	++	++	+	++	+	++	++	+	+	+	+	–	+
Vollkornknöpfle, Auberginen-Zucchini-Geschnetzeltes in Sauerrahmsauce	+	+	+	–	–	+	–	+	+	+	+	–	–
Vollkornnudeln in Spinatsauce mit Erbsen und geschmolzenen Tomaten	+	++	+	–	–	++	++	++	+	+	+	–	+
Vollkornreis-Ricotta-Kuchen mit Karotten und Estragon	+	+	–	+	–	+	+	+	+	+	+	+	–
Vollkornsandwich mit Möhren-Walnuss-Salat und Eiersalat	++	+	–	–	–	+	–	+	+	+	+	–	–
Weiße-Bohnen-Eintopf mit Birne und magerem Kassler	++	++	–	+	–	++	+	–	–	+	+	+	+
Ziegenfrischkäse im Brickteig mit warmem Spargelsalat	+	+	+	+	+	+	–	+	–	–	–	–	–
Ziegenkäsekuchen mit Kräutern und Knäckebrot	+	+	+	–	+	+	–	–	+	+	–	–	–

A

B

C

D

E

F

G

H

I

J

K

L

M

N

O

P

Q

R

S

DANKE

Ich danke meinem Mann Bui Vössing, der immer alles probieren und fotografieren „musste“ und dabei die ganze Zeit am Ball geblieben ist.
Michael, Morphy, Maja und Mika danke ich für ihren tollen Einsatz und ihre große familiäre Unterstützung, ich danke Morphys Mutti Kula, die sogar noch das Tanzbein geschwungen hat, sowie ihrer Freundin Cornelia, die alles mit einem Lächeln begleitete.
Ein großer Dank geht auch an Hubertus Schüler für die einladende Foodfotografie und das Titelbild sowie Bettina Snowdon für die umfangreiche Recherche und die wunderbar verständlichen Texte. Ich danke meinem Manager Michael Griese, der stets an den Ideen mitgearbeitet hat, Justyna Krzyżanowska für die schöne Gestaltung und dem ganzen Team vom Becker Joest Volk Verlag für die Unterstützung des Projekts und die vielen kreativen Anregungen.

Originalausgabe Becker Joest Volk Verlag

1. Auflage September 2014
ISBN 978-3-95453-037-3

REZEPTE
Su Vössing

TEXT UND ÖKOTROPHOLOGISCHE BERATUNG
Dipl. oec. troph. Bettina Snowdon

FOODFOTOGRAFIE UND TITELFOTO
Hubertus Schüler

PORTRÄTFOTOGRAFIE UND BUCHGESTALTUNG
Dipl.-Des. Justyna Krzyżanowska

PROJEKTLEITUNG
Johanna Hänichen

BUCHSATZ
Dipl.-Des. Katharina Staal

BILDBEARBEITUNG, LITHOGRAFIE
Ellen Schlüter, Makro Chroma Joest & Volk OHG, Werbeagentur

BILDBEARBEITUNG FOODFOTOGRAFIE
Sven Pawlowski

FACHLEKTORAT REZEPTE
Martin Lagoda

FACHLEKTORAT TEXTE
Dipl. oec. troph. Monika Brenz-Rickert, Ernährungstherapeutin

LEKTORAT UND KORREKTORAT
Doreen Köstler

ASSISTENZ FOODFOTOGRAFIE
Benedikt Koester

ASSISTENZ PORTRÄTFOTOGRAFIE
Philine Anastasopoulos

REQUISITE FOODFOTOGRAFIE
Claudia Neu

VISAGISTIN
Nicole Bonté

DRUCK
Firmengruppe APPL, aprinta druck GmbH

BECKER
JOEST
VOLK
VERLAG
www.bjvv.de